| 협력적인 부모역할: 부모용 지침서 |

이혼·별거 가정의 부모역할

자녀를 갈등으로부터 보호하기

Cooperative Parenting and Divorce

Susan Blyth Boyan · Ann Marie Termini 공저

홍경자 · 차영희 · 최태산 · 채유경 공역

학지사

Cooperative Parenting and Divorce
by Susan Boyan and Ann Marie Termini

Korean Translation Copyright © **2009** by Hakjisa Publisher
Korean edition is published by arrangement with
Active Parenting Publishers, Inc.

역자 서문

현대화의 물결이 한국사회에 밀어닥친 이래로 우리의 가치관과 가족구조도 많이 변화하고 있다. 서구화의 영향 때문인지 또는 인간적 권리와 참된 자유를 누릴 수 있는 사회적 여건이 갖추어졌기 때문인지 우리나라에서도 이혼 가정과 별거 가정이 늘어나고 있다. 결혼생활의 문제를 해결하기 위한 최선책으로 이혼이나 별거를 선택한 부부라 할지라도 당사자인 남편과 아내가 겪는 심리적인 고통은 엄청나다. 그러나 부모의 이혼으로 인해 가장 큰 피해를 입는 사람은 자녀들일 것이다. 이러한 이혼과 별거의 사조에 연루된 부부와 어린 자녀들이 고뇌의 시간을 잘 통과하여 성숙하게 미래의 인생을 살아갈 수 있도록 지혜롭게 안내해 주는 프로그램이 있다면 이들 당사자들에게 위로와 힘이 될 뿐만 아니라 많은 사회적인 문제도 예방할 수 있다고 생각한다. 그런 의미에서 치료적이며 교육적으로도 아주 귀한 이 책이 이혼과 별거의 과정을 겪고 있는 이들에게 보물과 같은 안내서가 되리라고 본다.

오늘날 발달 과정에 있는 자녀들은 학업, 친구관계, 진로, 이성교제, 취업과 사회생활 준비 등의 과제를 감당해 나가기가 너무 벅찬 시대에 살고 있다. 게다가 부모와 헤어져 살아야 하는 불편감, 적절한 사랑과 지도의 결핍 및 이혼과 관련된 갈등으로 서로 적대적인 부모로 인한 스트레스를 받는 가정의 자녀는 크게 방황하며 좌초되기 쉽다. 자녀는 영원히 부모의 손길이 필요한 존재다. 비록 부부가 이혼하여 서로 떨어져 산다 할지라도 두 사람은 자녀가 성장하여 성인이 될 때까지 제때에 필요한 도움과 지도를 협력적으로 제공해 주어야 한다. 이 책은 이처럼 어려운 역할을 감정에 좌우되지 않고 지혜롭게 수행해 내는 실제적인 기술을 가르쳐 주는 프로그램으로 구성되어 있다.

원칙적으로 이 프로그램은 이혼 가정의 부모와 자녀를 돕기 위하여 전문적으로 고안된 것이다. 지도자가 약 24시간에 걸쳐 동영상을 부모들과 함께 보고, 공부하면서 마음을 치유하며 자녀에게 최소한의 피해를 주는 부모역할을 하도록 돕는다. 그렇기 때문에 이 부모용 지침서는 가족학, 아동학, 청소년지도학, 상담심리학, 복지학 계열의 강의와 건강가정지원센터, 가정법원 등의 기관에 종사하는 전문가들에게도 매우 유용할 것이다. 이혼의 아픔에서 자유로워지며 치유가 필요한 사람들과 그들에게 도움을 주고자 하는 상담(임상)심리 전문가들에게 이 책과 프로그램이 유용한 삶의 길잡이가 되기를 기원한다.

이 책의 제목을 '이혼 · 별거 가정의 부모역할'이라고 한 것은 한국 사회의 특수성을 고려했기 때문이다. 우리 사회에는 법적으로는 이혼하지 않았지만 물리적으로나 심리적으로는 이혼 상태와 다름없는 부부들이 매우 많이 있다. 별거 중인 부모의 자녀는 엄마와 아빠의 눈치를 보느라 양쪽을 자유로이 왕래하지 못하고, 단절되어 있으며, 그로 인한 마음의 상처가 만성적이다. 하지만 우리 사회에는 이런 문제를 해결하기 위해 도움을 받을 만한 기관이나 자원이 많지 않다. 따라서 이런 별거 가정의 부모와 자녀를 이혼 가정의 그들만큼 중요하게 다루어 줄 필요가 있다고 생각한다.

이 책을 번역하는 데 도움을 주신 이광용 교수님께 감사드리며, 원고의 교정을 도와준 김영신 선생님에게도 고마운 마음을 전한다. 마지막으로 이 책의 출판을 흔쾌히 허락하신 학지사의 김진환 사장님께 깊이 감사드린다.

서초동 우면산 아래에서

역자 드림

저자 서문

친애하는 부모님들에게

이혼이 진행되는 시기에 당신은 자녀가 가족의 분열을 잘 헤쳐 나갈 수 있게 도와주는 일과, 전 배우자와의 관계를 재정립하는 일에 어려움을 겪게 될 것입니다. 이 시련을 헤쳐 나가는 과정에서 당신은 고민하고 분노하며 자신과 아이를 부양하는 방법에 대한 지식이 부족하기 때문에 고통이 더 증가될지도 모릅니다. 다행히도 당신은 이 책을 접하면서 이혼과 관련된 위기에 대응하는 첫발을 내디딘 셈입니다. 우리는 위기를 정면으로 대처하고자 하는 당신의 자발적 노력과 이혼 과정 중에도 당신 자신과 자녀를 위하여 긍정적으로 영향을 주는 단계들을 밟아 나가고자 하는 열정에 박수를 보내는 바입니다.

이 지침서는 이혼 과정에서 알아야 할 귀중한 정보와, 두 가정을 꾸려가는 데 필요한 실제적인 방법을 가르쳐 드립니다. 그리하여 이혼에 따르는 자녀 문제들을 다루고 있을 뿐만 아니라, 결혼생활의 상실을 극복하기 위한 당신 자신의 고뇌를 집중적으로 다루고 있습니다. 또 긍정적인 이혼 관계로 나아가는 여덟 단계(chapter 1~8)가 소개되는데, 이것은 자녀양육에 관하여 당신의 전 배우자와 파트너십을 형성할 수 있도록 도움을 줄 것입니다. 이 책을 통해서 이혼 과정에서 알아 두어야 할 귀중한 정보와 새로운 기술을 강화하기 위한 실제적 방안과 효과적인 활동들을 배우게 될 것입니다.

당신은 이 지침서를 통하여 자녀에게 발생하는 문제를 줄여 주기 위하여 전 배우자와의 관계를 다른 관점에서 보도록 요구받을 것입니다. '신념의 비약' 을 하고, 자녀의 공동부모(당신의 전 배우자)와 긍정적으로 상호작용하도록 요청받게 될 것입니다. 우리는 특히 이혼한 지 오래된 부모들에게 이 일이 얼마나 어려운 일이 될지 잘 알고 있습니다. 그러나 부모의 갈등이 자녀의 건강과 적응에 큰 장애가 된다는 것을 깨닫는다면, 자녀를 위하여 분노를 다스리고, 갈등을 통제하며, 전 배우자와 자녀를 우선으로 하기로 합의하는 데 도움을 얻게 될 것입니다.

이 책을 읽어 나가다 보면 당신 자녀와 자녀의 다른 쪽 부모와의 장기적 관계에 이익이 되는 긍정적인 변화를 일으키는 힘이 당신에게 있다는 것을 쉽게 알아차리게 될 것입니다. 양쪽 부모가 모두 그 학습활동을 읽어 보고 연습해 본다면 이상적이겠지요. 그러나 자녀의 다른 쪽 부모가 그런 노력을 하려고 하지 않는다 하더라도, 당신은 혼자서도 현재 상황을 개선할 수 있을 것입니다.

자녀에게 강력한 공동부모 관계와 건강한 두 가정이라는 선물을 줄 때, 당신은 진실로 자녀에게 가장 좋은 선물을 주고 있는 것입니다. 당신은 이 책의 지침을 따름으로써 이 중요한 목표에 헌신하는 것입니다. 당신은 자녀를 보살펴 주기로 약속함으로써 자녀에게 두 부모와의 계속적인 접촉과 보다 행복한 어린 시절이라는 선물을 줄 수 있습니다. 당신을 통해서 자녀는 여전히 자신을 사랑하는 엄마와 아빠가 있다는 사실을 알 수 있습니다.

협력적인 자녀양육 관계를 위해 노력하는 동안에 힘과 용기와 인내를 가지시기 바랍니다.

Susan Blyth Boyan · Ann Marie Termini

차 례

Chapter

1

자녀를 돌보아 주기로 약속하기

— 자녀를 최우선으로 배려할까, 그대로 방치할까 —

Chapter 1

자녀를 돌보아 주기로 약속하기

— 자녀를 최우선으로 배려할까, 그대로 방치할까 —

"얘야, 너와 이야기 좀 나누었으면 하는데…… 아빠와 엄마가 최근에 많은 갈등을 겪었는데 말이야…… 그래서 우린 이혼하기로 했단다."

이혼, 인생에서 가장 중요한 사건은 이 세상에 태어나는 것이고, 두 번째로 중요한 사건은 이혼일 것이다. 그것은 가족뿐만 아니라 자녀의 세계를 갈기갈기 베어 내는 칼이다. 그것은 실제로 자녀가 자기 삶의 터전과, 함께 사는 사람과 자신의 생활에 대해 이야기를 나눌 사람 등에 영향을 주는 엄청난 사건이다. 그리고 이혼은 자존감과 인간관계를 다루는 기술 등과 같은 정서적인 삶에 지대한 영향을 미칠 수 있다.

이혼은 내 자녀의 삶에 어떤 영향을 미칠까? 자녀는 생활 토대를 송두리째 흔들어 놓는 그 사건을 잘 극복하고 건전하게 잘 살아갈 수 있을까? 인생의 도전에 맞서고, 인생의 실패를 이겨 내며, 자신의 재능을 개발하고, 자존감을 키우며, 오래도록 친밀한 인간관계를 맺는 법을 배우게 될 수 있을까? 아니면 이혼의 상처 때문에 자녀는 영원히 두려움 속에 살아가게 될 것인가?

항상 슬픔 속에서 내성적이고 우울한 기분으로 살아가게 될까? 적대감과 분노 속에서 자신에게 주어지는 '충고'를 '비판'으로 받아들이고, 자신에게 생기는 '문제'를 '위협'으로 생각하며 맞서게 될까? 자기에게 해로운 인간관계를 떨쳐버리는 것마저도 두려워하게 될까? 아니면 주위의 모든 사람을 지배하려고 할까? 자신감이 부족해서 자기가 누릴 권리보다도 훨씬 못한 상태로 뒤처져 살아가게 될까?

어느 쪽이 현명한가

내 자녀의 운명은 어느 쪽일까? 어떤 아이는 영원히 성격이 비뚤어지는데 반해, 왜 어떤 아이는 매우 경미한 상처를 받게 되는 것인가? 연구에 따르면 이혼에 대한 자녀의 반응에 영향을 주는 요인들이 많이 있다고 한다. 어떤 요인들은 부모가 이혼할 시점에서의 자녀의 나이, 성별, 성격 등과 같이 태어날 때부터 타고나는 것으로서, 변경할 수 없는 요인들이다. 그러나 우리의 힘으로 통제될 수 있는 요인들도 있으며 이러한 요인들은 부모의 노력에 따라 통제될 수 있다.

당신은 자녀가 이혼의 상처에서 회복되는 과정에 당신이 장기적인 영향을 미칠 수 있다는 사실을 아마도 잘 모르고 있을 것이다. 당신 쪽에서 무엇을 해야 할지 모르고 자녀의 미래에 어떻게 긍정적으로 영향을 줄 수 있을지도 알 수 없어 난감해할 것이다. 그러나 한 가지 분명한 것은, 당신은 자녀를 사랑하고 있고 그들의 행복을 위해 당신이 할 수 있는 것이라면 무엇이든지 하려고 한다는 점이다.

부모는 자녀를 걱정한다. 너무나 많이 자녀를 걱정한다. 부모에게는 자녀가 가장 큰 관심거리이기에 자녀를 최우선적으로 배려하여 일상생활의 대소사를 결정하고 위험을 무릅쓰고 위기에 맞서는 것이다. 이혼하겠다고 결정하는 것도 결혼생활을 하는 동안에 발생하는 갈등으로부터 자녀를 보호하기 위해 당신이 취한 조치일 것이다.

자녀는 최우선의 관심 대상일까, 아닐까

당신은 다른 부모들과 비교해서 나이, 배경, 가치관 등이 서로 다를 수 있다. 그러나 그들과 한 가지 중요한 신념을 공유하고 있는데, 그것은 당신이 자녀를 무척 사랑하고 있으며, 자녀에게 상처를 주는 행동을 의도적으로는 결코 하지 않을 것이라는 점이다. 이러한 강한 신념은 사실상 당신 자녀의 성공과 당신의 성공에 아주 중요하기 때문이다. 그러므로 이 책을 읽어 내려가는 동안에도 당신이 자녀를 매우 사랑하고 있다는 것을 분명하게 재확인하기 바란다. 자녀들에 대한 당신의 사랑에 초점을 맞추기 위하여 다음의 활동을 해 보기 바란다.

1 자녀 중심 활동

자녀들 각자의 사진을 구해서 아래에 있는 액자 속에 붙여라. 아이의 이가 빠진 현재의 모습을 보여 주는 사진이어도 좋고, 가장 마음에 드는 어린 시절의 사진이어도 좋다. 당신이 늘 마음속으로 자녀와 서로 교류하고 있음을 보여 주는 사진이어도 괜찮고, 혹은 자녀의 얼굴이 액자를 가득 메워도 좋다. 지금 자녀의 사진을 붙여 보라.

이 활동을 다 했는가? 이 활동이 대단해 보이지 않을 수도 있다. 그러나 이 활동을 하는 동안에 당신은 진실로 자녀에 대해서 지대한 관심을 기울이지 않았던가? 종종 이 사진을 바라보라. 당신이 회의에 사로잡히거나, 격려가 필요할 때, 혹은 당신이 처한 상황을 왜 개선해야 하는지를 알 필요가 있을 때, 이 사진이 들어 있는 페이지를 출발점으로 활용하라. 그것은 당신이 내린 결정들이 현명한 것인지를 평가할 때 관심을 두어야 할 초점으로, 당신이 나아갈 방향을 찾는 시금석으로서, 일상생활 중에 어떤 행동을 선택해야 하는지를 밝혀 주는 목적이나 소명의식으로 작용할 것이다.

또 다른 활동을 해 보자. 왜 당신은 좋지 않은 일에서 자녀를 보호하려 하고, 자녀의 정신적 · 신체적 평안을 위해서라면 무엇이든지 하려 하는지 그 이유를 아래의 빈칸에 적어 보기 바란다. 거기에 "난 그 애가 자신감을 가지고 자라기를 바란다."와 같은 일반적인 이유나 "내 부모님이 이혼했을 때 난 너무 마음이 불안했다. 난 내 아이가 그런 아픔을 겪지 않길 바란다."와 같은 구체적인 이유를 적어 보는 것이다.

2 '다섯 가지 이유' 활동

당신이 자녀를 좋지 않은 사건으로부터 보호하고, 자녀의 정신적 · 신체적 평안을 보장해 주기 위해서라면 무엇이든지 하려고 하는 이유를 다섯 가지 적어 보라.

1. ……………………………………………………………
2. ……………………………………………………………
3. ……………………………………………………………
4. ……………………………………………………………
5. ……………………………………………………………

잠시 손을 멈추고 자녀가 이 세상에 처음 태어났을 때 당신의 기분이 어떠했는지를 기억해 보라. 출생 후 몇 달 동안 당신 팔에 안겨 안락하게 보호 받는 모습으로 당신을 바라보던 모습을 그려 보라. 새근새근 잠을 자고, 생긋생긋 미소 지으며 당신을 바라볼 때의 모습을 기억해 보라.

당신의 아기가 얼마나 많이 당신에게 자신의 안위를 의지했는지를 생각해 보라. 당신의 어린아이가 행여나 차에 치일까 봐 차도로 뛰어들었던 당신을 생각해 보라. 다른 운전자의 실수로 아이가 다치는 일이 생기지 않도록 아이를 자동차 좌석의 카시트에 안전하게 앉히려고 얼마나 단단히 조여 맸는지를 기억해 보라.

어느덧 당신의 자녀가 당신의 행동을 흉내 내고, 당신의 말을 따라 하고, 마룻바닥을 청소기로 돌리거나 거울 앞에서 면도를 하는 당신의 행동을 따라 하던 모습을 기억해 보라. 하루 종일 직장에서 일하다가 돌아왔을 때 "아빠(엄마)!" 하며 달려와 당신 팔에 안기던 모습을 기억해 보라.

우리가 갓난아기를 기를 때로 돌아가 볼 때, 우리 자녀들의 삶 속에서 우리가 했던 중요한 역할 — 우리의 미소와 말과 행동 — 이 우리의 어린 자녀들에게 얼마나 중요했는지를 기억해 내기는 쉽다. 그러나 현재 자녀에게 미치는 당신의 영향력을 가늠해 보기는 쉽지 않을지도 모른다. 특히 자녀가 나이가 들었거나 당신이 더 이상 보호자 역할을 하고 있지 않을 때는 더욱 그렇다. 그러나 자녀의 삶에 있어서 당신의 역할과 영향과 의미는 여전히 크게 남아 있다는 사실을 믿기 바란다.

당신의 행동은 언제나 자녀에게 지대한 영향을 준다. 그러므로 당신의 행동은 부모의 이혼으로 인하여 아이가 받은 충격을 무난히 벗어나는 데 도움을 줄 수도 있다. 또 이와 반대로 장기적인 면에서 자녀의 정서적 건강에 심각한 결과를 가져올 수도 있다. 이 책은 바로 그것에 관한 것이다. 즉, 이 책은 당신의 행동이 자녀의 미래 발달에 어떻게 영향을 미치는지를 이해하고, 자녀의 미래에 긍정적인 영향을 줄 수 있는 방법을 배우는 데 도움을 주기 위한 것이다.

부모의 갈등이 왜 상처를 주는가

어떤 아이들은 부모가 이혼하더라도 거의 상처를 받지 않고 빨리 새로운 환경에 적응하고 성장하여 어른이 된다. 그러나 어떤 아이들은 부모의 이혼에 따른 상처가 심각하며 많은 문제점을 나타내게 된다. 그 차이는 무엇인가?

연구보고서에 따르면 부모의 이혼이 자녀의 적응에 영향을 주는 요인들이 많이 있다.

1 자녀의 나이

36쪽의 '이혼에 대한 자녀의 반응'에서 볼 수 있듯이, 부모가 이혼한 시점에서 자녀가 몇 살이었는지에 따라 이혼에 대한 반응이 다르다. 일반적으로 5세 미만의 아이들은 부모가 이혼할 당시에 가장 예민하게 고통을 느끼기는 하지만, 모든 나이를 통틀어 이혼상황에 가장 잘 적응한다. 그들은 출생한 이후에 형성된 가족에 대한 기억이 훨씬 적기 때문에 의붓가족으로의 전이가 용이하다.

5~12세경의 아이들은 부모가 이혼한 직후에 일반적으로 적대감을 표현한다. 이들 자녀에게서 스트레스 징후들이 많이 나타나는데, 가장 흔한 반응은 가정이 깨어지고 나서 1년여 동안 학교 성적이 현저하게 떨어진다는 것이다.

십대는 자신의 감정을 숨기지 않고 표현한다. 그러나 종종 이면에 있는 마음의 동요를 숨기기도 한다. 사춘기 자녀는 또래관계에서 일어나는 일상적인 불안, 이성에 대한 성적 관심, 자기의 신체에 대한 강박관념을 경험하고 또한 부모로부터의 심리적인 독립을 시도하려 한다. 거기에 더하여 이혼이라고 하는 불안한 파도를 두려움에 떨면서 헤쳐 나간다. 그래서 청소년기에 부모 이혼의 스트레스가 추가되면 심각한 결과를 초래할 수 있다. 어떤 청소년은 주변 사람들과 무작정 충돌하고, 반항한다. 또 어떤 청소년은 자기 내면과 전쟁하며, 급성 우울증으로 발전하기도 한다. 자녀의 나이가 장기적인 정신건강에는 크게 영향을 미치지 않지만, 자녀의 반응에는 매우 큰 영향을 미친다.

2 자녀의 성별

자녀의 성(性)에 따라 부모의 이혼에 대한 반응은 다르게 나타난다. 연구보고서에 따르면 부모가 이혼한 뒤 처음 몇 년 동안 남자아이들은 학교 성적은 물론 사회적, 개인적인 적응에 어려움을 겪는다. 그러나 장기적인 연구에 의하면, 이혼에 대해서 처음에는 잘 적응하는 것처럼 보이던 여자아이들이 후일에 더 심각한 문제를 겪는다고 한다.

3 기 질

자녀의 기질에 따라 부모의 이혼에 따른 적응 과정이 다르다는 점에 대해서는 많은 보고서들의 주장이 일치한다. 태어날 때부터 원만한 성격과 기질을 가진 아이나, 새로운 음식과 낯선 장소에 잘 적응하고 또 각 발달 단계에서 항상 쉽게 적응해 온 아이들은 부모의 이혼이 초래한 분열적인 상황에서도 잘 적응한다. 그들은 '쾌활한' 성격으로 어려움을 최소화하면서 두 가정을 무난히 왕래할 수 있고, 새로운 생활방식에 유연하게 적응한다. 이와 정반대의 아이들, 즉 '예민한' 아이들은 그렇게 잘 적응하지 못한다. 이런 아이들은 마치 폭풍의 바다를 헤쳐 가듯이 각 발달 단계를 거쳐 간다. 거기에 부모의 이혼으로 인하여 불가피하게 수반되는 변화에 직면할 때 그들의 반응은 더욱 경직된다. 이러한 아이들에게 부모의 이혼은 참으로 견디기 힘든 삶의 경험인 것이다.

나이, 성, 기질은 모두 선천적인 요인들이다. 그것들은 변화될 수도, 통제될 수도 없다. 그러나 이 세 가지 요인보다도 자녀의 장기적인 적응에 더 영향을 줄 수 있고 또한 통제될 수도 있는 두 가지 요인이 있다. 그것은 부모-자녀 관계 속에서 나타나는 부모의 정서적 안정성과 두 부모가 보이는 갈등의 정도다.

④ 부모의 역할

어떤 부모는 개인적으로 너무나 괴로워한 나머지 본의 아니게 자녀의 요구를 외면해 버린다. 이와 반대로 어떤 부모는 자녀에 대해서 지나친 죄의식을 느끼고 염려한 나머지 자녀의 응석을 과도하게 받아 준다. 그러다가 한계점에 이르면 자녀를 지속적으로 지지해 주는 능력을 상실하게 된다.

만일 부모 중 어느 한쪽이 분노나 우울과 같은 감정에 빠져 애도의 과정에 놓여 있다면 그러한 심리적 고통이 자녀에게서 나타날 수 있다. 이런 부모들은 자녀에게서 감정적인 지지를 얻으려고 하기 때문에 아이들은 부모에 대한 책임감과 걱정을 안고 산다.

따라서 만성적인 우울증과 같은 문제나 감정 탐닉의 문제를 가진 부모들은 자녀에게 해가 되며, 부모의 역할을 제대로 수행하기가 어렵다. 그 결과로 자녀들은 건강한 부모를 잃게 되는 이중의 손해를 보게 된다.

엄마와 아빠의 이별을 감수하는 과정에서 자녀들이 심리적으로 지지를 받는 것은 매우 중요하다. 이 시련기에 적어도 부모 한쪽이 자녀에게 충분한 지지와 적절한 지도를 제공해 줄 수 있다면 아이들은 잘 적응한다. 이혼한 후에도 부모는 자녀에게 안정된 상황을 조성해 주기 위하여 지속적으로 교육과 지지를 제공하고, 평소와 다름없는 일상적인 모습을 보여 주어야 한다.

5 부모 간의 갈등

대부분의 부부는 이혼을 하고 나서 처음 1～2년 동안은 적대감을 경험한다. 그러한 적대감은 흔히 강렬하게 나타났다가 서서히 강도가 누그러진다. 그러나 어떤 부부들은 갈등이 오래 지속되고 반복해서 나타나는 형태로 고착된다. 몇 년 후에도 이러한 부부들은 방에 함께 있기만 해도 문제를 일으킨다. 어떤 경우에는 갈등이 누그러들지 않고 오히려 악화되어 더 강렬해지기도 한다.

부모 간의 적대감 수준이 어떻든 간에 그것은 자녀에게 고통을 준다. 부부 간의 갈등이 심해지면 심해질수록 아이에게 해를 줄 가능성은 더 커진다. 그리고 갈등이 오래 지속될수록 아이가 상처를 심하게 받을 가능성도 더 커진다. 이 두 가지 요인들—오래 지속되는 적대감과 심한 갈등—이 상존할 때 아이들은 심각한 심리적 붕괴를 겪게 되고, 심지어 성인이 된 다음에도 심리적인 파열이 온다. 이혼은 이처럼 자녀에게 장기적으로 커다란 상처를 줄 위험을 안고 있다.

부모의 갈등은 자녀에게 어떤 상처를 주는가

부모의 갈등에 대한 이러한 논의는 매우 혼란스러워 보일지 모른다. 갈등은 부모와 자식 간에 일어나는 것이 아니라 아버지와 어머니 사이에서 일어나는 것이다. 그렇다면 부모의 갈등이 어떻게 자녀에게 상처를 줄 수 있는가? 이것을 이해하기 위하여 우리는 아동의 발달 과정을 이해해야 한다. 다음의 일화는 이러한 이해를 위한 첫걸음이 될 것이다.

1 '보호자' 로서의 부모역할을 축소시킨다

레이첼과 아빠인 로버트는 함께 주말을 즐겁게 보냈다. 로버트가 레이첼의 엄마인 재키에게 딸을 데려다 주었다. 전남편을 보자마자 레이첼의 엄마는 대뜸 양육비 지불이 왜 늦어지느냐고 따졌다. 말다툼으로 인해서 언성이 높아지고, 서로에게 공격의 화살을 퍼붓는 싸움이 벌어졌다. 언성이 최고조에 이르자 레이첼이 '스스로에게 상처를 입히면서' 부모의 관심을 끄는 행동을 했다.

재키와 로버트는 가장 중요한 부모역할 중의 하나인 '보호자' 의 역할을 철저하게 손상시키고 있다는 점을 깨닫지 못하고 있다. 자녀가 어릴 경우에 아이들은 감정의 강도에 따라 겁을 먹는다. 아이들은 무릎이 까지거나 어둠 속에서 괴물을 만나게 되면 엄마나 아빠에게 소리를 지르며 달려간다. 엄마나 아빠는 아이의 두려움을 진정시키고 걱정을 달래 주며 실제적인 위험이나 상상된 위험에서 자녀를 보호해 주려고 한다.

적응을 잘 하는 어른들 역시 화가 날 때는 '다 괜찮아질 거야.' 라는 말을 듣고 싶어서 가까운 가족에게 도움을 청한다. 그러나 양쪽 부모가 오랫동안 서로에게 적대감을 보여 오다가 드디어 이혼한 상황에서는 부모들이 화가 나 있고 감정 조절이 어려운 상태에 놓여 있다. 양쪽 부모는 그러한 상황이 반복될 때마다 공포와 불안과 강렬한 노여움을 나타낸다.

이러한 행동을 접하는 아이는 매우 불안하다. 부모 자신이 어린아이처럼 행동하고 자신을 보호해 줄 수 있는 뭔가를 요구하는 것처럼 보인다면, 과연 누가 자녀를 보호해 줄 것인가? 누가 자녀를 달래 주고 안심시켜 주며, 불안을 해결하는 방법을 가르쳐 줄 것인가? 부모마저 보호가 필요한 상황에서 누가 실제적인 위험이나 상상된 괴물로부터 아이에게 안전망을 제공해 줄 것인가? 부모가 그런 역할을 할 수 없을 때 자녀는 극단적인 상태의 불안과 회의에 노출되게 된다. 아이는 자신이 태어난 가족 안에서 든든한 울타리와 같은 안전감을 이제 더 이상 느낄 수 없게 된다. 손가락 사이에서 금방 빠져나가 버릴 것만 같은 모래 위에 아이가 자기의 자신감을 쌓아 가기란 어렵지 않겠는가?

2 자녀의 역할 정체성에 혼란을 준다

열한 살 된 타냐가 아빠 집에 온다. 그녀의 아빠인 제임스는 그녀를 기쁘게 맞이한다. "얘야, 제시간에 왔구나. 아주 잘했어. 길이 혼잡해시기 전에 체육관에 갈 수 있을 거다. 너, 수영복은 가져왔니? 아, 아니라고? 또 그랬어? 이번에도 잊어버렸니? 오늘 밤 체육관에 갈 생각이었는데. 그렇게 단순한 일도 잊어버리면 어떡하니?" 실망한 나머지 아빠가 말을 덧붙인다. "넌 정말이지 꼭 네 엄마를 닮았단 말이야."

아빠와 딸이 약속한 시간을 잘 맞춘 것부터 말해서 처음에 좋게 시작했던 상황이 갑자기 아빠에게는 실망으로, 딸에게는 벗어나고 싶은 궁지로 변해 버렸다. 제임스는 딸에게 자신이 싫어하는 전 배우자의 성격을 닮았다는 것을 상기시키면서 타냐를 비판하고 있을 뿐만 아니라, 딸의 자존감을 위협하고 있다. 그는 타냐의 엄마를 더 이상 사랑하지 않기 때문에 그녀와 이혼한 것이다. 타냐는 그런 아빠의 말을 듣고 '난 엄마를 닮았어. 그런데 엄마는 사랑받을 자격이 없어. 그러니까 나도 사랑받을 자격이 없어.' 라고 받아들일 수 있을 것이다. 사정이야 어쨌든 간에 타냐는 두 사람이 만나서 낳은 자식이다. 그러므로 타냐는 이미 여러 가지 면에서 엄마를 닮게 되어 있는 것이다. 모녀간의 유전으로, 타냐는 잘 잊어버리는 성격을 물려받았고, 또한 신체적 특징이나 인격적 특징에서도 엄마와 비슷한 점이 있을 것이다.

아빠 제임스가 싫어하는 특성을 가진 엄마와 딸을 비교한다는 것은 결과적으로 타냐에게 역시 "그다지 마음에 들지 않아."라고 말하고 있는 것과 같다. 타냐가 다음번에도 아빠에게서 비난을 받게 될 때 '내가 아빠의 맘에 들지 않는가 봐.' 라고 생각하게 되면 무슨 일이 일어날까? 딸은 그러한 상황에 부딪히고 싶지 않게 될 것이고, 자기는 좋은 사람이 아니라는 생각을 하면서 자신을 실패자로 낙인찍게 될 것이다.

타냐에게 있어 두 번째 문제는 엄마로서의 '역할 정체성' 이다. 타냐 엄마는 여성이 어떻게 행동해야 하는지에 대한 첫 번째 역할 모델이다. 타냐가 엄마에 대해서 부정적인 말을 많이 듣게 된다면 타냐는 여성으로서 장차 자기가 어떻게 행동해야 될지에 대하여 혼란스러울 것이다. 가장 가까운 역할 모델인 엄마처럼 행동해야 할까? 아니면 엄마처럼 행동하지 말아야 할까? 엄마처럼 행동한다면 자기는 인정받지 못할 것이고, 엄마처럼 행동하지 않는다면 자신에게 가까이 있는 여성의 역할 모델을 거부하는 셈이 될 것이다.

3 효과적인 갈등해결 기술을 가르쳐 주지 못한다(서투른 갈등해결 기술을 습득시킨다)

사라는 열네 살이다. 그녀의 부모가 사라의 여름 휴가 계획에 대해서 논의하고 있다. 아빠는 목요일 아침 일찍 비행기를 타고 플로리다로 떠나고 싶어한다. 사라의 엄마는 공식적으로 아빠가 사라와 함께 보내도록 되어 있는 시간이 금요일 오후 3시 이후이기 때문에 '그건 안 된다' 고 하면서 아빠와 다툰다. 의견의 불일치가 시발점이 되어 성격상의 약점을 서로 꼬집으면서 언성 높은 분쟁으로 치닫는다. 사라는 더 이상 참을 수 없어서 자기 방으로 들어가 버린다.

"부모는 아이에게 첫 스승이 된다."라는 격언이 있다. 그렇다면 사라의 엄마와 아빠는 자기 아이에게 무엇을 가르치고 있는가? 첫째, 사소한 견해 차이를 가지고 커다란 문제로 만들어 가는 법을 가르치고 있다. 둘째, 모든 문제를 논쟁으로 해결하는 법을 가르치고 있다. 셋째, 하나의 문제를 가지고 사람의 인격 전체를 매도하는 방법을 가르치고 있다. 넷째, 어떤 희생을 감수해서라도 자기가 기어코 이기는 방법을 가르치고 있다.

십대 자녀인 사라가 바람직하지 못한 역할 모델을 통해서 위의 것들을 학습하게 되면 대인관계의 문제에 봉착하게 될 경우에 그것을 갈등을 유발하기 위한 기회로 삼을 수 있다. 문제에 대한 해결책을 찾는 행동을 거부하고, 합의를 이끌어 내는 협상을 차단해 버릴 수도 있는 것이다. 이런 행동을 하는 딸은 사실상 부모가 평소에 가르쳐 준 것을 잘 배운 학생일 뿐이다.

④ 안정감의 상실과 버림받을 것 같은 두려움을 주게 된다

여섯 살의 레이첼은 기대에 부풀어서 로버트(아빠)가 오기를 기다리고 있다. 그들은 동물원에 가기로 되어 있었는데, 그건 레이첼이 가장 좋아하는 토요일 활동이었다. 로버트가 5분 일찍 도착하자 레이첼의 엄마 재키는 공식적으로 허락된 로버트의 방문 시간이 아직 5분 덜 되었다며 문을 열어 주지 않는다. 그것은 로버트의 심기를 건드려 그는 화가 난다. 로버트는 처음에는 위협적인 말을 하다가, 드디어 5분이 지나자 분노 상태에 빠진다. 그는 화가 나서 거실에 놓인 화분을 발로 차 버린다. 두 사람 사이에서 고성과 갖은 협박이 오가고, 마침내 로버트가 재키를 때릴 지경까지 이르렀을 때 비로소 두 사람은 딸이 자기 방에서 듣고 있을 거라는 생각이 들었고 싸움을 중단한다. 로버트는 "아빠, 아빠, 어서 와 주세요."라는 소리를 듣고서야 서둘러 밖으로 나간다.

폭력의 위협은 자녀의 성격 발달에 큰 해악이 된다. 그로 인해 자기는 버려질지도 모른다는 아이의 두려움도 끔찍한 것이다. 홀로 남겨져 혼자 힘으로 살아야 한다고 생각하면 정말 불안하다. 아이들은 혼자 힘으로 살아갈 수 없기 때문에 주변의 어른들에게 의존하지 않을 수 없다는 것을 본능적으로 알고 있다. 그들의 생존이 안정감에 달려 있는 것이다. 그러므로 그들의 삶에서 가장 가까운 어른들과 가까이 지낼 수 없도록 위협하는 것은 무엇이든지 가장 기본적인 차원에서 그들의 정서적 안녕을 위협한다.

성인들은 자기와 절친한 관계를 표현할 때 "그 사람은 항상 나를 위해서 내 곁에 있어 주지요."라고 말한다. 자기 스스로를 돌볼 수 있는 능력을 가지고 있는 성인들 역시 혼자서 문제를 직면하게 되는 것에 대해서는 몹시 불안해한다. 그러므로 자녀가 홀로 버려질 것 같은 위협감을 느끼게 되면 아이가 공포심을 느끼는 것은 당연하다.

여기에 또 다른 딜레마가 있다. 레이첼은 아빠에게 버림받을까 봐 겁을 먹으면서 아빠와 싸우고 있는 엄마에게 화가 난다. 그러나 엄마마저 자신을 버릴까 봐 엄마에게 감히 화를 낼 수 없다. 그래서 딸은 좌절의 수렁으로 빠지게 된다. 설령 레이첼이 엄마에게 불만을 표시한다 해도 그것 역시 그녀에게 더 상처를 주게 될 것이다. 또 엄마에게 불만을 표시하지 않는다 하더라도 억제된 불만이 언젠가는 폭발할 것이다.

5 자녀에게 강요된 효도의식(Loyalty Bind)을 심어 준다

마커스는 아빠 찰스가 건넨 생일선물을 풀어 본다. 스케이트보드다. 그것은 마커스가 간절히 원하던 선물이었다. 그런데 마커스의 얼굴에는 반가운 표정이 없다. 아들이 반가워하지 않는 것에 실망한 아빠가 그 이유를 물어보자, 아들은 슬픈 표정으로 그 이유를 말한다. 엄마가 절대로 스케이트보드를 타지 말라고 했기 때문이다. 엄마는 스케이트보드가 안전하지

않다고 생각했고, 아들과 찰스에게 이런 뜻을 분명하게 표명했던 것이다.

찰스는 전 부인이 아들을 간섭한 것에 몹시 화가 났다. 그래서 아들에게 스케이트보드를 타고 놀아도 된다고 말하면서 자기 집으로 데리고 가서 아들이 원할 때는 언제든지 타게 할 것이라고 큰소리친다. 마커스의 얼굴에는 고뇌하는 표정이 나타난다.

부모가 알든 모르든, 부모는 자녀에게 큰 영향을 준다. 부모의 가치관, 신념, 기준 등 모든 것이 아이의 행동 범위와 한계를 설정하는데 작용하며, 자녀의 견해에 영향을 준다. 아이들은 자신의 생각을 주장할 수도 있으나, 보통은 부모가 정한 규칙과 그 규칙에 깔린 가치관을 충실하게 따른다. 그렇다면 이혼한 부모들의 의견이 아주 다르고, 아이들을 분쟁의 중심에 빠트려 놓을 경우에 무슨 일이 벌어질까? 아이는 **효도해야만 한다는 생각**을 가지게 된다. 그렇기 때문에 아이는 엄마나 아빠 중 한 분을 선택하지 않으면 안 된다. 자녀는 진퇴양난에 빠진다. 자녀가 어느 한쪽을 편들게 되면 그것은 다른 한쪽 부모에게 맞서게 되는 결정을 하는 셈이다. 아이는 누 분 모두에게 효도할 수 없다고 생각한다. 이런 상황 때문에 자녀는 고통스러운 행동을 하게 되는 것이다.

그런 갈등이 가져다주는 장기적인 결과는 무엇인가? 아이가 자신에게 고통을 주는 쪽을 선택하는 데 익숙해지다 보면 무슨 일이 벌어지게 될까? 범죄, 마약 중독, 문란한 성관계 등을 선택하게 될지도 모른다. 이 모든 것은 부모의 영향으로 인한 것이다.

부모인 당신이 힘을 가지고 있다

당신이 보여 준 갈등이 자녀에게 미치는 장기적인 영향이 매우 걱정스럽다면 당신은 어떻게 하면 되겠는가? 당신은 자녀와 특별한 관계 속에서 아이에게 긍정적으로든 부정적으로든 자녀의 안녕에 영향을 주는 힘이 있다. 사실, 이러한 힘을 가진 유일한 두 사람은 바로 당신들이다. 당신들에게는 현재 당면한 문제를 해결하는 방식을 개선할 수 있는 힘이 있다. 당신 혼자서든, 두 사람이 함께하든 간에 당신은 자녀의 삶에서 발생하는 많은 갈등을 해결해 주겠다고 약속할 수 있다. 아무도 그 일을 당신 대신해 줄 수 없다. 아무도 당신에게 강요할 수 없다. 자녀의 행복을 방해하는 긴장과 적대감을 제거할지의 여부를 당신 혼자서 결정해야 한다.

당신은 전 배우자가 태도를 바꾸기만 한다면 상황이 나아질 것이라 생각할지도 모르겠다. 그러나 그러한 사고방식에는 문제가 있다. 그것은 우리를 우리가 현재 처한 갈등 속으로 되돌려 보내는 것과 같다. "이제까지 해 왔던 일을 계속하면서 다른 결과를 기대한다는 것은 미친 짓이다."라는 속담이 이것을 잘 나타내 준다. 당신의 아이를 위해서 보다 나은 것을 하게 되는 유일한 길은 당신이 과거와는 다른 행동을 취하는 것이다.

당신이 주도하라

어떤 면에서 인간관계란 춤을 추는 것과 같다. 당신이 춤을 리드하면 상대방은 당신의 리드에 따라야 한다. 그러나 그것은 쉽지 않을 것이다. 춤을 추는 중간에 당신이 스텝을 바꾼다면 무슨 일이 일어나겠는가? 처음에는 혼란과 저항이 생긴다. 당신 파트너는 당신이 예전의 방식대로 스텝을 밟게 하려고 애쓸 것이다. 그러나 당신이 계속 밀고 나가면 상대방도 새로운 방식을 터득하게 되고 새롭게 당신과 보조를 맞추게 된다.

하나의 손바닥으로는 소리를 낼 수 없다

'논쟁을 하려면 두 사람이 필요하다' 라는 말은 진부한 표현이지만 사실이다. 혼자서 논쟁을 할 수는 없다. 만일 상대편이 '바람' 이고 당신의 '돛' 이 그 바람을 맞지 않게 한다면 당신 배우자가 제아무리 화를 내며 광풍을 보내더라도 당신은 그 바람에 휘말리지 않을 것이다. 당신이 논쟁에 빠져들 것인지 아닌지를 결정하는 것에 따라 당신 쪽에서 상호작용을 통제하게 된다는 점을 유념하라. 그래도 다음의 질문은 남아 있다. 전 배우자 간의 갈등을 줄이는 것이 자녀에게 좋은 것이고, 그것이 필요하다면 당신이 주도적으로 혼자서 그렇게 행동할 준비가 되어 있는가?

왜 망설이는가, 무슨 비용이 드는가

당신은 막연한 고통 때문에 행동에 옮기지 못한다고 생각할지도 모른다. 하나를 얻기 위해서는 다른 하나를 포기해야 할지도 모른다고 생각할 것이다. 갈등은 부모 자신과 자녀에게 커다란 손해를 가져다준다. 자녀는 안정감, 자존감, 자신감, 감정 자제력, 행복, 정상적인 성격 발달과 연민의 감정을 잃게 된다. 부모의 갈등이 자녀의 행복 수준과 걱정과 불안에 영향을 끼침으로써 그들이 누릴 충만하고 생산적인 삶을 제한한다는 사실을 안다면 당신은 놀랄 것이다.

이득은 무엇인가

당신은 이혼을 함으로써 이득을 보는 쪽은 자녀들이 아니라 부모라는 사실을 알게 될지도 모른다. 그 이유는 부모들은 자기 나름대로 명맥을 이어 가기 때문이다. 다음의 이익들 중에서 당신에게 해당되는 것은 무엇인가?

- 자신의 힘에 대한 인식?
- 경쟁의 재미?
- 복수에 대한 만족감?
- 이기기 위해 싸우는 즐거움?
- 자신이 옳다는 만족감?
- 서글픈 일이 발생한 것에 대하여 상대방을 비난하는 만족감 내지 즐거움?
- 당신의 인생에 책임을 지지 않아도 되는 편리함?
- 피해자가 된 것에 대한 보상?
- 갈등을 이용해서라도 배우자와 연결되어 있고 싶은 욕구?
- 삶에서의 도전 혹은 심지어 목적의식?
- 변화에 대한 두려움을 회피하는 것?

1 협력하기 위해 치러야 하는 희생은

전 배우자와 협력적인 관계를 유지하는 것은 이내 헤어진 두 사람의 관계에 혜택을 준다. 양쪽이 모두 스트레스가 줄어들고, 화도 덜 나게 되고, 보다 평화롭게 지낼 수 있는 것이다. 부모와 자녀가 모두 이러한 혜택을 얻게 되지만, 희생을 해야 하는 쪽은 부모다. 두 사람이 상호 협력을 하기 위해서 치러야 하는 희생은 무엇인가? 양쪽 부모는 서로 비난하는 게임을 그만두고, 그들 자신의 행복을 책임지는 일을 시작해야 하는 것이다. 그것은 힘든 일이다. 때로는 싸움을 계속 이어 가는 편이 더 쉬울 것이다. 그러나 누가 그 대가를 지불하는지를 보라. 바로 당신의 자녀다.

2 그럴 만한 가치가 있는가

당신 자녀에게 인생의 행복과 성공을 위한 보다 나은 기회를 보장해 주기 위하여 당신이 분노와 비난을 포기할 만한 가치가 있을까?

신념의 비약

새로운 부모 관계를 약속한다는 것은 당신 자신과 자녀에게 더 나은 것을 가져다주기 위해서 무언가를 포기한다는 것을 의미한다. 그러나 거기에는 위험도 따른다. 당신은 과거의 행동 양식을 버리고 전혀 다른 행동을 새로이 시도해야 한다. 당신은 안전지대를 떠나서 미지의 세계로 나아가야 한다. 그렇게 하려면 신념의 비약이 필요하다. 당신은 다람쥐가 나무 위로 올라가 나뭇가지 끝으로 달려가서는 옆의 나뭇가지로 뛰어넘을 준비를 하는 것을 본 적이 있는가? 자신이 원하는 곳에 가기 위하여 다람쥐는 자신이 있던 안전한 나뭇가지를 떠나야 한다. 비약을 해야 하는 것이다. 양쪽 부모가 자녀들에게 더 나은 것을 가져다주고 싶다면 그들도 역시 그러한 신념의 비약을 해야 한다.

자녀를 돌보아 주기로 약속하기

당신이 자녀를 사랑한다는 사실에는 의심의 여지가 없다. 당신은 자녀를 위해서 가장 좋은 일을 하려고 최선을 다해 왔다. 이번에는 당신의 아이를 위해서 또 다른 최상의 결정을 해 주는 기회다. '자녀를 돌보아 주기로 약속하겠다.' 라고 결심하라. 자녀의 장기적인 행복을 향상시켜 주기 위하여 필요한 것은 무엇이든지 하기로 하라. 이 장이 시작될 때 붙여 놓았던 자녀의 사진을 다시 보라. 아이에게 그렇게 해 줄 가치가 있는가? 결심하라. 당신이 아이를 책임지고자 한다면, 당신은 아이의 장기적인 행복을 최우선으로 여기게 될 것이다.

이 책에는 이러한 목표를 달성하기 위한 여덟 단계가 소개되어 있다. 34쪽에 이러한 단계가 간략하게 소개되어 있다.

잠시 읽는 것을 멈추고 다음 페이지에 있는 '자녀를 돌보아 주기로 약속하기' 활동을 해 보라.

자녀를 돌보아 주기로 약속하기

_______________(들)의 부모인 나 _______________는(은) 내 자녀
(자녀의 이름) (당신의 이름)

(들)의 장기적인 정신적 건강을 위해서 헌신하고자 한다. 나는 나 자신과 _______________ 사이에서 일어나는 갈등과 긴장을 줄이기 위하여 필요한
(전 배우자 이름)

것은 무엇이든지 솔선하겠다고 약속한다. 나는 내 아이(들)를 진심으로 사랑하는 일에 전념하겠다. 나는 좋은 부모가 되기 위해서 나의 부정적이고 파괴적인 행동을 버려야 한다는 것을 알고 있다. 나는 이러한 행동이 내 자녀의 행복에 해악을 끼치게 된다는 점을 잘 알고 있다.

비록 _______________가(이) 나와 똑같이 이런 약속을 하지 않는다 하더라도,
(전 배우자 이름)

나는 여전히 우리 관계를 변화시키는 데 기여하고자 한다. 그렇다고 해서 그의 터무니없는 요구에 굴복한다거나 그와 싸워서 이기겠다는 뜻은 아니다. 나는 내 아이가 있는 앞에서는 싸우지 않도록 노력하겠으며, 언제든지 이혼과 관련된 규칙을 잘 따르겠다는 뜻이다. 나는 문제 상황을 다루는 새로운 기술을 배우고 실천하겠다. 나는 _______________를(을) 위하여 이렇게 하는 것이다. 나는 내 아이
(자녀의 이름)

(들)를 진심으로 사랑하기 때문에 기꺼이 이런 행동을 하겠다.

날짜 _______________

부모의 서명

엄마 _______________ 아빠 _______________

자녀의 정신 건강과 행복을 위한 여덟 단계

8단계
자녀 공동양육은 영원하다
협력할 것인가, 갈등할 것인가

7단계
합의를 끌어내기
모두 승자가 될까, 한 사람만 승자가 될까

6단계
갈등을 통제하기
뇌관을 제거할 것인가, 점화할 것인가

5단계
나의 분노를 다스리기
싸우지도 말고 도망치지도 마라

4단계
나의 개인적인 길을 선택하기
더 나아지게 만들 것인가, 고통스러운 상태를 유지할 것인가

3단계
나의 장기적인 역할을 바꾸기
놓아 줄 것인가, 붙잡을 것인가

2단계
자녀가 양쪽 부모를 모두 사랑할 수 있게 해 주기
평화를 위한 계획인가, 팽팽한 싸움인가

1단계
자녀를 돌보아 주기로 약속하기
자녀를 최우선적으로 배려할까, 그대로 방치할까

자녀의 자기존중감

이혼에 대한 자녀의 반응

영아와 걸음마 단계의 아이들

자녀의 반응

- 발달장애(우유병을 찾고, 기어 다니고, 밤에 깨서 우는 행동)를 보인다.
- 환경에 대해서 민감하게 반응한다.
- 자신의 욕구가 무시당하거나 돌봐 주는 시간이 일정하지 않을 때 화를 낸다.
- 무서워하고, 부모에게서 떨어지지 않으려고 한다.
- 장난감을 물고 때리고 던지면서 좌절감과 노여움을 강하게 표현한다.
- 보모에게 반응하지 않는다.
- 주변 환경에 대한 호기심을 상실한다.

부모가 해야 할 일

- 하루 일과가 비교적 일관성 있게 진행되도록 유념한다.
- 자녀를 돌보기로 한 시초의 계획대로 유지한다.
- 정해진 시간에 탁아시설에 데려가고, 정해진 시간에 집으로 데려온다.
- 두세 개의 낯익은 물건을 유아원이나 놀이방으로 가져갈 수 있게 한다.
- 부모와 오래 떨어지면 아이가 매우 힘들어한다는 점을 명심한다.
- 양쪽 부모 간의 적대감정을 줄인다.

유아(미취학 아동)

자녀의 반응

- 발달장애(우유병을 찾고, 지저분하고, 아기처럼 말하는 행동)를 보인다.
- 이혼한 이유와 이혼이 자기의 삶에 어떻게 영향을 미칠지에 대해서 혼란스러워한다.
- 자기 때문에 부모가 이혼했다고 생각한다.
- 부모에게서 거부당하거나 버려질까 봐 두려워한다.
- 이별에 대해서 걱정한다.
- 다른 아이들이나 형제들에게 화를 내고 공격적으로 나온다.
- 짜증을 내는 일이 증가한다.
- 자주 운다.

- 수면 곤란(선잠을 자게 됨)을 겪는다.
- 흥미 있는 활동에 대한 관심을 잃게 된다.
- 기쁨이 없고, 활기 없고, 소심한 모습을 보인다.

부모가 해야 할 일

- 양쪽 부모가 여전히 그들을 돌보아 주며 사랑하고 있다는 점을 자녀에게 자주 확인시켜 주도록 한다.
- 자녀가 느끼는 두려움과 걱정을 함께 나눌 수 있는 기회를 제공한다.
- 가능한 한 자주 양쪽 부모 각자가 아이와 단둘이서 의미 있는 시간을 가지도록 한다.
- 자녀를 돌보기로 한 애초의 계획을 유지한다.
- 일상 활동, 정해진 취침시간, 교육 등이 전혀 변하지 않았다는 사실을 통하여 안도감을 느끼게 해 준다.
- 부정적이든 긍정적이든 생활의 리듬이 변화하는 것을 최소화한다.
- 양쪽 부모 간의 적대감정을 줄인다.

● 초등학교 저학년 아동(6~8세)

자녀의 반응

- 슬픔, 상실, 거부, 죄의식 등에 사로잡힌다.
- 쉽게 울고, 까다롭게 행동하고, 걱정을 많이 한다.
- 주의가 산만해지고 집중력이 떨어진다.
- 학교 성적이 떨어진다.
- 두통, 위통, 기타 신체적 불편을 호소한다.
- 부모를 재결합시키려고 열성적으로 시도한다(때때로 말썽을 일으킴으로써 부모가 어쩔 수 없이 개입하게 만든다.).
- 함께 살고 있는 부모를 위로하고 지지해 주기 위하여 따로 사는 부모의 역할을 대행한다.
- 자신이 도리어 양쪽 부모를 돌보아 주어야 한다는 강한 책임감을 느낀다.

부모가 해야 할 일

- 자녀 쪽에서 어느 한쪽 부모를 편들게 하지 않고, 두 사람을 모두 사랑할 수 있게 해 준다.
- 자녀 앞에서 따로 사는 부모를 비난하지 않도록 한다.

- 당신이 여전히 아이를 사랑하고 있고, 앞으로도 계속 돌보아 줄 것을 확신시켜 준다.
- 양쪽 부모가 비록 한 지붕 아래서 함께 살고 있지는 않지만, 자녀는 계속해서 양쪽 부모를 만날 수 있고 방문할 수 있다고 알려 준다.
- 일상 활동, 정해진 취침시간, 교육 등이 변한 것이 전혀 없다는 것을 통해서 안도감을 느끼게 해 준다.
- 부정적이든 긍정적이든 생활의 리듬이 변화하는 것을 최소화한다.
- 양쪽 부모 간의 적대감정을 줄인다.

● 초등학교 고학년 아동(9~12세)

자녀의 반응

- 슬픔, 고독, 불안정, 무기력감 등을 보일 수 있다.
- 부모의 이혼을 되돌리려고 한다.
- 고독감과 공포감을 느끼기 쉽다. 그러나 그것에 대해서 당황한 나머지 의연한 척할 수도 있다.
- 두통, 위통, 기타 신체적인 불편을 호소한다.
- 부모 중 어느 한쪽을 편들 수 있다.
- 심한 노여움을 느끼고 표현할 수 있다.
- '부당한 대우를 받은' 부모에 대해서 강한 효도의식을 가지고, 그(녀)를 도와주고 그쪽 편을 드는 경향을 보일 수 있다.
- 어른처럼 행동하려고 한다.
- 학교 성적이 떨어진다.
- 친구관계에서 어려움을 겪는다.
- 절도, 거짓말, 등교 거부 등의 행동을 보인다.
- 조숙한 이성 교제와 성적인 행동을 보일 수 있다.

부모가 해야 할 일

- 이혼과 앞으로 일어나게 될 변화에 대해서 이야기하되, 세부적인 법적 조처에 대해서는 언급을 자제한다.
- 자녀가 양쪽 부모에게 자신의 두려움, 걱정, 불평들을 표현할 수 있게 허용한다.
- 자녀의 노여움을 인정해 주고 자녀를 가장 괴롭히는 사항은 변화시키려고

노력한다.

- 자녀가 부모 두 사람을 모두 사랑할 수 있게 한다.
- 자녀에게 부모 중 어느 한쪽 편을 들도록 압력을 가하지 않는다.
- 양쪽 부모 간의 적대감정을 줄인다.

사춘기 청소년

자녀의 반응

- 말이 적어지고 자신의 감정이나 정서에 대처하기 위하여 일시적으로 움츠러든다.
- 화를 내고 반항적인 행동을 보인다.
- 섹스에 적극적인 관심을 보인다.
- 도피처로서 약물이나 술을 이용한다.
- 가족에 대한 관심이 높아지고, 보호자의 역할을 자처한다.
- 어른 같은 역할을 한다.

부모가 해야 할 일

- 열려 있고 솔직한 의사소통을 하도록 장려하되, 세부적인 법적 조처에 대한 언급을 자제한다.
- 헤어진 부모에 대하여 자녀가 질문하고 자신의 생각을 표현하는 것을 장려한다.
- 부모의 감정을 지지해 주는 원천으로서 자녀에게 의존하지 않도록 한다.
- 양쪽 부모 간의 적대감정을 줄인다.

항상 해야 하는 일

- 부모와 자식 간에 열려 있는 솔직한 의사소통을 하도록 장려한다. 자녀가 자신의 두려움, 걱정, 불평을 표현할 수 있게 한다.
- 자녀에게 스트레스를 주는 어른들의 이야기를 하지 않으면서, 인내심을 가지고 자녀의 질문에 정직하게 대답해 준다. 개인적인 이유 때문에 대답하기 곤란한 질문에는 "나에게 그런 질문을 하는 건 괜찮단다. 그러나 가끔은 네가 그런 내용을 알면 불편할 거라고 생각해서 대답해 주고 싶지 않을 때가 있구나. 내 사생활을 존중해 주려무나. 나도 너의 사생활을 존중해 줄

게."라고 말해 준다.

- 양쪽 부모가 자녀들을 계속 돌보아 줄 것이고, 변함없이 사랑할 것이며, 이혼은 자녀들 때문이 아니라는 사실을 확신시켜 준다.
- 긍정적인 변화와 부정적인 변화를 최소화한다. 가능한 한 오랫동안 똑같은 집, 똑같은 학교, 똑같은 교회와 똑같은 탁아시설에서 생활하게 한다.
- 자녀가 양쪽 부모의 가족(외가, 친가)과 부모의 친구들과 지속적으로 관계를 유지할 수 있게 한다.
- 어떤 변화가 생기기 전에 미리 자녀에게 준비를 시킨다.
- 자녀가 양쪽 부모를 모두 사랑할 수 있게 허용한다.
- 일관된 교육을 시키고, 규칙과 규범을 유지하고, 일상적인 일정을 꾸준하게 유지함으로써 안정되고 안전한 가정의 분위기를 제공한다.
- 자녀의 나이에 상관없이, 아이가 지나치게 순응적이고 협력적이고 이상적으로 될 수 있다. 이런 현상을 긍정적인 반응으로 간주해서는 안 된다.

출처

Afbuthnot, J. & Gordon, D. A. (1993). *Children in the middle*. Athens, Ohio: Center for Divorce Education.

Berger, S. (1983). *Divorce Without Victims*. Boston: Houghton Mifflin Company.

Clapp, G. (1992). *Divorce & New Beginnings*. New York: John Wiley & Sons, Inc.

Kalter, N. (1990). *Growing Up With Divorce*. New York: The Free Press.

Marston, S. (1994). *The Divorced Parent*. New York: William Morrow & Company, Inc.

Exercises

희망의 꿈

여기 있는 그림은 당신의 자녀를 나타낸다. 잠시 시간을 내서 자녀의 미래에 대하여 당신이 가지고 있는 소망과 꿈을 모두 적어 보기 바란다. 예를 들어, 당신은 자녀가 높은 자존감을 유지하고 건강하기를 바랄 것이다. 또 아이가 공부를 잘하고 학업을 마친 후에는 훌륭한 직업 경력을 쌓아 가기를 희망할 것이다. 좌절감의 극복, 인내심, 자신감, 충동성의 자제, 절제, 책임감과 높은 영성 등도 포함시킬 수 있다.

Exercises

행동 계획을 세워라

앞 쪽에 적은 당신의 '소망과 꿈' 을 들여다보라. 당신은 지금부터 그 꿈을 실현하기 위해서 계획을 세우고 실천하겠다고 약속하라. 그래서 첫째, 당신 자녀를 위하여 세운 목표를 달성하려면 어떻게 개입해야 할 것인지를 결정하라. 예를 들어, 한쪽 부모와의 상호 작용에서 당신이 잘 통제된 모습을 보여 주지 못한다면 당신 자녀도 충동성을 억제하는 능력을 발전시켜 나갈 수 없을 것이다. 뒤에 이어지는 일곱 단계를 학습하는 동안 당신은 당신의 계획을 실천하기 위한 대안적인 행동과 기술을 배우게 될 것이다. 지금 당장 표의 왼쪽에 당신의 목표들을 적어라. 그러고 나서 자녀의 긍정적인 발달과 목표에 영향을 주는 당신의 행동을 모두 적어 보라. 이제부터 새로운 기술을 배우면서 부적절한 현재 행동을 중단하고, 대안적인 다른 행동으로 대체하여 자녀의 발달에 긍정적인 영향력을 주도록 하라. 다음 첫 번째 내용은 먼저 당신을 위해서 제시한 예다.

목표/꿈	나의 해로운 행동	대안적인 행동
1. 내 자녀는 긍정적인 자아개념을 형성하게 될 것이다.	자녀가 엿들을 수 있는 자리에서 전 배우자에 대해서 험담한다.	자녀 앞에서는 전 배우자에 대해서 험담하지 않는다. 그에 대한 부정적인 감정을 토로하고 싶을 때는 친구들에게 하겠다.
2.		
3.		
4.		

Exercises

사랑은 쉽지 않다. 어디까지 나아갈 것인가?

당신 자신에 대한 각각의 질문을 천천히 읽어 나가라. "나는 어디까지 나아갈 것인가?"에 대하여 정직하게 대답하라. 마지막 다섯 가지 질문은 감정적인 위험성을 제시하는 것이다. 그런데 처음 다섯 가지 질문은 육체적인 위험 상황이기 때문에 당신 쪽에서 어떤 결정을 내리기가 더 용이할 것이다. 당신은 아래에 소개된 사항에 자녀가 처하도록 허용함으로써 아이를 위험한 상황 속에 방치할 마음이 있는가?

1. 당신은 익사의 위험에 처한 자녀를 구하기 위하여 얼음같이 차가운 강물 속으로 뛰어들겠는가?
2. 자녀의 생명을 구하기 위해서라면, 당신의 신장 하나를 내어주겠는가?
3. 자녀가 생사의 갈림길에서 값비싼 수술을 받아야 할 경우에, 당신은 고가의 귀중품들을 모두 팔겠는가?
4. 당신 자녀가 당뇨병에 걸렸을 경우, 당신의 식단을 바꾸겠는가?
5. 자녀가 폐병이나 천식에 걸릴 위험이 높을 경우, 흡연을 중단하겠는가?
6. 자녀가 건강한 자아개념을 형성해 나가도록 돕기 위하여 당신은 전 배우자를 용서하겠는가?
7. 자녀가 긍정적인 미래를 형성할 수 있도록 과거를 떨쳐 버리겠는가?
8. 자녀가 불안 증세를 보일 경우, 당신은 고민으로 야기된 노여움을 풀어 버리겠는가?
9. 자녀가 행동하기 전에 먼저 생각하는 습관을 익히도록 지도하기 위하여, 당신 자신의 충동을 억제하겠는가?
10. 자녀가 진퇴양난에 빠져 있다는 기분이 들지 않도록 도와주기 위해서 당신만이 언제나 옳다는 생각을 버리겠는가?

사랑은 말이 아니라 행동이다.
당신이 진실로 자녀를 사랑한다면
지금은 이 같은 행동을 해야 할 때다.

당신이 꿈꾸는 것을 현실이 되게 하라.

Exercises

이혼과 관련된 규칙

자녀를 보살펴 주기로 한 당신의 약속을 상기시켜 주는 증거로서 아래의 글을 냉장고에 붙여 두라. 당신이 아래의 규칙들 중 하나라도 잊어버릴 경우에는 자녀에게 알려 달라는 부탁을 하라. 자녀가 그 점을 알려 줄 경우에 아이를 결코 질책하지 마라.

사랑하는 아빠 엄마, 난 그저 어린아이일 뿐이에요. 그러니 제발…….

1. 저의 한쪽 부모에 대해서 나쁘게 말하지 마세요. -그렇게 하면 제 마음이 찢어져요! 물론 저 자신에 대한 기분도 안 좋게 되고요!
2. 한쪽 부모의 친구나 친척에 대해서 나쁘게 이야기하지 마세요. -아빠나 엄마는 그들을 좋아하지 않더라도 저만은 그들을 좋아하게 해 주세요.
3. 이혼이라든가 어른들끼리의 이야기를 저에게 하지 마세요. -그런 말을 들으면 속이 메스꺼워요. 저를 끌어들이지 마세요.
4. 돈이나 양육비에 대한 이야기를 하지 마세요. -그런 말을 들으면 죄의식이 느껴지고, 마치 제가 자식이 아니라 부모의 물건인 것 같은 기분이 들어요.
5. 다른 쪽 부모하고 즐겁게 지내는 것 자체로 제가 나쁜 아이가 된다는 생각이 들지 않게 해 주세요. -그렇게 되면 제가 겁이 나서 자초지종을 말씀드리기가 곤란해요.
6. 제가 다른 쪽 부모를 방문하거나 전화로 이야기 나누는 것을 막지 말아 주세요. -그러면 제가 몹시 속이 상해요.
7. 다른 쪽 부모와 함께 있을 때 너무 자주 전화를 걸어 오거나 저에게 다른 활동을 하도록 해서 그분과 보내는 시간을 중단시키지 말아 주세요.
8. 제 앞에서 (혹은 제가 듣는 곳에서) 두 분이 전화로 다투지 말아 주세요! -그러면 토할 것 같아요.
9. 제가 다른 쪽 부모 집에 있을 때 엄마(아빠)를 위한 스파이 노릇을 하지 않게 해 주세요. -그렇게 하면 저는 효심이 없어지고, 정직해질 수 없어요.
10. 다른 부모에게 비밀을 지켜 달라고 말하지 마세요. -비밀은 저를 불안하게 만들어요.

Exercises

11. 다른 쪽 부모의 생활이나 함께 있었던 시간에 대해 꼬치꼬치 캐묻지 말아 주세요. -캐묻게 되면 제가 불편해지고, 어쩔 수 없이 제가 이야기를 하게 되어 버려요.
12. 다른 부모에게 말 심부름 시키지 말아 주세요. -저는 그 쪽에서 어떤 반응을 보이게 될지 걱정하게 되거든요. 그러니 엄마(아빠)가 직접 전화를 해서 메시지를 남기거나 편지를 보내세요.
13. 제 편에 아빠(엄마)에게 보낼 편지를 보내거나 가방에 편지를 넣지 마세요. -이것 역시 저를 불안하게 해요.
14. 이혼한 사건이나 생활 중에 발생한 사건에 대해서 다른 쪽 부모를 비난하지 말아 주세요. -그건 정말 끔찍해요! 결국 저는 어쩔 수 없이 아빠(엄마)를 편들게 돼요. 그렇게 되면 엄마(아빠)에게 미안해져서 또 엄마(아빠)를 편들고 싶어져요. 저는 그저 어린아이이고 싶어요. 그러니까 제발, 제발…… 저를 싸움에 끌어들이지 말아 주세요.
15. 저를 어른처럼 대하지 말아 주세요. 그런 태도는 저에게 너무 많은 스트레스를 주거든요. -아빠(엄마)는 친구나 상담자를 만나서 이야기를 나누세요.
16. 다른 쪽 부모를 무시하지 마세요. 그리고 저의 학교 활동이나 스포츠 활동에 참가할 때는 서로 반대편에 앉아 있지 말아 주세요. -그렇게 하시면 저는 매우 슬퍼지고 당황하게 돼요. 저를 위해서라면 친구처럼, 부모처럼 행동해 주세요.
17. 제 소지품을 다른 쪽 부모 집으로 가지고 가서 그곳에서 맘껏 두고 놀다가 가져오게 해 주세요. -그렇지 않으면 아빠(엄마)가 마치 저를 소유물로 여기는 기분이 들어요.
18. 제가 아빠(엄마)를 더 사랑하게 만들려는 목적으로 제 죄의식을 불러일으키지 마세요. 제게 어디서 살고 싶으냐고 묻지 말아 주세요.
19. 제게는 하나가 아닌 두 가정이 있다는 사실을 명심해 주세요. -제가 어느 쪽 집에서 얼마의 시간을 보냈는지는 문제가 되지 않아요.
20. 제가 두 분 모두를 사랑하게 해 주시고, 가능한 한 오래 두 분을 만나게 해 주세요! 정기적인 일정이 아닌 경우에라도 융통성을 가져 주세요.

고마워요. 사랑하는 딸(아들) 올림

Exercises

자녀양육에 관한 나의 걱정거리

자녀를 보살피면서 느끼게 되는 걱정거리를 모두 적어 보라. 이때 유념할 점은 자녀에게 직접적으로 영향을 주는 문제들만 적도록 하는 것이다. 예를 들어, 부모입장에서 걱정되는 사항은 다음과 같다.

1. 따로 살고 있는 부모(공동부모)가 나의 집을 방문한다고 약속해 놓고, 정작 방문을 하지 않는 경우
2. 다른 쪽 부모가 자녀가 보는 앞에서 나와 싸우려 하는 경우

이 페이지를 활용하여 부모로서 느끼는 걱정거리를 계속해서 적어 보라. 개인적으로 당신에게 영향을 주는 문제점들은 이 책 끝부분인 308쪽의 '쓰레기는 이곳에 버리세요' 에 열거하도록 한다.

Exercises

자녀양육에 관한 나의 걱정거리

사랑하는 엄마 아빠에게

저를 도와주기 위해서 시간을 내줘서 고마워요. 이혼이라는 건 정말이지 힘들어요. 엄마 아빠의 이혼을 생각하면 가끔씩 제 배가 아파요! 제 기분이 어떤지 항상 말씀드릴 순 없어요. 가끔씩 저는 아무 말을 하지 않고 행동으로 제 기분을 나타내요. 엄마 아빠가 서로 나쁜 말을 하면 전 미치겠어요. 두 분이 모두 너무 화가 날 때는 제가 옆에 있다는 것도 잊어버리거든요. 제 기분이 나아지도록 도와주셔서 정말 고마워요. 감사합니다!

엄마 아빠를 사랑하는 슬픈 아들(딸)

○○○ 올림

Chapter 1 복습

1. 전 배우자를 대할 때 자녀를 우선하는 일이 왜 중요한가?
2. 부모의 갈등이 자녀에게 어떤 영향을 미치는가?
3. 당신이 이혼한 배우자와 갈등을 계속하는 경우에 무슨 이익을 얻을 수 있는가?
4. '강요된 효도의식' 이란 무엇인가?
5. 자녀를 위한 당신의 '희망과 꿈' 을 당신 쪽에서 방해하는 행동은 어떤 것인가?
6. 당신은 '이혼 규칙' 을 지키기로 다짐하는가?
7. 당신이 이혼과 관련된 규칙 중 한 가지를 잊어버린 경우에 자녀에게서 피드백을 받을 자세가 되어 있는가?

Chapter

2

자녀가 양쪽 부모를 모두 사랑할 수 있게 해 주기

— 평화를 위한 계획인가, 팽팽한 싸움인가 —

Chapter 2

자녀가 양쪽 부모를 모두 사랑할 수 있게 해 주기

— 평화를 위한 계획인가, 팽팽한 싸움인가 —

선택을 강요당하는 것

올해 스물세 살인 당신과 당신 남자 친구(혹은 여자 친구)가 결혼을 하기로 결정했다고 생각해 보라. 당신은 부모를 찾아가 이 기쁜 소식을 전하고 부모에게서 진심 어린 축하를 받고 싶은 마음으로 부풀어 있을 것이다. 그런데 부모는 당신의 들뜬 마음에 공감해서 기뻐해 주기보다는 우선 당신이 내린 결정에 대하여 실망한 모습을 보인다. 부모가 당신이 그 사람를 어떻게 선택하게 되었는지를 물어보는 태도에서 얼핏 경멸당하는 느낌을 받는다. 그 결과 당신은 자기가 현명하게 결정했는지 의문이 들기 시작한다. 당신은 결심한 대로 당신의 결혼 계획을 밀고 나간다. 하지만 결혼 날짜가 다가오면서 당신의 약혼자와 부모가 공개적으로 서로를 가끔씩 비난하기 시작한다. 당신은 진퇴양난에 빠진다.

당신의 인생에서 가장 멋진 순간으로 고대했던 상황이 팽팽한 줄다리기 싸움으로 변해 버렸다. 그러자 당신은 당신의 결정에 의문을 가지게 된다. 당신의 행복이 무산되었다는 느낌으로 허탈해진다. 당신이 약혼자를 선택하든, 부모의 의향을 존중하든 간에 어쨌든 당신은 이러한 상황에 놓인 것이 원망스럽다.

그 상황이 쉽사리 해결되지 않을 때 당신의 스트레스는 더욱 심해진다. 당신은 약혼자와 부모 모두를 사랑하고 싶은데 그것이 점점 어려워진다는 것을 알게 된다. 결국 당신은 약혼자를 선택할 것인가, 부모를 선택할 것인가의 기로에 서 있다고 느끼게 된다. 만약 약혼자를 선택하게 되면 당신을 이런 상황으로 몰고 간 부모에게 화가 날 것이다. 그러나 당신은 당신의 생애에서 어린 시절의 경험을 나눌 수 있는 유일한 존재인 양친을 잃은 것을 후회할 날이 언젠가 다가오리라고 예견하게 될 것이다. 그렇게 되면 당신이 선택한 배우자의 모습을 볼 때마다 당신은 당신을 낳고 사랑해 준 부모를 잃었다는 가슴 아픈 사건을 떠올릴 것이다. 이것은 어느 쪽도 승리자가 되지 못하는 게임이다. 당신은 효도의식에 사로잡혀 고통받게 된다.

이혼 가정 아이들의 유사성

앞에서 묘사한 상황은 이혼한 부모가 자녀를 진퇴양난의 상황에 처하게 만드는 경우와 비슷하다. 이때 아이는 서로 싸우는 부모 사이에 끼인 채 줄다리기를 하는 것과 같은 기분이 들고, 때때로 양쪽을 다 편들어야 한다. 아이가 어느 쪽을 편들도록 강요받게 되면 아이는 양쪽 부모 모두를 사랑할 수 없는 상황에 처하게 된다. 서류상으로는 부모 둘 다 똑같이 양육권이 있지만, 현실적으로는 양쪽 부모 중 한쪽을 거부하지 않으면 안 된다고 느끼게 되는 것이다.

당신이 어떤 식으로 당신 자녀를 진퇴양난에 빠뜨리는지에 대해서 점점 많이 알게 되었다는 것은 희망적인 일이다. 이 장은 자녀들이 진퇴양난에 빠져서 스트레스를 느끼는 방식들에 대하여 초점을 둘 것이다. 예를 들어 보자.

가장 빈번하게 일어나는 일은 부모 중 **한쪽이 다른 쪽을 비난**할 때다.

모욕적인 말, 비판, 욕설, 한숨과 부라리는 눈 등이 나타나는 상황이 일어나면 아이는 부모 중 어느 한쪽 편을 들도록 강요받는다. 우리가 나중에 토론하게 되는 이유들 때문에 아이가 중립을 지키기는 불가능하다. 지금 당장은 **당신이 당신 배우자를 공격할 때마다 당신의 자녀는 상처받는다**는 사실을 기억해 두기 바란다.

자녀가 진퇴양난에 빠지게 되는 두 번째 상황은 아이에게 쪽지나 메시지, 또는 자녀양육비 같은 것을 따로 사는 부모에게 전달하도록 심부름시키는 경우다. 다시 한 번 아이는 양쪽 부모 사이에서 진퇴양난에 빠지게 된다. 메시지나 쪽지를 받은 부모가 화를 내게 되면, 아이는 별 수 없이 그 결과를 감수해야 한다.

아이가 어쩔 수 없이 **어느 한쪽을 편들게 되는** 세 번째 상황은 아이에게 스포츠 행사나 학교 프로그램에 아빠 엄마 모두가 참석해야 하는 활동이 생길 경우다. 아이는 둘 다를 초청해야 한다고 느낄까, 아니면 서로 다투는 부모가 함께 참석하는 스트레스를 견디기가 너무 힘드니까 한쪽 부모만을 초대해야 한다고 느낄까? 이렇게 난처한 상황에서 어느 한쪽 부모를 선택해야 하는 입장은 자동적으로 그 아이를 진퇴양난에 빠지게 한다.

부모 중 한쪽이 **피해자인 척하고 불쌍히 여겨 달라는 식으로 행동**을 할 때 자녀들은 또 그런 부모의 편을 들지 않으면 안 된다고 느낀다. 이런 부모는 자기편을 들지 않는 아이에게 죄의식을 느끼게 만든다. 아이는

'승자' 인 부모와 '패자' 인 부모 사이에서 어쩔 줄을 모르게 된다. 부모가 자기는 오로지 슬프기만 하고, 아이하고 함께 지낼 수 없으니까 너무 외로우며, 모든 것을 다 잃어버렸다고 넋두리를 한다면 아이에게 엄청난 무게의 짐을 지우게 된다. 아이는 어쩔 수 없이 '승리자' 쪽의 부모보다는 '피해자' 쪽의 부모 편을 들게 된다. 아이는 자신이 상처받아 고통당하는 와중에도 피해자 쪽 부모를 위로해 주려고 노력한다. '피해자' 부모는 그 아이를 조종해서 자신의 감정적 욕구를 충족시키고 있는 것이다. 후일에 '피해자' 부모가 자녀에게 죄의식을 불러일으켜 자신을 조종했다는 사실을 알고 나서야, 그 아이는 이런 식으로 이용당했다는 것에 대하여 분개하게 된다. 아이는 거리낌 없이 양쪽 부모를 모두 사랑하고 싶지만, 부모 중 한쪽이 자신이 원하는 방향으로 아이를 끌어들이기 위해서 자녀의 연약한 마음을 이용하는 것이다.

아이가 양쪽 부모를 모두 사랑하지 못하게 하는 또 다른 상황은 **부모들이 모든 일을 너무 '똑같이' 하려고 전념하는** 경우이다. 껴안는 것, 뽀뽀하는 것, 시간을 내는 것, 관심을 기울이고 선물을 하는 것 등을 부모 둘 모두에게 똑같이 해야 하므로 자기가 한 행위를 잘 살펴야 한다면, 아이는 자신이 부모에게 느끼는 사랑을 자연스럽게 표현할 수가 없다. 자녀는 자신의 일거수 일투족을 판단해 보고, 저울질하고, 똑같은 몫으로 배분해야 한다. 그는 자신의 자유 의지로 양쪽 부모를 모두 사랑할 수 없게 된다.

자녀가 진퇴양난에 빠질 때 어떤 일이 일어나는가

첫째, 자녀는 **스트레스가 증가하는 것**을 경험한다. 자녀는 앞으로 어떤 결과가 나타나게 될지를 미리 조심스럽게 가늠해 보아야 하기 때문에 자발적인 행동은 하지 말아야 한다. 결국 아이가 잘못된 결정을 하게 되면 부모 중 한쪽은 아이에게 화를 내게 될 것이다. 아이는 이미 부모 중 한쪽이 자기 집을 떠난 터라 그 부모를 잃어버린 경험이 있기 때문에, 의식적이든 무의식적이든 그러한 생각만 해도 끔찍해진다. 또한 자기가 좋아하는 누군가가 자신을 막다른 골목으로 내몰아 가는 것에 대해서 배신감을 느끼기도 한다. 아이는 화가 나지만 부모에게 그런 것을 이야기할 수가 없다. 다른 누군가가 자신의 삶을 통제하고 있다는 것을 알고 나서 자기는 덫에 빠졌다는 느낌이 드는 것이다.

둘째, 일반적으로 **행복감이 낮아진다**. 그런 자녀는 마치 덫에 걸린 토끼처럼 심리적으로 갇혀 있기 때문에 다른 아이들이 마음껏 누리고 있는 행복감을 경험하지 못한다. 잘못된 방향으로 편을 들면 행여 다른 쪽 부모에게 상처를 주는 결과를 초래하지는 않을까 걱정한 나머지 아이는 편드는 것을 회피하려 한다. 그래도 결국은 스트레스에 짓눌린 나머지 자녀는 이쪽 부모든 저쪽 부모든, 어느 한쪽을 선택해야만 한다. (아빠가 써 준 쪽지를 엄마에게 건네주어야 할까? 아니면 아빠가 화를 내더라도 그 쪽지를 건네주지 않고 내가 간직하고 있어야 할까?) 당분간은 어쩔 수 없이 어느 한쪽 부모를 밀쳐 내야 한다. 아이에게는 선택권이 없다. 그러나 어떻게 행동하든지 그 결과에 대해서는 자녀가 공격을 받게 되어 있다.

세 번째 결과는 **자존감의 상실**이다. 당신도 알다시피 자녀들은 부모와 완전히 떨어지지 못한다. 그들은 어떻게든 자신이 부모와 하나의 고리로 연결되어 있다고 생각한다. 다음 [그림 2-1]에서 양쪽에 있는 2개의 커다란 고리는 자녀의 부모를 나타낸다. 어른들 사이에 있는 공간으로 알 수 있듯이, 부모는 더 이상 함께 살고 있지 않다. [그림 2-1]은 중첩되는 부분을 보여 주는데 그 부분이 아이에게 서로 연결되어 있다는 느낌을 주는 것이다.

[그림 2-1] 이혼 · 별거 가정의 부모와 자녀 관계 고리

그러므로 어떤 일 때문에 한쪽 부모가 손상을 입으면 자녀도 역시 손상을 입는다. 그렇기 때문에 어느 한쪽 부모가 비난을 받을 경우 자녀는 자동적으로 그 부모를 옹호하게 되는 것이다. 아이는 자신 역시 비난받는 사람이라고 느끼게 되어 자신을 옹호해야 한다고 느끼는 것이다. 한쪽 부모에게 향한 비판, 모욕, 욕설은 자녀를 직접적으로 내리치는 것처럼 경험된다. 물론 그 타격은 신체적인 것이 아니다. 그것은 심리적인 것이지만, 아이는 자존감을 상실하게 된다. 다음 [그림 2-2]를 보라.

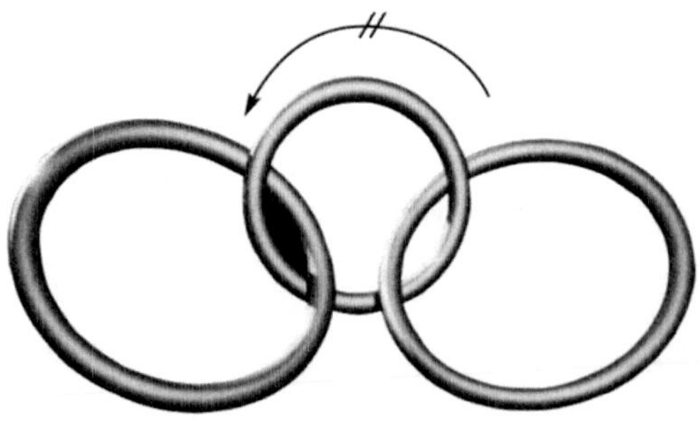

[그림 2-2] 이혼 · 별거 가정의 부모와 자녀 관계 고리–부모 사이의 갈등 지속

당신은 부모 한쪽이 심한 비판을 받은 나머지 '상처를 입었을' 뿐만 아니라, 완전히 사라졌을 경우의 결과를 상상할 수 있을 것이다. 아이도 역시 자신의 일부를 잃어버렸다고 느낀다.

자녀는 상실을—그 부모의 상실뿐만 아니라 자신의 상실을—슬퍼하게 된다. 자신의 일부를 잃어버린 곳에서 아이는 결코 완전하지 못하다.

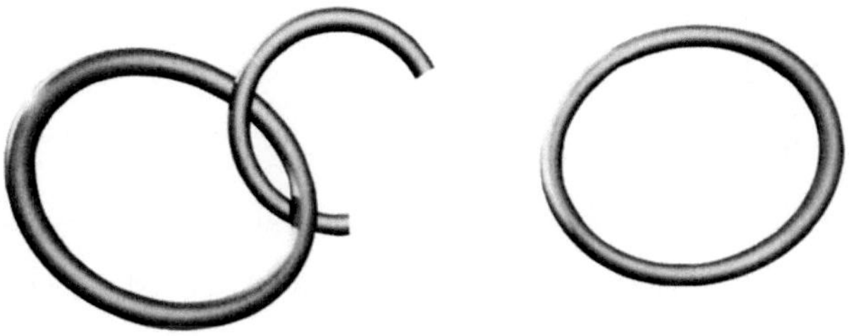

[그림 2-3] 이혼 · 별거 가정의 부모와 자녀 관계 고리-부모의 갈등으로 인한 자녀 손상(자존감의 상실)

한부모만 있다면 어떻게 될까

앞에서 언급한 상황에서 당신은 진퇴양난에 처한 자녀가 얼마나 고통스러운 경험을 하고 있을지를 잘 알 수 있을 것이다. 만일 당신이 아이의 인생과 연관된 유일한 부모라면 훨씬 더 편할 것이라고 생각할지도 모르겠다. 그와 관련하여 유리한 점을 생각해 보자. 당신의 스트레스가 얼마간 줄어들 것이다. 그리고 아이의 다른 쪽 부모와 더불어 처리할 이런저런 일들이 감소될 것이다. 생활에서 갈등이 줄어들고, 아이에 관한 모든 결정 권한은 당신 손 안에 들어 온다.

그러한 입장이 되면 당신의 개인적 욕구는 충족될지 모르나, 당신 자녀에게는 어떤 결과가 생길까? 앞에서 제시한 시나리오에서 살펴보았듯이 약혼자 편을 들어 부모는 포기해야 했던 젊은이와 마찬가지로 당신의 자녀 역시 많은 것을 잃게 될 것이다. 첫째, 아이는 인생에서 가장 가까운 두 사람 중 한 사람의 사랑을 잃게 될 것이다. 둘째, 이 세상에서 단지 두 사람만이 제공해 줄 수 있었던 어린 시절의 공유된 추억을 잃어버리게 될 것이다. 셋째, 부모에게서 자녀로 이어지는 세대 간의 전승 과정에서 향유할 수 있는 가치의식을 상실하게 될 것이다.

자녀는 양쪽 부모와 자신의 어린 시절을 이야기하고, 후일에 자기가 아이를 가졌을 때 부모와 자신을 비교해 볼 수 있는 기회를 상실할 것이다. 그리고 자신의 계획에 따라 가족에게서 독립하는 경험도 하지 못하게 될 것이다. 멀리 떨어져 사는 부모(비동거 양육자)와 함께 나누었던 추억 속에서 자신의 삶이 제공해 주는 연속성을 상실하게 될 것이다.

자녀의 삶에 있어서 부모를 잃어버리는 것이 아이의 삶을 황폐화시키듯이, 한쪽 부모에 대한 다른 부모의 비판도 아이로 하여금 어느 한쪽을 편들게 하고, 다른 쪽 부모를 거부하도록 몰아붙이기 때문에 역시 파괴적이다. 아이는 어쩔 수 없이 한쪽 부모를 밀어내야 하고 그 손실을 감당하지 않으면 안 되는 것이다.

두 사람이 한 사람보다는 낫다

부모 중 한 사람을 잃는 것이 자녀에게 큰 손실이라면, 아이의 삶에 영향을 주는 부모가 둘 다 있을 경우의 이점은 무엇일까? 아이들은 자신의 첫 스승이자 역할 모델로서 부모를 바라보기 때문에 당연히 두 명의 교사와 두 명의 역할 모델이 한 명보다는 더 좋다. 아이에게 하나의 역할 모델만 있으면 그 아이는 세상에 대해서 빗나간 견해를 가지게 될 것이다. 단 하나의 모델에 비추어 세상의 모든 것을 비추어 보고 그 견해만 수용하게 될 것이다. 그런데 아이에게 두 모델이 있으면 아이는 사람들이 서로 다르며, 이 세상에 단 하나의 '올바른' 방식이란 없다는 것을 알게 된다.

양쪽 부모는 제각기 독특한 자질과 특징과 흥미를 지니고 있다. 두 명의 부모와 접촉하게 되면 그 아이는 훨씬 더 다양한 자질과 개인적 특징과 흥미를 볼 수 있게 될 것이다. 그는 자기의 생활 속에 있는 유일한 어른, 즉 한쪽 부모만의 관점에 비추어 자신을 비교하는 일을 덜 하게 될 것이다. 자신이 어떤 부분에서는 한쪽 부모와 비슷하고 또 어떤 부분에서는 다른 한쪽 부모와 비슷하다는 것을 발견하게 될 가능성이 더 높아지는 것이다.

게다가 부모 각자는 아이에게 특별한 무언가를 제공해 준다. 한쪽 부모가 특별히 인내심이 많고 이야기를 잘 들어 주는 사람이라면, 다른 한쪽은 많은 영역에 관한 정보를 폭넓게 제공해 주는 사람일 수 있다. 한쪽이 자동차 관리를 잘 한다면, 다른 쪽은 수학을 잘 할 수 있다. 한쪽이 보살펴 주고 지지해 주는 역할 모델을 해 준다면, 다른 쪽은 훌륭한 리더이자 주장을 잘 하는 역할 모델을 보여 줄 수도 있다. 한쪽이 요리와 원예 일을 잘 가르쳐 주는 사람이고, 다른 쪽은 스포츠를 아주 잘하거나 악기를 잘 다루는 사람일 수 있다. 각자는 자신의 특별한 재능으로 부모-자식 관계를 맺어 주기 때문에 두 명의 부모가 있으면 아이의 흥미와 능력과 부모의 흥미와 능력이 조화를 이룰 수 있는 기회는 2배가 된다. 만일 당신이 자기 아이의 다른 쪽 부모를 객관적으로 생각해 본다면, 당신은 아마 그쪽 부모가 긍정적인 방식으로 부모역할을 하는 데 도움을 줄 만한 많은 특징들을 생각해 볼 수 있을 것이다. 지금 그렇게 하라.

부모역할에서의 긍정적인 자질들

당신 자녀의 다른 쪽 부모가 가지고 있는 자질 중에서 자녀를 돌보는 데 긍정적인 자질이라고 평가되는 것을 생각해 보라.

1. ....

2. ....

3. ....
4. ....
5. ....

자녀의 눈을 통해서 바라보기

이제 잠깐 시간을 내서 당신 아이의 눈으로 당신 자녀의 다른 쪽 부모를 바라보기 바란다. 자녀가 아빠(또는 엄마)를 보면서 매우 좋아하고 존경하는 어떤 특징과 자질과 능력을 당신 역시 그에게서 보게 되는가? 당신 아이의 다른 쪽 부모는 웃기를 좋아하고, 단순한 게임을 하는 것을 좋아하는가? 그녀는 수학을 잘 하고 아이가 숙제하는 것을 도와줄 수 있으며, 나중에 아이에게 건전한 재정적 조언을 해 줄 수 있는가? 그는 창조적이고 음악적이며 레고를 잘 하지 않는가? 그녀는 자발적이고 애정이 있으며 계획적으로 생활하는가? 그는 장기나 컴퓨터 게임을 좋아하는가? 아이는 지금, 혹은 미래의 어느 시점에서 이 부모에 대해 어떤 면을 좋아하게 될까?

아이가 부엌에서 요리하는 것은 온통 집안을 어지르는 짓이라고 생각하겠지만, 아이는 요리하는 순간이 가장 좋은 시간이었다고 생각할 수도 있다. 만일 당신이 계획을 잘 세우는 사람이고 아이가 자유로운 정신의 소유자라고 하자. 당신은 아이가 제시간에 숙제를 끝마치도록 잘 도와줄 수 있겠지만, 자녀의 다른 쪽 부모는 아이에게 보다 편안한 환경을 제공해 줄 수 있을 것이다.

다른 쪽 부모에 대한 아이의 견해를 그 아이의 다양한 삶의 단계에서서 숙고해 보기 바란다. 자녀가 어릴 때는 부모에게 있는 어떤 능력들이 매우 중요하지만, 나이가 들면 다른 능력들이 더 중요시된다. 예를 들어, 아이를 잘 돌보는 어른은 갓난아기와 걸음마 단계의 아동들에게 꼭 필요하지만, 대화를 잘 하는 사람은 자녀의 향후 삶에 더 많은 도움을 주게 될 것이다. 두 명의 어른이 있으면 아이가 성장과정의 다양한 단계에서 적어도 양쪽 부모 중 한 사람과는 의기투합될 가능성이 더 크다.

이제 **당신 아이의 관점에서** 아이의 다른 쪽 부모의 특징과 자질들을 숙고해 보기 바란다. 다음 활동을 하면서 당신 아이가 현재와 미래에 중요하다고 여기거나 경탄할 수 있는 여러 가지 특징과 자질을 전 배우자에게서 찾아보고 그것을 적어 보라. 솔직해야 한다. 당신 아이의 다른 쪽 부모를 칭찬한다고 해서 당신의 마음이 상처를 받지는 않을 것이다.

내 아이의 눈을 통해서 바라본 전 배우자

당신 아이의 눈으로 당신의 전 배우자인 다른 쪽 부모를 바라보라. 그(그녀)에게는 아이가 중요하다고 여기거나 경탄하는 어떤 자질과 특징과 능력들이 있는가? 그는 장난치는 걸 좋아하는가? 계획을 하고 계획에 따라 잘 움직이는가? 그는 정원 가꾸기, 테니스 실력, 자동차 관리에 대한 관심, 환경이나 야생생물에 대한 지식과 열정을 자녀와 함께 나눌 수 있는가? 그는 경청을 잘 하는 사람인가? 그녀는 열정적으로 말하는 사람인가? 전 배우자가 가진 자질, 특징, 능력 중 최소한 다섯 가지를 알아내고 적어 보라.

1. ....
2. ....
3. ....
4. ....
5. ....

....

부모는 어떤 일을 할 수 있을까

[1] 언제 당신의 감정을 표현할지를 선택하라

당신 아이의 한쪽 부모(엄마나 아빠)를 비판하면 그 아이에게 상처를 주게 된다는 사실을 알게 되었으므로, 당신은 이제 전 배우자를 비난하는 성향을 통제하고 싶은 마음이 들 것이다. 당신이 화를 내고 싶은 상황이 생길 때 곧바로 전 배우자를 비난하기 전에, 일단 멈추는 것을 연습하라. '내가 아이의 다른 쪽 부모를 비난하면 내 아이에게 상처를 주게 되겠지.' 하고 생각하라. 그리고 그 행동을 멈추고 숨을 크게 쉰 다음에, 과연 어떤 행동을 취하면 좋을지를 생각해 보라.

일단 멈춰 서서 크게 숨을 쉰다고 해서 당신 쪽에서 상대방에 대해 부정적인 감정을 느끼지 않게 된다는 것은 아니다. 그러나 그렇게 함으로써 당신이 어떤 행동을 취하기 전에 당신의 행동이 어떤 결과를 초래하게 될지를 생각해 보는 시간적 여유를 얻게 된다. 그것은 당신이 먼저 비난부터 하고, 나중에 그쪽 사정을 물어보는 것과 같은 충동적인 행동을 억제한다는 것을 의미한다. 또한 당신의 부정적인 생각과 감정 때문에 당신이나 자녀에게 상처를 주지 않고, 건설적인 길로 나아가게 한다는 것을 의미한다.

어떻게 하면 아이에게 상처를 주지 않으면서 당신의 분노를 적절하게 발산할 수 있을까? 그것은 당신의 이야기를 기꺼이 들어 주고 당신의 감정을 풀어 줄 만한 친구나 가족들에게 도움을 요청하는 것이다. 이때 자녀가 듣지 않는 곳에서 이야기를 나누는 것이 중요하다. 당신의 분노와 자기 통제의 문제에 대해서 잘 이해해 줄 만한 이혼부모 지지모임을 찾아볼 수도 있다. 상담을 받아볼 수도 있다. 상담은 난관을 헤쳐 나가는 동안에 당신의 화를 풀 수 있는 안전한 장소를 제공해 줄 수 있다.

이 모든 조처는 자녀의 다른 쪽 부모를 노골적으로 비난함으로써 아이에게 피해를 주는 일을 예방하기 위하여 당신이 선택할 수 있는 능동적인 조치들이다.

당신 쪽에서 어떤 행동을 하기 전에 먼저 멈춰 서서 숨을 내쉬고 자신을 통제하라는 것은 말로는 하기 쉽지만 실천하기는 쉽지 않다. 이런 방법은 가장 어려운 일 중의 하나일지도 모른다. 그러나 그렇게 해서 당신의 아이가 문제의 중심에서 벗어나 안전한 위치에 있게 할 수만 있다면 그것은 노력할 만한 가치가 있다.

2 아이가 양쪽 부모를 모두 사랑할 수 있도록 하라

당신의 자녀에게 기쁜 마음을 회복시켜 줄 수 있는 행동에는 어떤 것들이 있을까? 첫째, 당신 쪽에서 **아이가 속한 두 가정을 모두 받아들이고** 있다는 것을 보여 주라. 자녀에게는 물리적으로 떨어져 있는 두 곳에 2개의 가정이 있다. 아이가 한쪽 집을 방문할 때마다 다른 쪽 집에서 아이의 소지품을 모두 가져오기보다는 각각의 집에 옷가지와 칫솔 등을 준비해 놓도록 하라. 이러한 행동은 아이가 각 가정의 일시적인 방문객이나 손님이 아니라, 그곳의 거주자라는 사실을 보여 준다. 아이가 어리다면 역시 각 집에 장난감이나 창의적인 놀잇감도 갖추어 두라. 자녀가 십대라면 각 집에 가장 남겨 두고 싶은 것을 스스로 결정하고 싶어할 것이다. 똑같은 이유로 음악 CD와 잡지 같은 물건들도 각 가정에 구비해 놓도록 권장하기 바란다. 여유가 있다면 자녀가 두 곳이 모두 자기 집이라는 느낌을 가지고 편안함을 느낄 수 있도록 CD플레이어나 게임기를 두 곳에 구비해 두라.

두 집에 반드시 **자녀를 위한 공간을 확보**해 두어야 한다. 아무리 좁은 공간이라 하더라도 아이는 자신만의 공간을 가지고 싶어한다. 화장대나 구석진 비밀장소라도 괜찮다. 가능하다면 아이가 그 공간을 꾸미게 하라. 자신의 침대 옆에 이혼한 다른 쪽 부모의 사진을 가져다 놓아도 괜찮다는 사실을 알려 주라.

당신이 다른 쪽 **부모를 받아들이고 있다는 것을 보여 주는 언어**를 사용하라. 당신 자녀는 당신이 "벤은 정말이지 수학 천재야. 아빠(제레미)에게서 그런 재능을 물려받았나 봐."라고 당신 친구에게 말하는 소리를 엿듣게 될지도 모른다. 아니면 아빠로서 딸에게 "넌 정말이지 물건을 잘 고르는 솜씨는 엄마의 재능을 쏙 빼닮았구나."와 같은 말을 직접 해 주기 바란다. 그러면 자녀가 그런 칭찬의 말을 들었기 때문에 기뻐하기보다는, 이혼한 부모에 대한 긍정적인 말을 들었다는 사실 때문에 즐거워한다는 것을 알게 될 것이다.

당신은 아이의 다른 쪽 부모를 칭찬해 주어도 당신 마음이 상하지 않는다는 사실을 알게 될 것이다. 오히려 당신의 칭찬이 아이의 자존감을 높여 주는 데 도움이 되는 것을 보고 자랑스럽게 여기게 될 것이다. 그리고 그것은 당신의 목표에도 부합된다.

그보다 앞서 자녀의 눈으로 보거나 당신의 눈으로 보더라도 이혼한 배우자의 성격 중에 긍정적인 것들을 몇 가지 목록으로 작성해 두기 바란다. 그리고 이제 그 목록을 검토하라. 그리고 아이와의 대화 속에서 이러한 특성에 대하여 당신이 칭찬해 줄 말을 덧붙일 기회를 찾아라. "넌 네 아빠와 재미있게 지낼 거야. 너랑 네 아빠는 잘 웃는 편이거든." 아니면 "너와 네 엄마는 특별한 관계일 거야. 네 엄마는 정말 이야기를 잘 들어 주시지 않니?" 그 **사람을 칭찬한다고 해서 당신이 그 사람에 대한 모든 것을 좋아할 필요는 없다**는 사실을 기억하라. 또한 그 사람과 이혼했다고 해서 그에 대한 모든 것을 싫어할 필요도 없다. 비록 그가 당신에게 했던 행동에 대하여 몹시 화가 난다고 하더라도, 그런 행동거지를 떼어서 하나의 '마음 상자' 안에 넣어 두었다가 가끔씩 꺼내어 검토해 보는 것처럼 행동하라. 또 다른 '마음 상자'를 사용하여 긍정적인 성격들을 넣어 두라. 그리고 자녀와 함께 있을 때 이 두 번째 상자의 내용을 이용하라. 당신이 이혼한 배우자를 칭찬하는 소리를 아이가 듣는 것은 매우 가치가 있으며, 당신과 아이 사이의 유대를 강화시켜 줄 것이다. 그렇게 함으로써 당신이 아이 편이라는 것을 보여 주게 되는 것이다.

자녀를 갈등의 회오리에서 벗어나게 해 주기

부모가 자녀를 부모의 갈등 속에 넣어 두는 것만은 아니다. 자녀들도 의식적으로든 무의식적으로든 부모의 갈등 속에 스스로 빠져들려 한다. 그러므로 다른 쪽 부모가 무조건 잘못했다는 식으로 성급하게 결론을 내리지 않는 것이 중요하다. 사실 아이가 싸움거리를 제공할 수도 있다. 자녀는 학교에서 말썽을 부리는 문제를 만들어 낼 수 있고, 그것 때문에 양쪽 부모가 서로 이야기를 하지 않을 수 없게 된다. 그것은 부모를 재결합시키려는 아이의 시도다. 때때로 아이는 '중간' 입장을 취하는데, 그렇게 행동함으로써 한쪽 부모를 화나게 하는 힘을 가질 수 있기 때문이다. 자기가 부모를 화나게 만들었다는 사실은 아이에게 힘을 북돋아 준다. 문제를 야기함으로써 예상되는 결과를 자기 눈으로 직접 보기 위해서 자녀는 상황을 조작하는 법을 배우는 것이다.

사례 1

"아빠는 엄마가 늦게까지 나를 잠자리에 재우지 않으니까 엄마가 나쁘대요."라고 자녀가 말한다. 엄마가 그 말에 "그랬어? 아빠가 그랬어?"라고 대답하면서 화내는 모습을 보인다면 그 아이는 자기에게는 엄마를 휘두를 수 있는 커다란 힘이 있음을 알게 되는 것이다. 그러면 경우에 따라서는 아이가 그러한 상황을 꾸며 내기까지 할 것이다.

그러므로 당신 쪽에서 화를 내는 대신에 "그 말은 네가 잠자는 시간이 달라 혼란스럽다는 말로 들리는구나."라고 대답하는 편이 더 낫다. 이렇게 대응함으로써 이혼한 배우자의 행동에 대하여 당신이 추측하기보다는 그 문제에 대한 메시지 자체에 관심을 두도록 하라.

사례 2

"엄마가 그러시는데, 아빠가 이제는 엄마를 사랑하지 않는다고 해요. 그런데 엄마는 여전히 아빠를 사랑한대요."라고 자녀가 말한다.

당신은 어떻게 반응하겠는가? 이혼한 배우자의 말에 직접적으로 반응하지 않고 다만 아이가 말한 메시지에 초점을 맞추는 답변 방식을 생각해 볼 수 있겠는가? 당신이 할 수 있는 답변의 예는 다음과 같다.

"아빠가 그렇게 말한 것은 결혼한 부부끼리 사랑하는 방식으로 아빠가 엄마를 사랑하지 않는다는 뜻이란다. 그런데 너는 우리가 옛날처럼 다시 합쳐졌으면 하고 바라는 것 같아. 그런 일은 없을 거야. 그렇지만 넌 우리 둘을 늘 만나게 될 거다. 우리는 여전히 너를 아주 많이 사랑하니까."

사례 3

"엄마가 엄마 친구들과 나가 놀지 말고, 저하고 더 많이 놀아 줘야 한다고 아빠가 말씀하셨어요."라고 자녀가 말한다.

당신은 어떻게 대꾸할지 생각해 보라.

여기서 아이의 엄마 쪽에서 그 말에 대응할 수 있는 방법이 하나 있다. "너는 어떻게 생각하니?" 당신 아이의 대답에 기초해서 당신은 아이의 감정을 알아차릴 수 있을 것이다. 예를 들어, 아이가 "전 엄마가 저하고 더 많이 시간을 보냈으면 좋겠어요."라고 말한다면 당신은 다음과 같은 말을 할 수 있을 것이다. "내가 너한테 관심을 더 많이 기울여 주기를 바라는 거로구나. 우리 같이 무슨 놀이를 할까?" 그런 뒤에 당신은 가능한 대안들에 대해서 자녀와 이야기를 나눌 수 있고, 서로가 수용할 수 있는 해결책을 찾아볼 수 있을 것이다.

사례 4

아이가 "엄마는 저녁 먹기 전에 내게 과자를 줘요."라고 말한다.

이 말은 사실일 수도 있고, 사실이 아닐 수도 있다. 이 메시지 자체를 다루되, 메시지 속에 담긴 아이의 엄마에 대해서는 다루지 말아야 한다. 당신은 이렇게 말할 수 있다. "아빠 집의 규칙은 다르단다. 우리는 저녁 식사 전에는 간식을 먹지 않는단다."

때때로 아이는 효도심에 사로잡혀 자신을 갈등의 소용돌이에 밀어 넣을 것이다. 그는 부모들이 듣고 싶어할 것 같은 말을 해 줌으로써 부모를 즐겁게 해 주려고 노력한다. 그 결과 부모들이 듣게 되는 것은 왜곡된 내용이거나 진실이 아닌 말이다.

자녀가 조종할 때 부모는 어떻게 대처할까

첫째, 자녀가 틀림없이 거짓말을 하고 있다거나, 문제를 일으키려고 하는 것이 아니라는 점을 명심하라. 대개의 경우 아이들은 부모들의 싸움의 중심, 즉 진퇴양난에 빠져 있다는 느낌에서 헤어 나오려고 노력한다. 그러므로 아이가 그런 행동을 보일 때는 자녀를 훈육할 시점이 아니다. 다음과 같이 해 보라.

1. 자녀에게 당신과 다른 쪽 부모가 이야기를 나누었다는 것을 알려 주라. 당신이 아이에게서 들은 내용 때문에 당신과 다른 쪽 부모가 혼란스럽다는 이야기를 해 주라. 그리고 아이에게 양쪽 부모에게 동일한 말, 곧 진실을 말하라고 격려해 주라.
2. 다른 쪽 부모에 대해서 언급할 때 가능하면 '우리' 라는 말을 사용하라. 예를 들어, 아이가 "아빠가 그러시는데 엄마가 제 숙제를 도와주지 말아야 한대요."라고 말하면, 당신은 다음과 같이 대답할 수 있다. "아, 내게 그런 말을 해 주어 고맙구나. 네 아빠와 이야기해서 우리가 그 문제를 바로잡을게."
3. 중립적인 자세를 취하고 흥분하지 않도록 하라. 지나친 반응을 보임으로써 아이의 그런 행동을 강화시키지 않도록 주의하라.

난처한 순간에 대처하기

1 당신이 쪽지를 받을 때

당신은 앞으로는 자녀를 통해서 전 배우자에게 쪽지나 메시지를 보내지 않기로 결심했는데, 당신 아이를 통해서 전 배우자가 보낸 쪽지를 전달받는다면 어떻게 해야 할 것인가? 특별한 말이나 행동을 하지 말고 그 쪽지를 받아라. 아이가 없는 데서 그 쪽지를 읽어 보라. 그 다음에 자녀가 당신 말을 엿들을 수 없는 시간에 전 배우자에게 연락하라. '나-진술문' 을 활용해 보는 것을 고려해 보라.* "메리가 우리들 중 한 사람에

* 역자 주: '나-진술문' 은 '나-메시지' 또는 '나-전달법' 이라는 용어로도 사용된다.

게서 쪽지 심부름을 하게 되면 그 애가 갈등의 중심에 놓이게 되고 자기가 우리들의 행동에 책임이 있다고 생각할 것 같아서 나는 걱정이 돼요. 내 말은 당신이 할 말이 있으면 나에게 직접 전화나 메일로 연락을 하는 것이 좋다는 뜻이에요."

2 자녀가 한쪽 부모를 만나러 가거나 대화하기를 거부할 때

자녀가 한쪽 부모를 방문하기도 싫어하고 대화하는 것도 거부할 때 당신은 전 배우자에 대해서 아주 나쁘게 생각하게 될 것이다. 만약 당신이 그 부모라면, 전 배우자가 당신과 아이와의 관계에 손상을 입히는 짓을 했을지도 모른다는 생각을 하기가 쉽다. 아니면 다른 쪽 부모가 틀림없이 아이에게 어떤 짓을 했을 것이라고 추측할 수도 있다.

그러나 자녀가 다른 쪽 부모를 방문하기도 싫어하고 대화하는 것도 싫어하는 것은 당신과는 아무런 관계가 없고, 다른 쪽 부모와도 무관한 경우가 많다. 어린아이는 따로 살고 있는 부모 집에 자기가 가 있는 동안에 일차적 보호자인 당신이 자기를 버릴지도 모른다는 두려움을 느끼기 때문에 당신과 떨어져 있고 싶지 않은 것이다. 이것은 정상적인 반응이다. 자녀는 자기가 제일 좋아하는 게임에 빠져 있거나 자기가 제일 좋아하는 텔레비전 프로그램을 보고 있어서 다른 쪽 부모의 전화를 받기 싫어 할 수도 있다. 전화를 받지 않으려는 아이의 욕구를 존중해 주라. 이와 마찬가지로 십대도 친구와 주말을 함께 보내고 싶다는 이유로 다른 쪽 부모를 방문하기 싫어할 수 있다. 이러한 상황은 특별한 문제가 없는 가정에서도 발생한다는 점을 명심하라. 아이들의 행동이 반드시 다른 쪽 부모의 행동과 관계가 있는 것은 아니다.

만약 의심이 들 경우에는 그것을 확인해 보기 바란다. 그러나 혼자 추측하지는 말아야 한다. 그 문제를 자녀의 다른 쪽 부모와 의논하라. 아이가 반항적인 행동을 한 적이 없는지 물어보라. 무슨 짐작이 가는가? 아이가 얼마나 오랫동안 우는가? 보통 울음을 그치게 하는 것은 무엇인가? 아이가 울거나 저항할 때 부모는 어떻게 반응하는가? 아이가 양쪽 집을 오가는 일이 번거롭지 않도록 함께 계획을 세워라. 예를 들어, 당신 아이가 어리고 이쪽 부모와 떨어지게 되는 것을 불안해한다면 아이에게 인형을 함께 가져가게 하라. 다른 쪽 부모가 아이의 침실 문을 나가기 전에 키스하고 안아 주면서 인형에게 이불을 덮어 주게 하라. 그러면 어린아이는 자기가 원할 때마다 입맞춤과 포옹을 많이 받게 될 것이라고 생각하여 고무될 수 있다.

만일 자녀가 다른 쪽 부모와 전화로 통화하기를 거부한다면 먼저 상황을 살펴보고 아이의 발달 수준과 흥미와 일정을 생각해 보라. 아이와 당신의 일정이 서로 일치하는 시간에 전화를 하기로 합의하라. 자녀의 활동과 그 아이가 제일 좋아하는 텔레비전 프로그램을 알아 두고, 그 시간대에 전화하는 것은 피하라. 어린아이의 집중 시간은 매우 짧다는 것을 명심하라. 아마 아이에게 자기가 제일 좋아하는 노래나 자장가 하나를 불러 달라고 요청해도 될 것이다. 아이가 초등학생이라면 당신이 알고 있는 학교 친구들과 학교에서의 일과 활동에 대해서 이야기하라. 아이가 일상적으로 기대할 수 있는 주제를 가지고 대화를 시작하고 끝내라.

예를 들어, 당신의 쇼핑계획이나 최근 뉴스의 화제 등에 대한 십대 자녀의 의견을 물어보아도 좋다. 당신의 견해를 이해시키기보다는, 자녀의 말을 경청해 주려고 노력하라. 그저 "그거 재미있구나. 난 그런 식으로 생각하지 못했었는데. 네 친구들도 이 문제에 대해서 너처럼 생각하니?" 라고만 말하라. 당신이 전화할 때 자녀가 마침 친구와 통화 중이라면 아이는 당신과 대화할 시간을 내고 싶지 않을 것이다. 자녀가 시간이 날 때 전화를 하게 하라. 아이가 기억하지 못할 경우에는 억측하지 마라. 그는 십대이고, 당신 혼자만의 자녀가 아니라는 점을 명심하라.

당신의 욕구 때문에 아이에게 부담을 주지 마라

당신은 상처를 받고 있으므로 때로는 자녀와 솔직한 대화를 나누고 싶을 것이다. 그런데 당신 자녀는 당신 주변에 있는 유일한 사람이고, 당신의 이야기를 묵묵히 들어 주는 사람이다. 당신은 배우자가 없어서 외롭기도 하다. 매달 날아드는 청구서가 걱정되고, 앞날이 두렵다. 당신은 당신이 이혼한 것이 자녀의 삶에 어떤 영향을 미칠지 걱정스럽다. 누군가와 데이트를 시작하기에는 어쩐지 마음이 불안하고, 이처럼 불안한 심경을 당신 아이와 나누고 싶은 유혹이 생긴다. 하지만 그런 생각은 그만두라.

당신에게는 자기가 느끼는 감정을 경험하고 이해하고 해방시켜 줄 권리가 있다. 이 어려운 시기에 당신에게는 지지가 필요하다. 당신은 인간이므로 정서적 욕구가 충족될 필요가 있다. 당신에게 지지를 보내 주는 대상이 필요하다. 그러나 당신 자녀는 그러한 지지처가 아니다. 제발 친구에게 연락하라. 새로운 친구를 사귀어라. 이혼한 부모들을 위한 지지 모임에 참여하라. 독신자 행사에 참석하라. 목사(혹은 신부)와 이야기를 나누라. 가장 잘 들어 줄 만한 가족에게 연락하라. 심리 상담가와 상담 약속을 하라. 지역정신건강센터를 방문하라. 모든 네트워크(network)를 이용하여 이 순간에 당신이 필요로 하는 정서적 지지를 얻어 내라. 그리나 당신의 **감정적인 욕구 충족을 위하여 당신 아이에게 의존하지는 마라**.

자녀는 오랫동안 자신의 정서적 혼란과 싸우고 있는 상태다. 아이는 가족의 분열 때문에 슬픔을 겪고 있다. 한쪽 부모를 잃어서 슬퍼하고 있다. 또 친구들이 자신을 어떻게 생각할까 하고 걱정한다. 아이는 양육권이 없는 쪽의 부모가 이제는 더 이상 자기를 사랑하지 않을까 봐 걱정스럽다. 그는 아버지의 새 파트너나 어머니의 새 파트너를 어떻게 대해야 할지 몰라 안절부절못한다. 아이는 어느 쪽에 충실해야 할지 분명히 알 수가 없다. 자기는 양쪽 부모 모두를 사랑하고 싶지만, 그렇게 양쪽 부모에게 애정을 보일 때마다 자기가 마치 배신자가 된 것 같아 가슴이 찢어진다. 그러한 자녀에게 당신이 또 하나의 짐을 더 지워 주면 아이는 견뎌 낼 수가 없다. 그런 부탁은 아이에게 너무 무거운 것이다.

당신 자녀는 외관상 상처를 전혀 받지 않는 것처럼 보일 수도 있다. 아이는 마치 '그 모든 것을 의연하게 이겨 내고 있는 것' 처럼 보일지도 모른다. 비록 아이가 상처를 입지 않은 것처럼 보일지 모르지만, 속으로는 절망스러운 기분으로 살아갈 확률이 높다. 표면적으로는 자녀가 이 모든 소용돌이의 영향을 전혀 받지 않는 것처럼 보일 수도 있지만, 마음속으로는 그 모든 것을 견뎌 내기가 매우 벅찰 것이다. 겉으로 나타난 아이의 모습에 속지 마라. 아이들은 아이로서 자라는 기회를 가져야 한다. 훗날 어른들의 걱정거리를 다룰 수 있도록 스스로를 준비해야 한다. 어린 시절에 어른의 정서적 책임 때문에 부담을 겪는 아동은 전 생애에 걸쳐서 그 피해가 심각하다. 이런 정서적 위험을 자녀에게 안겨 주지 마라.

자녀에게 부과되는 정서적인 부담 중 최악의 것은 한쪽 부모가 피해자인 양 행동하는 것이다. 이런 부모는 다음과 같이 말한다. "난 네가 여기 없으면 너무 외롭단다." "네 엄마가 모든 것을 다 가져갔단다. 얘야, 내게 남은 건 하나도 없어." 그 피해자는 자녀에게 죄의식을 느끼게 함으로써 아이를 진퇴양난에 빠지게 만들고, 결국은 모든 불행이 다른 쪽 부모의 탓이라고 말한다. 다른 쪽 부모야말로 '나를 불행하게' 만들었으므로 마땅히 죄의식을 느껴야 한다는 식으로 말하게 되면, 자녀도 동일하게 죄의식을 느끼게 되는 것은 두말할 필요가 없다.

자녀는 부모와 분리될 수 없다는 것을 명심하라. 그러므로 한쪽 부모가 마치 피해자인 양 행동한다면 불행하게도 자녀는 그 피해자 부모에 대해서 자기에게도 책임이 있다고 느끼게 된다. 아이가 그런 부모의 정서적 욕구를 채워 주어야 하는 비극적인 상황에 놓이게 되는 것이다. 자녀는 아이로 자라야 하는데, 자기 부모에게 부모역할을 해야 하는 입장에 처한다. 그런 역할은 너무 버거워서 그 무게 때문에 아이가 망가질 수 있다. 반면에 한쪽 부모가 공격적이고 자녀가 그 부모를 '나쁜' 사람으로 생각할 경우, 자녀도 역시 '나쁜' 사람이 된다. 사태를 그렇게 몰고 가는 대신에 당신의 정서적 욕구를 충족시키기 위해서 지지 시스템을 이용하라. 당신에게 가장 큰 걱정거리를 야기하는 상황을 개선하기 시작하라. 당신의 경제 상태를 개선하는 데 모든 노력을 기울이고, 새로운 사교 모임에 참가하고, 자녀와 연락하는 것을 즐겨라. 가장 좋은 정서적 경험만 아이와 공유하고, 부정적인 경험은 전문가의 도움을 받아서 해결하라. 당신이 현명한 결정을 하게 될 때, 가장 먼저 혜택을 받게 되는 사람은 자녀일 것이다.

자녀가 두 집을 왕래하는 일을 용이하게 해 주는 요령

양쪽 부모의 집을 오가는 것은 자녀들에게 매우 힘든 일일 것이다. 자녀가 양쪽 집을 방문할 때마다 매번 새롭게 적응해야 하기 때문이다. 물론 자녀는 따로 살고 있는 부모와 함께 지내는 시간을 기다리기는 하지만, 당신을 떠나는 것이 약간은 슬플 수도 있다. 자녀가 따로 살고 있는 부모 집을 떠나 당신에게 돌아올 때 또다시 슬픈 감정을 느끼게 될지도 모른다. 짧은 기간을 오고 가면서 아이는 여러 번 작별인사를 해야 하는 것이다.

1. 출발 준비

1) 따로 살고 있는 부모를 방문하는 기간에 자녀에게 무슨 일이 있을 것인지에 관하여 미리 이야기해 주라. 아이가 어떤 생활을 하게 될 것인지에 대한 정보를 요청하는 이유를 그쪽 부모에게 말해 주라. 따로 살고 있는 부모가 당신 아이를 위해서 동일한 방식으로 준비시킬 수 있도록 똑같은 일을 하라. 당신 아이에게 말하라. "그쪽 집에서는 네 엄마(아빠)가 너를 도서관에 데려다 주실 거야."
2) 습관적인 일과를 정하고 그대로 유지하라. 당신 아이가 다른 쪽 부모의 집으로 떠나기 전까지 아이와 함께 책을 읽고, 함께 게임을 하고, 함께 짤막한 비디오를 보라.
3) '작별 인사' 의 의식을 정하고 유지하라. 예를 들면, 아이가 떠날 때마다 세 번 키스를 해 주고 한 번 껴안아 준다. 그리고 이렇게 말한다. "또 만나. 엄마(아빠)는 변함없이 너를 사랑한단다."
4) 자녀가 같이 살던 부모를 기억나게 해 주는 동물인형, 담요, 책과 같은 물건과 자기가 제일 좋아하는 것들을 꾸려 넣을 '안식 가방' 을 준비하라. 그래서 그런 물건을 가지고 가서 아이가 즐길 수 있

게 하라. 부모는 그 가방 속에 편지나 카드를 넣어 주고, 아이가 나중에 볼 수 있게 하라.

2. 이동 시간

1) 자녀를 미리 준비시키고 제시간에 떠날 준비를 하라. 당신이 아이를 차로 태워다 줄 경우, 정한 시간에 데려다 주고, 정한 시간에 데려와라.
2) 따로 살고 있는 전 배우자를 예의 있게 대하라. 논쟁을 피하고, 아무런 상관도 없는 정보는 교환하지 않도록 하라. 자녀 편에 편지를 보내지 마라.
3) 아이가 약을 복용하고 있다면, 그 약을 꼭 넣어 주고, 복용방법에 대한 적절한 지침을 적어 알려 주라.
4) 자녀 앞에서 불가피하게 전 배우자와 말싸움하거나 모욕적인 말을 주고받게 될 경우에는, 중립적인 화제를 생각하라. 자녀의 보육시설이나 학교에 관한 주제는 중립적인 화제로 쉽게 이끌어 준다.
5) 자녀는 한쪽 부모나 양쪽 부모 모두와 헤어지지 않으려고 할 때가 있다. 작별하고 만날 때의 의식행위를 정해 놓는 것은 그런 불안을 덜어 준다.

3. 귀가 준비

1) 자녀가 집에 돌아온 후에 얼마간은 아이 혼자 있는 것이 필요할 수도 있다는 점을 명심하라. 아이가 원할 경우 혼자 있게 해 주라.
2) '인사' 의식을 정하고 유지하라. 아이가 집에 도착하고 나서 긴장이 풀린 다음에는 게임을 하고, 책을 읽고, 제일 좋아하는 비디오를 보게 하고, 과자를 만들어 주라.
3) 아이가 따로 살고 있는 부모와 어떻게 시간을 보냈는지 이야기하고 싶지 않을 수도 있다는 점을 명심하라. 아이의 의사를 존중하라.

이처럼 양쪽 집을 왕래하는 과정에서 자녀가 느끼는 감정을 알고 있어야 한다. 아이에게 자신의 감정을 이야기하도록 격려하는 것은 필요하지만, 느낌을 이야기하라고 강요하지는 마라.

두 가정 만들기

자녀에게 소속감을 느끼게 하는 가정환경을 만들어 주는 것이 중요하다. 당신의 아이들이 두 부모의 집에서 각각 얼마의 시간을 보내든 간에, 아이가 두 가정에서 살고 있다는 사실을 명심하라.

1. 두 가정에서 모두 일관성과 안정감을 느끼도록 만들어 주기

1) 일관성 있게 정해진 일과와 아이의 시간표를 정하고 유지하라. 따로 살고 있는 부모와 함께 평소에 하던 일과를 공유하게 하라. 아이의 취침시간, 허드렛일, 아침에 할 일, 숙제 등을 일치하게 하라. 그렇게 하면 두 가정이 편리할 것이다.
2) 교육을 위하여 일관성 있는 규칙과 절차를 정하고 유지하라. 아동은 여러 환경 속에서 각기 다른 규칙과 절차에 적응할 수는 있지만, 동일한 절차를 세워 두면 아이들이 잘 적응하게 된다. 가능하다면, 늘 하나의 팀으로 함께 활동하라.
3) 자녀에게 어떤 일을 주고 책임을 지게 하라. 아이들은 가정에 기여함으로써 소속감을 얻고 자신감을 구축한다. 아이의 발달단계와 흥미에 알맞은 허드렛일을 시키면 가정에 대한 소속감을 길러준다.
4) 가능한 한 자연스럽게 아이와 함께 보내는 시간을 만들어라. 양육권이 없는 부모는 주말 시간을 '특별 이벤트' 로 만들어서 자녀와의 잃어버린 시간을 보상하려고 애쓰는 경우가 종종 있다. 그런데

어린이는 축적된 경험을 가장 잘 기억한다. 취침 시간과 숙제 할 때와 캐치볼 놀이나 책읽기 등과 같은 즐거운 활동을 할 때 부모가 자기와 함께 해 주었다는 것이 중요할 것이다.

5) 각각의 자녀와 일대일로 시간을 보내라. 당신의 아이가 즐거워하는 활동을 계획하라. 색칠하기나 유치원 노래 부르기와, 함께 퍼즐 맞추기 등과 같이 단순한 것도 좋다. 당신에게 애인이 생긴 경우에 이런 놀이는 특히 중요하다.
6) 양쪽 동네에서 아이가 친구를 사귀고, 또 친구들을 집으로 데려올 수 있게 도와주라.

2. 두 가정 생활에 연결성이 있도록 하기

1) 자녀를 위한 개인적인 공간을 만들어 주라. 두 가정에 아이 자신의 침대나 침낭을 비치해 주는 것이 중요하다. 아이가 자신의 방이 없을 경우에는 아이의 개인 소지품을 넣어 둘 수 있는 서랍장(화상대)을 준비해 두라.
2) 각 집에 여벌의 신발, 양말, 잠옷, 속옷과 화장품들을 구비해 두라.
3) 두 집을 왕래할 때 자기가 제일 좋아하는 물건을 가지고 가고 싶은 경우에는 아이의 선택을 존중하라.
4) 자녀가 떠나온 부모와 날마다 전화로 연락하게 해 주라. 정기적으로 전화할 수 있도록 시간을 정해 두라. 그리고 아이의 사생활을 보장해 주라. 잠자리에 들기 직전이나 아이가 좋아하는 텔레비전 쇼 시간에는 전화하지 않도록 하라.
5) 두 집안에 다른 쪽 부모의 사진을 놓아둘 수 있게 해 주라. 그 사진을 어디에 둘 것인지도 아이가 선택하게 하라.
6) 자녀가 각각의 부모와 함께 지내게 될 날이 언제인지를 달력에 표시해 두라.

7) 자녀에 대한 중요한 정보를 전 배우자와 공유하라. 병원 방문일, 추천사항 등을 서로에게 알려 주라. 성적표, 학교 그림, 특별행사 사진의 복사본을 보내라. 또한 학교 활동, 스포츠 활동, 댄스 공연처럼 아이의 생활에서 중요한 행사에 대해서 가능한 한 조속히 다른 쪽 부모에게 알려 주라.

Exercises

진실 혹은 결과

내 아이에게 강요된 효도의식을 느끼게 하는 방식들

이제부터는 주도적으로 당신의 행동에 대한 진실을 털어놓을 때다. 다음 내용을 읽고 당신이 선택한 모든 행동을 알아보라. 자녀들은 부모들이 겪는 갈등 속에 휘말릴 때마다 강요된 효도의식(loyalty bind)을 경험한다는 것을 명심하라. 이런 감정 때문에 자녀는 당신들 두 사람을 모두 사랑하는 것이 매우 불편하다고 여기게 될 것이다. 과거에 당신이 보여 주었지만, 지금은 중단한 행동을 나타내는 번호에 ×를 표시하라. 당신이 아이에게 상처를 주고 있는 현재의 행동을 나타내는 번호에 ○를 표시하라.

1. 나는 내 자녀의 다른 쪽 부모에 대해서 부정적인 말을 한다.
2. 나는 내 아이의 다른 쪽 부모와 이야기할 때 부정적인 신체언어나 어조를 사용한다.
3. 나는 내 아이가 듣는 곳에서 친척이나 친구들이 부정적인 이야기를 하도록 내버려 둔다.
4. 나는 내 아이가 있는 곳에서 전 배우자와 말다툼을 벌인다.
5. 나는 아이가 듣는 곳에서 다른 쪽 부모의 성격적 결함을 지적한다. 여기에는 내 아이가 다른 쪽 부모를 부정적인 관점으로 바라보게 만드는 정보를 폭로하는 것도 포함된다—예를 들어, 외도사건이나 약물 복용 문제 등(비록 그것이 사실이라 할지라도, 진실을 밝히는 것이 중요한 것이 아니라 좋은 부모 역할을 하는 것이 더 중요하다.).
6. 나는 내 자녀가 전 배우자의 집에 가 있는 동안에, 나 홀로 남아서 얼마나 자녀를 보고 싶어하는지에 대해서 아이에게 힘주어 말한다.
7. 나는 자녀가 다른 쪽 부모의 집에 가서 어떻게 지냈는지 캐묻는다. 또한 나의 전 배우자와 그 친척과 아이가 좋아하는 사람들에 대해서 물어본다.
8. 나는 내 아이가 좋아하는 사람에 대해서 부정적으로 말한다.
9. 나는 자녀양육비나 재정부족에 대해서 내 아이와 의논한다.
10. 나는 법적인 정보나 어른들에 대한 정보에 대해서 내 아이와 의논한다.

Exercises

11. 나는 내 아이에게 일종의 스파이가 되어 달라고 부탁한다.
12. 나는 내 아이에게 일종의 스파이처럼 비밀을 지켜 달라고 부탁한다.
13. 나는 이혼한 것이나 변화된 환경적 상황을 전 배우자의 탓으로 돌린다.
14. 나는 아이의 다른 쪽 부모가 우리 집에 들어오지 못하게 한다. 내 아이가 자기 방이나 뒤뜰에 마련된 새 그네를 아빠(엄마)에게 보여 주려고 집 안으로 데려오는 것도 허락하지 않는다.
15. 우리 자녀의 행사에 참여할 때 나는 아이의 다른 쪽 부모와 같은 줄에 앉지 않으려고 한다.
16. 나는 아이의 다른 쪽 부모와 말하거나 눈 마주치는 것을 거부한다.
17. 나는 내 아이가 다른 쪽 부모에게 보여 주려고 하는 물건을 그 부모의 집으로 가져가는 것을 허락하지 않는다.
18. 나는 내가 더 나은 부모라고 넌지시 말한다.
19. 나는 전 배우자의 행동 때문에 내가 피해를 보았다는 생각을 내 아이가 하도록 만든다.
20. 나는 내 아이에게 양육비나 편지, 구두 메시지를 전달하는 심부름을 시킨다.
21. 나는 나의 외로움을 달래 주어야 할 책임이 내 자녀에게 있다는 느낌이 들게 만든다. 나는 내 아이가 나를 보살피도록 한다.
22. 나는 내 아이가 다른 쪽 부모와 함께 있을 때는 어쩐지 안전하지 않을 것이라고 넌지시 말한다.
23. 부모-자녀 동반 활동에 참여할 때 나는 내 아이가 다른 쪽 부모와 함께 앉는 것을 거부한다.
24. 나는 내 아이가 비동거 부모와 (전화, 방문 등) 연락하지 못하게 하고, 그 부모의 방문을 막기 위해서 감시하는 방법을 사용한다.
25. 나는 내 아이가 법적인 연령이 되면 나와 함께 살 수 있다는 것을 상기시켜 준다.

Exercises

강요된 효도의식, 나는 어떻게 다르게 행동할 수 있는가?

앞의 활동지를 이용해서 다음 연습지를 완성하라. 앞 페이지에서 당신이 동그라미로 표시한 행동에 대해 어떻게 다르게 행동할 수 있는지를 생각해 보기 바란다. 당신의 목표는 다른 쪽 부모를 보호하는 것이 아니라, 아이를 갈등의 중심에서 벗어나게 하는 것이다. 어떤 식으로든 당신이 아이의 다른 쪽 부모를 깎아내릴 때마다 당신은 적극적으로 아이의 마음에 상처를 주는 쪽을 선택하는 것이다.

나의 행동	나는 어떻게 다르게 행동할 수 있는가?

Exercises

강요된 효도의식 예방하기

나는 분노와 심리적 상처 때문에 나의 자녀를 제대로 돌보지 못하고 방치했다는 것을 인정한다. 내가 가끔씩 이기적으로 행동했고, 내 아이에게 피해를 끼쳤다는 사실을 이제 이해하게 되었다. 이 점을 인정하는 것은 매우 어려운 일이고, 고통스러운 일이다. 비록 내가 충동을 조절하고, 노력하고, 성숙해지는 것이 참으로 어렵기는 하겠지만 나는 반드시 좋은 부모가 되겠다고 다짐한다.

________________________ 또는 ________________________

(아이의 다른 쪽 부모 이름) (친척이나 중요한 다른 사람의 이름)

나는 내 아이에게 우리 두 사람이 모두 중요하고, 내 아이는 우리 두 사람을 모두 사랑하고 있다는 것을 기억할 것이다. 나는 내가 어떤 감정을 느끼든 간에 구애받지 않고 전 배우자와 내 아이와의 관계를 가장 먼저 존중할 것이다. 현재에 내린 결정과 미래에 내린 결정을 통하여 나는 자녀를 잘 보살펴 주는 모습을 보여 줄 것이다. 이 순간에 진실된 마음가짐으로 나는 아래와 같이 파괴적인 행동은 중단하려고 한다.

____

____

____

____

____

____

____

또한 내가 위에 적어 놓은 행동들 중 어느 한 가지라도 행하게 되면, 내게 즉시 말해 달라고 내 아이에게 부탁할 것이다. 그리고 피드백이 주어지는 즉시 나는 그런 행동을 중단하고 자녀에게 사과하겠다.

날짜 ____________ 서명 ____________

Exercises

자녀가 양쪽 부모를 모두 사랑할 수 있게 해 주기

주중에 다음 중에서 두세 가지 행동을 실천할 계획을 세워라. 10개의 행동을 모두 실천할 때까지 당신이 취할 행동들을 하나씩 더해 나가라.

1. 자녀가 친가와 외가의 친족들과 함께 시간을 보낼 수 있게 해 주라.
2. 조부모나 친족들과 함께 찍은 아이의 사진을 액자에 담아 걸어 두라.
3. 아이의 친족들의 긍정적인 면을 이야기해 주라. 일가친척이 당신 아이에게 제공하는 것을 소중하게 여기는 방법을 찾아라.
4. 당신 아이가 친족들에게서 이어받은 자질들을 인정하는 말을 해 주라. (예: "네 그림 솜씨는 할아버지의 재능을 이어받았어.")
5. 자녀가 친족들의 생일과 기념일과 명절을 기억해서 카드를 보내거나 전화를 하도록 격려하라.
6. 친족들에게서 선물을 받으면 아이가 감사의 표시를 하게 하라.
7. 일가친척이 당신 아이와 이야기하고 싶어서 전화를 했는데 당신이 전화를 받았다면, 유쾌한 대화를 하려고 노력하라. 당신 아이가 듣고 있다는 것을 명심하라.
8. 전 배우자에 대한 부정적인 감정과, 전 배우자의 가족에 대한 당신의 감정을 구별하라.
9. 친족들이 당신에 대하여 부정적으로 말하고 있다고 생각하지 마라.
10. 친족들에 대하여 당신이 과거에 나쁘게 말했던 것을 시정하라. 당신은 "한때 그들에게 몹시 속이 상했었지만, 이젠 속상하지 않아. 점점 좋아지고 있어."라고 말할 수도 있다.

사랑하는 엄마 아빠에게

제가 부모님 두 분 모두를 사랑하는 일에 대해서 불안한 마음이 없어지게 해 주셔서 고마워요. 저는 엄마 아빠가 양쪽 방향으로 저를 끌어당기는 것은 싫어요. 그러면 저는 정말 불안해지고, 밤이 되면 걱정스럽거든요. 저는 부모님에게 절대로 상처를 받게 해 드리고 싶지 않아요. 그저 두 분 모두를 사랑하고 싶을 뿐이에요.

부모님의 사랑하는 딸(아들)
○○○ 올림

Chapter 2 복습

1. '[그림 2-1] 이혼 · 별거 가정의 부모와 자녀 관계 고리'는 무엇을 의미하는가?
2. 과거에 당신은 자녀에게 효도의식을 강요하기 위해 어떻게 행동했는가?
3. 당신 자녀의 자존감은 당신과 어떻게 연결되어 있고, 따로 사는 부모와 어떻게 연결되어 있는가? 부정적인 말과 신체언어와 회피 반응이 당신 자녀의 자존감에 어떤 영향을 미칠 것인가?
4. 당신 아이의 다른 쪽 부모를 높여 주는 일이 왜 중요한가?
5. 당신 아이가 양쪽 부모 모두를 사랑하도록 격려해 주기 위하여 당신이 할 수 있는 일에는 어떤 것들이 있는가?
6. 자녀의 다른 쪽 부모와 관련하여 당신을 화나게 만드는 정보를 자녀가 이야기할 때 당신은 어떻게 반응해야 하는가?
7. 당신이 '우리'라는 말을 사용해야 할 때는 언제이고, 왜 그런 말을 사용하는 것이 중요한가?
8. 당신 아이에게서 정서적 지지를 받는 것은 왜 적절하지 않은가?
9. 당신 아이가 두 가정에 잘 적응하도록 만들어 주기 위하여 당신은 무슨 조치를 취해 왔는가?
10. 당신 아이가 양쪽 가정과 연락을 계속하는 일이 왜 중요한가? 이런 원칙을 의붓형제들에게는 어떻게 적용할 것인가?

Chapter

3

나의 장기적인 역할을 바꾸기

— 놓아 버릴 것인가, 붙잡을 것인가 —

Chapter 3

나의 장기적인 역할을 바꾸기

— 놓아 버릴 것인가, 붙잡을 것인가 —

1, 2장에서는 이혼한 부모의 자녀에 관한 내용을 다루었다. 3, 4장에서는 부모인 당신에게 초점을 맞출 것이다. 여기서 주어지는 정보는 당신 인생에서 매우 중요한 선택, 즉 아이의 다른 쪽 부모와 협력적인 공동양육자로서 새로운 관계를 맺을 것인가, 아니면 과거 상태를 고수할 것인가를 선택하는 일에 도움을 줄 것이다. 당신이 내린 결정은 이혼한 뒤의 역할에 대한 당신의 생각을 반영한다.

이 장에서는 먼저 당신의 삶에 있어서 세 가지 역할과 이혼 전후의 역할 간의 차이를 다음과 같이 알게 될 것이다.

- 독신 또는 결혼한 부부의 일원으로서의 개인적인 역할
- 가족 일원으로서의 역할
- 부모로서의 역할

다음으로 우리는 한 개인이 새로운 역할을 '재정립' 하기 위하여 과거의 역할을 어떻게 버려야 하는지에 대하여 배우게 될 것이다. 마지막으로 우리는 이런 역할의 재정립을 방해하는 요소가 무엇이며, 당신 생활이 무난하게 변화되도록 하기 위하여 당신이 무엇을 할 수 있을지를 알아보게 될 것이다. 여기서 우리는 당신에게 초점을 맞추는 동시에 당

신이 새로운 역할에 적응하는 것이 자녀들에게 어떤 영향을 미치는지도 함께 살펴볼 것이다. 그래서 당신이 새로운 정보를 받아들이도록 자신을 열어 놓는다면 당신과 자녀들에게 더 많은 행복이 약속될 것이다.

1 바뀌는 당신의 역할

일생에 걸쳐서 사람들은 많은 역할을 한다. 예를 들면, 당신은 아이들에게는 부모가 되고, 당신의 부모에게는 자녀가 되며, 당신 친구들에게는 절친한 벗이 된다. 이 단원에서 우리는 당신의 현재 역할과 그 세 가지 역할의 구조를 살펴보기로 한다.

2 개인적 위치(독신자, 기혼자)

이제까지의 삶에 있어서 당신의 개인적 위치는 세 번 바뀌었다. 처음에 당신은 독신이었다가 그다음에 결혼했고, 이혼한 후에는 다시 독신으로 바뀌었다. 이 세 가지 구조는 다음과 같이 간단한 그림으로 제시될 수 있다.

[그림 3-1] 개인적 위치의 변화

이 세 가지 단계에서 당신은 경제적 욕구, 사회적 욕구와 같은 욕구를 충족시켜야 했다. '책임 차트' 라고 명명된 차트의 왼쪽 칸에 이러한 기능들이 열거되어 있다.

책임 차트(누가 책임을 지는가?)

	독신 (결혼 전)	결혼상태	독신 (이혼 후)
경제적 욕구 사회적 욕구 정서적 욕구 집안일 우정의 욕구			

개인의 역할

이제 당신은 다시 독신이 되었으므로 이 모든 사항들을 당신 혼자의 힘으로 처리해야 한다. 당신의 전 배우자 역시 자신의 욕구를 자기 힘으로 해결해야 한다. 당신은 당신의 재정적 미래, 정서적 지지, 일상의 일과, 사회생활을 보장하는 것들에 대해서 스스로 책임을 져야 한다.

책임감 있는 사람이란 어떤 결정을 하고 그 결과에 대해서 책임을 질 수 있는 사람이라는 뜻이다. 어떤 면에서 그것은 아는 사람이 생기는 것과 비슷하다. 당신은 새로 알게 된 사람(지인)에게 시간을 어떻게 활용하고 돈을 어떻게 써야 하는지에 대해서 충고를 하지 않는다. 또한 사적인 일을 탐색해 보려고 하지도 않을 것이다. 그 지인은 스스로 자신의 결정에 책임을 질 수 있는 사람이기 때문이다.

부모의 역할

물론 여기에 소개한 사례와 당신이 처한 상황에는 차이가 있을 것이다. 왜냐하면 당신의 전 배우자도 당신 아이의 부모이기 때문이다. 그렇다고 해서 문제가 복잡해지는 것은 아니다. 만일 자녀들이 연루되어 있지 않다면 당신은 전 배우자와의 관계를 결코 계속하지 않을 것이다. 아이들이 연루되어 있기 때문에 어쩔 수 없이 지속된 관계가 필요한 것이다. 그러나 책임의 공유 영역은 자녀와 관련된 부분에 국한된다. 차트에 열거된 다른 모든 영역에서, 당신과 전 배우자와의 관계는 다른 지인들과의 관계와 동일하다. 당신들 각자는 차트에 제시된 문제에 대해서는 각자가 책임을 지게 된다. 단지 자녀를 돌보는 부모역할에서만 여전히 공동책임을 질 뿐이다.

이제 자녀를 보살피는 부모역할로 돌아가 보자. 다음 쪽에 자녀의 양육을 결정하는 학습활동이 있다. 지침서를 읽고 그 활동을 완성해 보자.

자녀양육에 관한 결정

다음에 당신과 함께 있는 자녀를 위하여 당신이 하기로 결정한 열 가지 일을 열거해 보기 바란다.

1. ....
2. ....
3. ....
4. ....
5. ....
6. ....
7. ....
8. ....
9. ....
10. ....

이제 당신이 열거한 내용을 읽어 보고 나서, 아이가 다른 쪽 부모와 함께 있을 때 그 부모가 내리는 결정사항이 무엇인지를 점검해 보라.

이 활동에서 당신은 양쪽 부모가 자녀의 복지에 대하여 개별적으로 어떤 결정을 내리는지를 알게 되었을 것이다. 당신은 아이에게 영향을 미치는 이런저런 결정들에 대하여 따로 살고 있는 양육자와 더 이상 논의하지 않는다. 그러나 다음의 그림에서 보듯이 어떤 사항은 양쪽 부모가 함께 결정해야 할 것들이다.

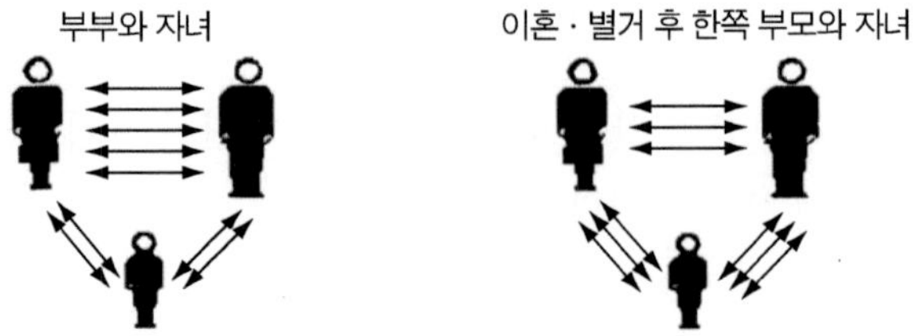

[그림 3-2] 이혼 · 별거 전후의 부모와 자녀 관계 변화

[그림 3-2]의 왼쪽 그림은 결혼한 상태에 놓여 있는 부모와 자녀 관계를 나타내고 오른쪽 그림은 이혼 · 별거 상황에 놓여 있는 부모와 자녀 관계를 나타낸다.

화살표는 자녀양육에 대한 결정과정을 보여 준다. 부모 사이의 화살표는 양쪽 부모가 함께 결정해야 하는 상황을 나타내며, 사선으로 표시된 화살표는 각각의 부모가 개별적으로 내려야 하는 결정들(예: 자녀양육 결정의 학습활동지에서 당신이 작성한 목록들)을 나타낸다. 공동으로 내린 결정과 개별적으로 내리는 결정의 수가 이혼 전의 것과 다를 수 있다. 그러나 가장 중요한 사실은 양쪽 부모가 공동으로 내려야 하는 결정사항이 여전히 남아 있다는 점이다. 그러므로 이혼한 후에 양쪽 부모가 서로 지속적인 관계를 유지하는 것이 매우 중요하다.

부부가 더 이상 함께 살지 않기로 결정했다 하더라도, 양쪽 부모는 자녀에 대하여 지대한 관심을 가지고 지속적으로 함께 아이를 돌보아야 한다. 두 사람 간의 관계는 다른 구조로 재정립되어야 한다. 양쪽 부모 간에 새로운 관계를 정립해야 한다. 그러므로 이혼한 후의 양쪽 부모에 대해서 새로운 용어를 사용할 필요가 있다. 우리는 이를 위해 이혼한 부모를 '공동부모(co-parents)'*라고 부르기로 한다.

*역자 주: 이 책에서는 자녀의 '공동부모'를 '공동양육자' '비동거 양육자' '전 배우자' '다른 쪽 부모' '따로 떨어져 사는 부모' 등의 용어와 혼재하여 사용하고 있다.

가족 일원으로서의 역할

우리의 논의에서 중요한 세 번째는 가족의 일원으로서의 당신의 역할이다. 아래에 이혼 전후의 가족 그림이 있다. 왼쪽에 있는 그림은 이혼 전에 자녀와 함께 있는 가족의 모습이고, 오른쪽에 있는 그림은 이혼한 후의 가족 모습이다. 이혼 전과 후의 주요한 차이는 이제부터 자녀에게 2개의 가정이 있다는 점이다.

[그림 3-3] 이혼 전후의 가족

당신의 현재 가족에 동그라미를 그려라. 아마 당신은 자신과 자녀들에게 (이미 결혼을 한 경우라면 당신 가족의 새로운 구성원들에게) 동그라미를 그렸을 것이다. 아이의 가족은 예전과 동일한 사람들이지만, 각기 다른 두 장소에서 살고 있다. 당신이 이혼한 다음에도 당신과 아이가 여전히 가족의 모습을 유지하는 것이 중요하다. 양육권이 없는 부모는 더 이상 가족이 아니라는 잘못된 생각을 하고 있는 사람들이 많이 있다. 그러나 비록 장소는 바뀌었지만 가족에서의 당신의 역할은 여전히 중요하다. 아이에게는 두 가정이 있는 것이다.

이 장에서 우리는 현재의 삶에서 당신에게 주어진 세 가지의 중요한 역할에 대하여 살펴본다. 즉, 개인으로서의 역할, 부모로서의 역할, 가족 일원으로서의 역할이 그것이다. 각 역할상의 책임은 다를 수 있겠지만, 이 세 가지 역할은 계속해서 삶의 중요한 요소로 남는다.

놓아 버리기 1

종이에 각각의 역할을 다시 그려 보면 아주 간단해 보인다. 그러나 그것이 그렇게 간단할까? 그림에 반영되지 않은 한 가지 요소 때문에 그것은 훨씬 더 복잡하다. 다음에 이혼이 죽음과 유사한 측면을 몇 가지 적어 보라.

....

....

....

....

애도하기

대부분의 사람들에게 이혼은 매우 견디기 어려운 환경적 변화다. 놀랍게도 이혼하자고 먼저 제의한 사람들에게도 이것은 동일하다. 사실 대부분의 사람들은 가까운 친족이 죽었을 때와 같은 상실감으로 이혼을 슬퍼한다. 슬퍼하는 것은 어른들만이 아니다. 아이들 역시 부모가 겪는 상실에 애도한다.

아이들은 종종 자기가 알고 지냈던 가족 구조가 깨어지고 완전한 가정에 대한 꿈이 상실된 것을 슬퍼한다. 또 부모가 이혼한 다음에 이사를 가게 될 경우에는 정든 친구들, 이웃, 학교, 교회를 떠나야 한다는 사실 때문에 더욱 슬퍼한다. 그들의 안전감도 일시적으로 붕괴된다.

어른들은 생활양식, 공유된 친밀감, 경제적 안정, 우정과 동료의 상실을 슬퍼하지만, 자녀와 마찬가지 이유 때문에도 슬퍼한다. 그들 역시 완전한 가족과 완전한 가정생활에 대한 꿈이 상실되는 것을 슬퍼하는 것이다.

애도의 단계

우리는 종종 애도하는 과정을 '애도의 단계'라고 부른다. 그 개념은 처음에 엘리자베스 퀴블러-로스(Elizabeth Kübler-Ross)가 설명했고, 많은 학자들이 그 개념을 확장시켰다. 각 단계에 대한 간단한 설명을 읽으면서 그 설명이 당신에게 불러일으키는 생각을 모두 적어 보자. 먼저 설명을 읽고 당신의 생각을 적기 바란다.

1 1단계: 충격

이 단계는 감정이 완전히 멍해진 상태를 묘사하는 단계다. 어떤 사람들은 마치 마취된 것처럼 아무것도 느끼지 못한다고 말한다. 멍한 상태가 이혼에 선행하거나 이혼과 동반되거나, 혹은 이혼 뒤에 나타나서 일종의 공황상태를 경험하게 한다. 이러한 애도의 단계에 접어들면 당신은 정신을 집중하지 못하고, 자신의 생각을 제대로 표현하는 것조차 어려울 것이다.

2 2단계: 부인

완강하게 애도하기를 거부하면, 부인하는 상태에 빠진다고 한다. 슬픔에 젖어 있기가 너무도 고통스럽기 때문에 대부분의 사람들은 일시적으로나마 슬픔을 연기하려고 한다. 사람들이 "난 아무렇지도 않아요."라고 하거나 "어쨌든 그 사람은 나를 위해 준 적이 한 번도 없었어요."라고 말하는 것을 들어 보았을 것이다. 이런 부인이 계속되면 건강한 삶의 단계로 나아가는 것이 끝내 불가능해질 수 있다.

③ 3단계: 죄의식

이혼을 초래하기까지 어쩌면 당신 쪽에서 했을지도 모르는 행동이나 다른 사람에게 상처를 주었을지도 모를 행동을 곰곰이 되돌아볼 때 죄의식이 생겨난다. 이러한 단계에서 당신의 생각은 다음과 같은 말로 표현될 수 있다. "내가 …… 하기만 했더라도……."

④ 4단계: 분노

애도가 진행되는 과정에서 종종 분노 감정이 일어난다. 이혼 절차가 진행되는 동안에 당신은 이혼을 하게 된 사실과 완전한 가족에 대한 꿈이 깨져 버린 것에 대하여 전 배우자를 비난하는 형태로 분노를 나타낼 수 있다. 때로는 이혼을 막아 내지 못한 당신의 무능력을 탓하면서 분노가 자신에게로 향할 수 있다.

5 5단계: 거래/우울

이혼에 따른 애도는 고독감과 외로움을 가져다 준다. 이혼의 슬픔을 어느 정도 이겨 내기 전에 마지막 수단으로서 하느님과 조건부의 거래를 하거나, 자기 자신 또는 전 배우자와 거래를 하려고 한다. 마지막 노력이 별로 효력이 없게 되면, 종종 우울증에 빠진다.

....

....

....

....

6 6단계: 희망

이 단계에서 경험하는 희망은 다음 장에서 논의되는 희망함정(hope trap)과는 전혀 다른 성질의 것이다. 여기서의 희망은 미래에 대한 소망을 나타내는 결단의 과정을 말한다. 그것은 최악의 사건을 뒤로하고, 미래를 향하는 힘찬 출발점이다.

....

....

....

....

7 7단계: 수용

이 마지막 단계에서는 이혼에 대한 슬픔을 느끼기는 하지만, 다시는 과거로 돌아갈 수 없다는 사실을 수용하게 된다. 이혼에 따른 고통도 부정하지 않으며, 과거에 행복했던 경험도 부정하지 않는다. 그 대신에 현재만이 유일한 대안이라고 받아들이고, 당신이 미래를 바라보도록 준비시켜 준다.

....

....

....

당신은 이런 단계를 하나씩 경험해 보았는가? 당신은 어쩌면 여기 제시된 순서와는 다른 순서로 그 단계들을 경험했는지도 모른다. 하나의 단계를 한 번 이상 경험할 수도 있을 것이다. 당신은 지금 어느 단계에 있는 것 같은가? 만일 당신이 어느 단계에 있다면, '이혼' 이라는 붕괴 상태를 극복하고 앞으로 나아가기 위하여 전문가의 도움이 필요할지도 모른다.

추억을 다루기

애도의 단계에서 많은 사람들은 과거의 추억에 대하여 오해를 하고 있다. 다시 말해서 미래에 집중하기 위해서 과거에 대한 모든 것을 포기해야 한다고 잘못 생각하는 사람들이 있다. 또 과거에 대한 모든 것은 이제 지속되지 않는 것이기에 지워버려야 한다고 잘못 생각하는 사람들도 있다. 혹은 현재의 관계가 좋지 않기 때문에 과거의 모든 관계는 더럽혀졌고 손상되었다고 믿는 경우도 있다. 이런 모든 생각들은 잘못된 것이다.

좋은 기억은 좋게 남아 있을 수 있다. 과거의 시절은 분명히 존재했었다. 소풍이나 잔치, 사랑의 관계 등과 같이 함께 나누었던 경험들은 모두가 실재했던 것들이다. 당신 아이가 처음 걸음마를 시작하고 처음 말을 시작했던 일과 마찬가지로, 과거사는 당신 역사의 일부분이다. 당신은 여전히 그것을 소중하게 간직할 수 있다. 당신의 상황이 달라졌다고 해서 과거의 추억이 바뀌지는 않는다.

추억 활동

아래의 공란에 전 배우자와 관련되어 있는 것 중에서 당신이 소중하게 간직하고 싶은 긍정적인 추억을 한두 가지 적어 보라. 이 추억은 영원히 당신의 것이다.

(당신과 전 배우자를 포함한) 추억들

....

....

....

(당신과 전 배우자와 자녀들을 포함한) 추억들

....

....

....

앞으로 다시는 이와 같은 경험을 하지 못하게 될 것이기에 당신은 서글퍼질 것이다. 그러나 이 세상에서 똑같은 경험을 두 번 할 수는 없다. 당신은 그 좋은 추억을 그대로 소중하게 간직할 수 있다. 지금 그것들이 당신 삶의 일부를 이루고 있다는 사실을 감사하게 여기는 편이 더 낫다.

당신이 과거에 행복했던 시절을 기억하게 되면 애도의 과정 속에서도 당신과 아이에게 도움이 될 수 있다. 좋은 시절을 기억하지 않으려는 사람들은 대개 이혼을 받아들이려 하지 않고, 이혼의 아픔을 치유받기를 거부하는 사람들이다.

비록 이혼이나 새로운 삶을 받아들일 준비가 되어 있지 않다 하더라도, 이러한 과정에서 용서는 당신에게 또 다른 치료도구가 될 수 있다.

용서하기

누군가가 당신에게 심각하게 상처를 입혔을 경우, 그 가해자를 용서하라는 말은 커다란 혼란을 야기할 수 있다. 그러나 용서할 수 있는 능력은 당신이 고통에서 벗어나는 데 도움을 줄 수 있다. 한쪽 부모가 이제 자기는 더 이상 사랑을 받지 못하고 있다는 생각과 상대방을 믿을 수 없다는 생각에 사로잡혀 있다면, 그것은 고통스러운 감옥에 자신과 아이들을 가두어 두는 셈이다.

이혼은 당신의 자녀에게 아주 고통스러운 일이다. 당신과 전 배우자 간의 갈등과 긴장은 아이의 자존감에 부정적인 영향을 미칠 것이다. 그러므로 전 배우자와의 갈등을 줄이기 위해서 긴장을 줄여 가라. 과거의 고통에서 벗어나기 위해서 용서를 생각해 보라. 용서하지 않으면 당신의 분노와 상처와 고통은 끊임없이 지속될 것이다. 이런 말은 그다지 유쾌하지 않을 것이다. 그러나 당신은 무엇을 잃게 될 것인가? 고통인가?

[1] 용서가 다음의 것들을 의미하는 것은 아니다

- 공동부모의 행동을 묵과한다.
- 당신의 고통은 실재하지 않으며 정당화되지 않는다.
- 그가 당신에게 사과해야 하거나 상호 간에 사과할 것이 있다고 인정해야 한다.
- 화해해야 한다.

그러나 용서는 가족관계를 더 원만하도록 만들어 줄 것이다.

프레스노태평양대학교(Fresno Pacific University) 〈평화와 갈등 연구센터〉의 공동 소장인 론 클래시즈(Ron Classes)는, "용서란 상황을 가능한 한 올바르게 만들어 가는 과정이다."라고 말한다.

용서는 대개 싸우고 나서 사과를 받은 뒤에 주어진다. 회한에 젖은 상대방의 모습을 보게 되면, 용서하지 않으려는 생각을 접기가 쉬워진다. 우리는 상대방이 우리에게 저지른 잘못에 대해서 끝까지 책임을 지우고 싶어한다. 그들이 사과하기를 꺼리거나 사과를 할 수 없는 경우, (혹은 아이가 방에 있어서 사과를 할 수 없을 경우에도) 당신은 복수를 하기보다는 용서하는 쪽을 선택할 수 있다. 이러한 과정을 고무시켜 주는 방법이 많이 있다.

한 가지 방법은 당신이 용서할 수 없는 상황에서 겪는 고통으로부터 벗어나기 위하여 전 배우자에게 솔직한 편지를 쓰는 것이다. 또 편지를 썼다가 그 편지를 찢어 버리는 것도 동일한 효과가 있으며 매우 생산적이다. 전 배우자에게 그것을 전달하게 되면 당신이나 아이에게 또 다른 문제를 야기할 수 있다. 물론 무슨 일이 있어도 아이가 그 편지를 읽지 못하게 해야 하며, 아이들이 볼 수 있는 곳에 편지를 놓아두어서도 안 된다.

당신의 종교적 배경과 상관없이, 당신은 당신 자신을 치유하기 위한 강력한 도구로서 용서를 활용할 수 있다. 이렇게 되면 용서는 또 당신의 아이를 치유하는 데에 도움이 될 것이다.

- ◆ 용서는 용서를 받는 사람에게보다 용서하는 사람에게 더 도움이 된다.
- ◆ 용서는 손상된 과거를 치유하는 힘을 지니고 있다.
- ◆ 용서의 행위는 하나의 결정이고 선택이다.

2 집착의 대가

- 심리적인 압박을 받는 가운데 공동부모와 억지로 마음을 맞추려 한다면 당신의 에너지가 엄청나게 고갈된다.

- 해묵은 고통은 미래에 가능한 관계에 대한 당신의 비전을 흐려 놓을 것이다.
- 당신의 건강을 해칠 것이며 잠을 못 이루게 할 것이다.
- 또한 당신의 자존감도 깎아내릴 것이다.

3 당신의 자녀가 치르는 대가

가장 분명한 대가는 당신과 전 배우자가 심각한 갈등 속에 놓이게 될 것이라는 점이다. 전 배우자가 옆에 있다는 자체만으로도 마음이 산란되고, 그의 이름만 들어도 당신은 화가 날 것이다. 아이의 다른 쪽 부모에게 부정적인 태도를 보이지 않겠다고 약속한다 하더라도, 자녀에게는 심각한 스트레스를 야기하기 마련이다. 아이들은 레이더와 같다. 그들은 1마일 앞서서 우리의 마음을 읽는다. 당신이 비록 전 배우자에 대해서 말은 적절하게 하고 있지만 당신의 몸에서 풍겨 나오는 긴장감 자체가 그 사람에 대한 부정적인 말을 더 크게 외쳐 대고 있는 경우가 허다하다.

다음을 생각해 보라. 당신의 말속에 다른 쪽 부모는 '좋지 않다' 는 의미가 담겨 있을 경우, 아이는 다음과 같은 행동을 하기 마련이다.

당신의 자녀는

- 당신의 뜻에 동의하고 다른 쪽 부모와 좋지 못한 관계를 형성한다.
- 지금은 당신의 뜻에 동의하지만 나중에 당신이 보여 준 적대적인 말에 대해서 분개한다.
- 당신의 뜻에 동의하지 않고 다른 쪽 부모를 변호한다.
- 양쪽 부모와 똑같은 관계를 맺고 싶어서 자신의 욕구를 거의 표현하지 않는다.

해방되기

1 해방의 필요성

애도하는 것은 과거의 역할을 버리고 새로운 역할을 받아들이는 과정의 일부에 속한다. 내가 과거의 역할을 버리지 않는다면 어떤 일이 벌어질까? 극단적인 예를 하나 들어 보자. 어떤 사람의 배우자가 죽었다고 하자. 그가 사랑하는 사람을 잃어버린 사실에만 모든 관심을 쏟는다면 어떻게 될까? 그 사람은 옴짝달싹 못하게 되고 주변 상황에 대처할 수도 없게 될 것이다.

그것은 마치 한 번 빠지게 되면 영영 헤어나오지 못하는 수렁에 빠진 것과 같다. 그리고 자녀가 있다면 자녀들 역시 혼란에 빠지게 될 것이다.

이혼한 배우자를 '놓아 버리기' 는 사망한 배우자를 놓아주는 것만큼이나 중요하다. 일생의 변화 과정을 겪으면서 고통이 수반되기는 하지만, 인간이 활기를 되찾고 살아가려면 지나간 관계를 놓아 버리는 것이 중요하다. 그것은 아이들을 위해서도 절대적이다.

2 해방되는 것의 이점

이혼한 다음에 혼인 관계를 놓아 버리는 것에 대해서 우리는 '해방되기' 라는 단어를 사용한다. 그것은 예전 배우자에 대해서 초연하라는 뜻으로 받아들일 수도 있을 것이다. 어떤 사람에게 집착하고 있는 것을 생각할 때 마음에 떠오르는 단어나 구절을 생각해 보고 그것을 다음에 적어 보라. 그리고 초연해 있다는 것을 생각할 때 마음에 떠오르는 단어나 구절을 생각해 보고, 그것을 아래에 적어 보라.

누군가에게 '집착한다(attached)' 는 것이 의미하는 것은:

....

....

....

누군가로부터 '초연하다(detached)' 는 것이 의미하는 것은:

....

....

....

가끔씩 전 배우자과 관련된 감정적 고통이 회상되겠지만, 초연해지거나 해방되는 것의 이점은 당신이 다시 한 번 인생을 즐기기 시작하게 된다는 것이다. 과거에 집착하는 대신에 미래에 집중할 수 있게 되고, 자신의 상황을 개선하는 쪽으로 나올 수 있게 된다. 즉, 좀 더 자신에게 책임감 있는 행동을 하게 되는 것이다.

3 사람들이 속박되는 방식들

심리적인 해방이 중요한 것은 잘 알지만, 그 과정에서 겪어야 할 고통과 두려움이 너무나 크게 느껴지기 때문에 사람들은 과거에 집착하거나 속박되어 있는 상태를 고수하려고 한다. 예를 들면, 전 배우자를 위해서 자동차 수리 일이나 요리를 계속 해 주고, 전 배우자의 세금을 준비해 주며, 전 배우자 집의 잔디를 깎아 주는 것이다. 이 모든 행동은 전 배우자에게 집착하여 속박되어 있는 모습이다.

이러한 행동에 대해서 당사자들은 여러 가지 변명을 늘어놓는다. 그들은 다음과 같이 말한다. "난 전처의 돈을 아껴 주려고 했던 거야." 혹은 "난 그가 제대로 영양 섭취나 하고 사는지 확인하고 싶었을 뿐이야."

이것은 모두가 물리적으로 속박되어 있는 사례다.

사람들은 또 감정적으로나 심리적으로 속박되어 있다. 이러한 형태의 집착은 매우 강렬하지만 대부분의 사람들은 그것을 알아차리지 못한다. 한편, 분노와 비통함과 같은 감정 때문에 부정적으로 집착을 하는 경우가 있다. 다음은 전 배우자에게 감정적으로 속박되어 있는 이혼한 부부의 사례다.

복수심으로 얽힌 집착 상태

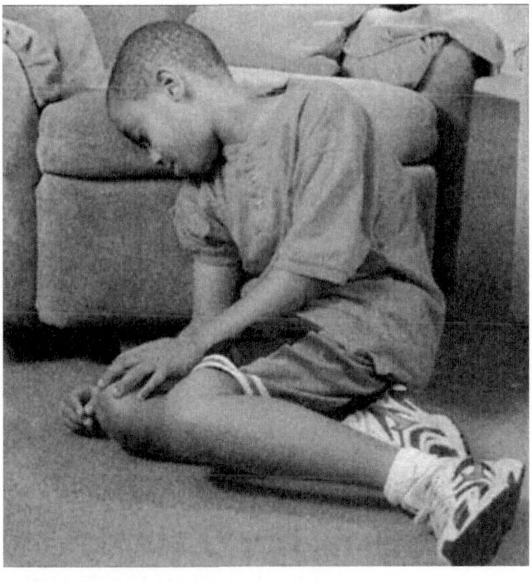

바바라와 빌은 이혼한 지 3년이 되었다. 그들에게는 두 아이가 있다. 전 남편이 아이들을 데려가려고 방문하면 바바라는 정확히 오후 6시가 될 때까지는 자기 집 안에 들어오지 못하게 한다. 빌은 집 안에 들어서자마자 대뜸 그녀를 '마녀'라고 부른다. 바바라는 빌이 자기들을 가난으로 몰아넣은 '나쁜 놈'이라고 응수한다.

그들은 서로 얼굴을 보지 않고 살면서도 평생 동안 싸움을 하고 있다. 아이들은 "난 멍청이하고 결혼했어."라거나 "난 얼간이와 살았던 거야."라는 말을 듣는다. 빌은 자녀들에게 바바라가 싫어하는 옷만 사 주고, 그녀는 빌이 혐오하는 스타일로 아이들의 머리를 잘라 준다. 빌은 자녀들이 자전거를 타다 넘어져서 상처가 난 사실을 전처에게 알려 주지 않고, 바바라는 아이들이 참가하는 소프트볼 게임 시간을 전남편 빌에게 알려 주지 않는다. 빌은 자신이 아이들을 매우 보고 싶어하는데, 아이들 엄마가 자주 만나지 못하게 한다고 아이들에게 투덜댄다. 바바라는 빌에게 두 번이나 소송을 걸어 자녀양육비를 더 지급하게 했다. 빌은 바바라에게 양육비를 적게 주려고 자기 자동차 하나를 터무니없이 싼 가격에 팔아 버렸다. 바바라는 그에게 보복하기 위해서 빌의 미술반 학생이 선물로 주었던 작품을 팔아 버렸다.

감정적으로 이 두 사람은 여전히 서로에게 구속되어 있다. 그들은 서로를 묶어 놓는 밧줄을 가지고 있는 셈이다. 한 사람이 잡아당기면 다른 사람이 갑자기 흔들리고, 그러면 다른 사람은 앙심을 품고 밧줄을 확 잡아당겨서 상대방이 자기 쪽으로 끌려오게 만드는 것이다. 그리고 이런 구조가 반복된다. 오로지 상대방에게 어떤 반응을 도출해 낼 일념으로 어떤 행동을 취하는 것이다. **자신의 삶을 잘 살아가는 일보다 상대방에게 상처를 주는 일**에 초점이 맞추어지는 셈이다.

우리가 잘 알고 있는 옛말이 있다. "쓰라린 고통은 마치 사랑과 같아서 서로를 단단하게 묶어 놓는다." 복수에 사로잡힌 부부를 보면 비분강개한 감정이 두 사람을 영원한 쇠사슬로 묶어 놓고 있다는 것을 알 수 있다.

복수심에 사로잡혀 있는 것이 자녀에게 얼마나 해로운지는 너무도 자명하다. 부모가 내리는 결정은 아이들의 욕구를 전혀 고려하지 않는다. 그들은 아이들에게 옳은 행동을 하는 것이 아니라, 전 배우자에게 나쁜 일이 되는 행동만을 하는 것이다. 자녀는 갈등의 중심에 놓이게 되고, 다른 쪽 부모에게 갈등을 유발시키기 위해서 이용된다. 집착을 고수하는 것은 부모 당사자에게 심각한 문제를 야기하는 것은 물론이고, 자녀들에게는 훨씬 더 큰 문제를 야기한다. 아이들 역시 어떤 선택을 하지 못한 채 자기 힘으로는 전혀 통제할 수 없는 밧줄에 묶여 있는 것이다.

감정적으로 속박된 또 다른 사례를 보자.

막연한 희망을 버리지 못하고 집착하기

스티브와 신디는 이혼한 지 1년이 되었다. 신디가 먼저 이혼을 하자고 했다. 하지만 스티브는 아직도 신디가 자신의 꿈을 실현해 줄 수 있는 유일한 사람이라고 믿는다. 스티브는 우연한 기회에 신디와 자연스럽게 마주치려는 심산으로 신디가 자주 다니는 장소로 가서 주말을 보낼 계획을 세운다. 그는 신디와 더 많은 대화시간을 가져 보기 위하여 그들의 어린아이가 보이는 귀여운 행동을 알아차리려고 각별히 노력한다. 그는 신디를 더 자주 보기 위해서 신디가 출장을 갈 때 아이를 돌보아 주겠다고 자원한다. 그는 그녀가 없어서 너무 불행하다는 이야기를 자주 하면서 그렇게 말하면 그녀가 자기에게 다시 돌아올 것이라는 소망을 가지고 있다. 그는 아이에게 엄마와 아빠가 함께 살게 되면 다시 가족이 생길 것이라고 말한다.

이 부부도 서로 속박되어 있다. 스티브는 신디 주변을 맴돌고 있다. 그는 아이의 필요에 의거하여 어떤 결정을 내리는 것이 아니라, 전 배우자와 어떤 연결고리를 찾으려고 매사를 결정하고 있다. 이 때문에 그는 자신을 위한 새로운 삶을 정립할 수가 없다. 그 결과 감정적인 상처를 받을 수밖에 없는 위험 속으로 아이를 끌어들이고 있다. 이렇게 되면 아이는 그 부모의 욕구 충족을 위한 인질로 이용되고 있는 셈이다.

당신이 스티브의 마음에 공감한다면, 아마 당신도 이혼 직후에 스티브와 비슷한 감정을 느꼈을 것이다. 그러나 1년이 지나도록 이런 행동을 계속한다면 그와 같이 불건전한 집착은 놓아 버리는 것이 당신과 아이에게 유익할 것이다.

4 연옥에 갇혀 있기

당신이 미래를 설계하는 역할을 개발하려고 한다면, 과거의 역할을 파기해 버리는 일이 중요하다. 전 배우자에 대한 분노나 갈등이나 막연한 희망 때문에 전 배우자에게 연연해하고 있다면 그런 사람은 마치 연옥에 갇혀 있는 것과 같다. 그것은 이혼하기 전에 취해야 할 역할이나 관계도 아니고, 미래로 안내해 주는 역할이나 관계도 아니다.

사람들은 여러 가지 이유 때문에 고통스러운 연옥에 갇혀 있다. 첫째는 두려움이다. 그 속에 얽매여 있다는 것은 갈등이 아주 많다는 뜻이다. 그 갈등은 매우 익숙한 것이므로 그것을 놓아 버리고, 미래로 나아가기가 무서운 것이다. 미지의 삶을 선택하게 되면 앞으로 무슨 일이 일어날지는 모르는 것이다.

사람들이 전 배우자에게 얽매여 있게 되는 또 다른 이유는 그들의 꿈을 포기하고 싶지 않기 때문이다. 그들은 스티브처럼 완전한 결혼과 완전한 가족을 꿈꾸었던 것이다. 그들에게 있어서 과거의 관계를 놓아 버린다는 것은 그러한 꿈의 죽음을 받아들여야 하는 것을 의미한다.

이혼한 다음에 부모로서 마땅히 취해야 할 행동과 역할이 무엇인가에 대하여 자기 나름대로 어떤 생각과 가정(假定)을 가지고 있는데, 그러한 가정이 과거에서 해방되는 것을 방해하는 또 다른 장애물이 된다. 우리는 이 장 뒷부분에서 이러한 문제들을 탐구해 보고 해결책을 제시할 것이다.

놓아 버리기 2

1 놓아 버리기로 결정하기

이혼의 상처에서 치유되기 위한 첫 번째 단계는 과거를 내려놓기로 결정하는 것이다. 이 단계에서도 믿음의 도약이 필요하다. 당신은 미래에 좀 더 나은 것을 얻기 위해서 과거에 집착하는 것을 포기해야 한다. 당신은 그런 결정을 해 왔는가? 앞으로 나아갈 시점이라고 결정한 당시에 당신의 삶에 특정한 문제가 있었는가? 미래가 이보다 더 나아져야 한다고 생각했을 때는 언제였는가? 결단은 오직 당신에게 달려 있다고 생각한 것은 언제였는가? 과거를 돌아보기보다는, 미래를 바라보기로 결정했을 때는 언제인가? 아직까지도 과거를 놓아 버리기로 결정하지 않았다면, 지금이 바로 그런 결단의 시점이 아닌가?

당신이 정말로 놓아 버릴 경우 그것이 무엇을 의미하게 될지 적어라.

....

....

....

....

....

....

....

2 일시적으로 깨끗하게 청산하기

과거에 집착하는 것은 자신에게 너무나 큰 손해가 되기 때문에 전 배우자와 깨끗하게 청산하는 것이 더 나을 때가 있다. 깨끗하게 청산한다는 것은 (전 배우자와 접촉하지 않으려고 자녀를 보육센터나 학교로 가서 인수인계함으로써) 전 배우자와 대면하지 않는 것을 말한다. (전 배우자가 집에 없는 시간대에 그의 자동응답기에 메시지를 남기도록 한다.) 그것은 전 배우자에 대한 기억이 떠오르지 않도록 (자녀의 방에 있는 사신 외에는) 그와 관련된 모든 물건들을 없애 버리는 것을 말한다.

이러한 방법이 몇 개월 이상 지속된다면 자녀들에게 피해를 입히게 될 것이다. 그러나 그것은 두 사람이 서로를 놓아줄 수 있게 하는 일시적인 방책으로서 매우 중요하다. 어떻게 알 수 있는가? 만일 양쪽 부모 사이의 갈등의 폭이 너무 커서 싸울 때마다 긴장이 증가된다면, 차라리 깨끗하게 청산할 채비를 하라. 그러나 기억하라. 아이들을 위해서, 깨끗한 청산은 잠정적으로만 해야 한다는 것을.

3 물리적으로 놓아 버리기

사람들이 어떻게 물리적으로 얽매이게 되는지에 대한 몇 가지 실례를 당신은 기억하는가? 이제 우리는 물리적으로 놓아주는 것을 집중적으로 논의할 것이다. 그것은 더 이상 전 배우자의 집에 가서 잔디를 깎아 주지 않고, 저녁상을 차려 주지 않으며, 생활비를 지원해 주지 않는다는 뜻이다. 그것은 전 배우자로 하여금 자신을 책임지게 하는 것을 의미한다.

그렇게 하는 것은 비정하고 냉정한 일일지도 모른다. 그러나 당신이 전 배우자를 놓아 버리고 그도 당신을 놓아 버리게 하는 것이 중요하다.

4 감정적으로 놓아 버리기

전 배우자를 감정적으로 놓아 버리는 일은 물리적으로 놓아 버리는 일보다 더 어렵다. 그것은 더 이상 전 배우자에게서 정서적인 지지나 사회적인 지지와 우정을 기대하지 않는다는 것을 의미한다. 그것은 자기의 정서적인 욕구를 다른 곳에서 충족시켜야 하고, 자기의 감정적 욕구에 대해서 스스로 책임진다는 뜻이다. 또 전 배우자에 대하여 초연해진다는 것을 의미한다. 그것은 전 배우자의 입장에 근거하여 결정을 내리지 않고, 더 이상 전 배우자와 친밀한 생각을 공유하지 않으며, 그가 당신의 감정적 단추를 건드리지 못하게 한다는 것을 의미한다. 또한 그것은 아이를 이용해서 그에게 앙갚음하는 것을 자제한다는 뜻이다. 그리고 당신 두 사람을 서로 묶어 놓는 줄을 끊고, 당신을 비통한 감정에 얽매어 놓은 사슬을 끊어 버린다는 것을 의미한다.

5 놓아 버리기 의식(儀式)

혼인은 결혼식과 더불어 시작한다. 결혼식은 두 사람의 관계를 공식화해 주고 또 결혼 관계의 출발점이 된다. 이혼이 몹시 어려운 한 가지 이유는, 혼인 관계에서 변환점을 표시해 주는 상징적인 기념식이나 어떤 의식(행사)이 없기 때문이다. 그런데 만약 당신만의 독특한 이혼 의식이나 기념식을 만들어 낸다면 예전의 관계에서 벗어나 그 사람과 새로운 관계를 시작하는 일에 도움이 될 수 있음을 알게 되면 놀랄 것이다.

촛불 의식

이 의식에서 당신은 새로운 독립적인 생활을 시작한다는 상징적인 의미로 촛불을 밝힌다. 초를 잡으면서 이 초가 행복으로 가득 찬 밝은 미래로 나아가는 길을 밝혀 준다고 생각하라. 당신 자신의 미래를 창조하면서 이 초가 당신의 안내자가 되도록 하는 것이다. 촛불이 꺼진 후에도 당신 안에서 이 촛불이 계속 타오르게 하겠다고 결심하라. 당신이 자유로워질 준비가 되면 그 촛불을 끄겠다고 결심하고, 촛불을 입으로 불어서 끄라.

돌멩이 의식

두 번째 의식은 좀 더 창조적이다. 밖으로 나가서 큰 돌이나 돌멩이를 찾아라. 그것은 몸에 지니고 다닐 수 있을 정도의 무거운 돌이어야 한다. 돌멩이는 전 배우자에게 집착해 있을 경우에 당신이 짊어지게 되는 짐을 상징한다. 며칠 동안 그것을 지갑이나 주머니에 넣어 두라. 그 돌멩이를 가지고 여러 곳을 다닐 때 그것이 당신을 지치게 하지 않도록 조심하라. 돌멩이가 얼마나 성가신지, 얼마나 당신을 불편하게 만드는지를 느껴라. 그리고 더 이상 그것을 지니고 다니지 않아도 된다면 얼마나 상쾌할지 생각해 보라. 좀 더 오래 돌을 가지고 다녀라.

이제 돌을 그만 내려놓을 준비가 된 시점에 다다르면, 그 무거운 짐을 더 이상 견디지 않아도 되는 모든 이점들을 찬찬히 생각해 보라. 주머니나 지갑에서 그 돌을 내버리겠다고 결정하는 일이 왜 당신의 몫인지를 생각해 보라. 비록 당신이 불필요한 무게를 견디는 데 익숙해졌다 하더라도 (그 돌이 없어지게 되면 낯익은 그 돌을 그리워하게 될지도 모르지만) 그것을 한쪽으로 치워 버리고, 당신 삶의 다음 단계로 자유롭게 나아갈 수 있게 하라. 더 이상 볼 수 없는 곳에 그 돌을 던져 버려라. 그것을 버리든지, 땅속에 묻어 버려라. 이제 더 이상 그 짐을 짊어지고 다니지 않아도 되었기에 새롭게 피어오르는 당신의 에너지를 느껴 보라.

결혼증서 의식

다음 쪽에서 당신은 결혼증서를 보게 될 것이다. 실제 당신의 결혼증명서를 복사하거나 우리가 제공한 증서에 관련된 사항을 기입하라. 이 의식을 하는 데 몇 가지 다음과 같은 예가 있다.

- 결혼증서를 땅에 묻어 버린다.
- 결혼증서를 태워 버린다.
- 결혼증서를 잘게 잘라서 풍선 속에 넣은 다음에 작별인사를 하고 풍선을 날려 보낸다.

파혼증서 작성

네 번째 의식은 다음 쪽에 나와 있는 파혼증서를 읽고 완성하는 것이다. 두 사람이 결혼하기로 약속하면, 우리는 그들이 혼인을 약속했다고 한다. 그 혼인의 구속에서 벗어나기로 결정을 하게 되면, 우리는 '파혼' 했다고 말한다. 이 증서 작성은 당신의 삶에 있어서 그와 같이 새로운 약속을 하는 데 도움이 될 것이다.

결혼증서

__________월 __________일 많은 하객들이 참석한 자리에서

____________________와 ____________________는

혼인함으로써 하나가 되었음을 증명합니다.

파혼증서

나 ________ 는(은) __________ 와(과) ________ 에 결혼했다. 우리 자녀
(이름) (전 배우자의 이름) (날짜)
는 __________ 이다. 우리의 혼인은 __________ 에 끝났다. 그러므로
(아이들 이름) (이혼한 날)
__________ 는 이제 더 이상 나의 배우자나 연인이 아니다. 우리 둘은 모두 자
(전 배우자의 이름)
유롭게 새로운 파트너를 선택할 수 있다. 우리는 더 이상 사랑과 욕구의 감정을 가지고 연결되어 있지 않다. 우리는 오직 우리의 자녀(들)에 의해서만 영원히 연결되어 있을 뿐이다. 우리는 자녀양육에 대하여 항상 의견이 같을 수는 없지만, 서로 협력적으로 임하기로 한다. 우리는 새로운 눈으로, 자녀를 돌보는 부모의 눈으로만 서로를 만나야 할 것이다. 우리는 협력적으로 자녀를 돌보기 위하여 아주 단호하게 과거를 버리고 새롭게 출발할 것이다. 우리는 우리 아이(들)에게 이러한 의무를 빚지고 있다.

우리가 결혼생활을 영위할 때는 두 가지 역할, 즉 부모의 역할과 배우자의 역할을 수행했다. 이제 우리는 혼인 관계의 역할을 벗어 버리고, 부모역할에만 초점을 맞출 것이다. 이러한 단절은 완전하고 깨끗해야 한다. 과거를 상기시켜 주는 것들을 없애는 일은 나의 책임이다.

나는 나 자신을 책임진다. 나는 나 자신의 후견인이다. 나는 앞으로 더 고통스럽게 되는 쪽을 선택할 수도 있고, 더 개선되는 쪽을 선택할 수도 있다. 나는 아이(들)를 위해서 더 강해지는 길을 선택할 것이다. 아이를 위해서 나는 감정적으로 결정하지 않고, 성숙한 결정을 내릴 것이다. 나는 아이가 듣는 곳에서는, 전 배우자에 대하여 부정적인 말을 하고 싶은 충동이 있어도 그것을 억제할 것이다. 나는 전 배우자에 대한 감정과 아이(들)에 대한 감정을 구분하는 방법을 배울 것이다. 나는 나의 아이(들)의 욕구와 나의 욕구를 구분할 것이며, 내 자녀가
__________ 를 사랑하는 데 필요한 모든 여건을 아이에게 허용할 것이다.
(아이의 다른 쪽 부모)

나는 비록 내 마음에 상처를 입는 한이 있더라도, 오로지 좋은 부모가 되겠다고 약속한다.

날짜 ________________ 서명 ________________

Exercises

감정일지

당신이 전 배우자 때문에 (부정적으로든 긍정적으로든) 감정적으로 속이 상했던 시간을 기록하라. 일기를 쓰거나 목록을 열거하라. 그리고 그 감정의 강도에 등급을 매겨 보라.

날 짜	감 정	등 급	자녀에게 미친 영향

Exercises

날 짜	감 정	등 급	자녀에게 미친 영향

Exercises

집착의 저울

전 배우자에 대해서 당신이 느끼는 긍정적, 부정적 감정의 정도를 깊이 생각해 보라. 그리고 전 배우자에 대해서 지금까지 집착하고 있는 정도를 알아보기 위하여 정직하게 저울에 표시를 하라. 당신이 고통스럽고, 복수심에 불타고, 화가 나고, 불신하며, 아직도 그에게 의존하고 있다고 느낀다면, 당신은 여전히 감정적으로 전 배우자에게 집착하고 있는 것이다.

분리된 상태

- 별다른 감정이 없다.
- 별다른 반응이 없다.
- 사무적인 기술을 사용하여 말한다.
- 미래에 집중한다.
- 벗어나 있다.

집착된 상태

- 강한 긍정적, 혹은 부정적 감정이 있다.
- 강하게 반응한다.
- 내용보다는 감정에 초점을 맞춘다.
- 전 배우자나 과거에 대한 이런저런 생각들이 떠오른다(긍정적 혹은 부정적).
- 앙갚음/분노/통제/상처의 감정을 가지고 속박되어 있다.

단, 당신이 처한 상황이 자녀와 연관이 있을 경우에 자녀와 전 배우자에게 집착된 반응을 보이는 것은 정상적이다.

사랑하는 엄마 아빠에게

두 분이 이제 결혼한 상태가 아니라는 상황에 제가 익숙해져야 한다면 두 분도 마찬가지로 그 사실을 익숙하게 받아들여야 한다고 생각해요. 아마 우리 모두가 이 상황에 익숙하게 되면 좀 더 편안해지겠죠. 그래도 두 분이 변함없이 저의 부모로 남아 주실 것이라는 점이 가장 좋은 소식이에요. 고마워요.

부모님의 희망인
○○○ 올림

Chapter 3 복습

1. 당신은 어떤 단계의 슬픔을 겪어 보았는가? 어떤 단계에서 벗어나지 못하고 있는가? 그렇다면 치유 과정을 거치기 위하여 무엇을 할 수 있는가?
2. 당신과 전 배우자 사이에 있었던 행복한 시절을 기억할 수 있는가? 이것이 왜 당신에게 중요하며, 당신 자녀에게도 중요한가? 당신은 자녀와 어떤 긍정적인 추억을 공유해 왔는가?
3. 당신 자녀의 다른 쪽 부모에 대해서 품고 있는 부정적인 감정을 고수하는 대가는 무엇인가? 자녀에게 미치는 대가는 무엇인가?
4. 당신 아이가 두 부모 사이에서 어쩔 수 없이 누군가를 선택한다면, 아이는 어떤 선택을 할 것인가?
5. 당신은 전 배우자에게 어떻게 구속되어 있는가? 전 배우자로부터 초연해지기 위해서 당신은 무엇을 할 수 있는가?

Chapter

4

나의 개인적인 길을 선택하기

— 더 나아지게 만들 것인가,
고통스러운 상태를 유지할 것인가 —

Chapter 4

나의 개인적인 길을 선택하기

— 더 나아지게 만들 것인가, 고통스러운 상태를 유지할 것인가 —

3장에서는 과거의 결혼 관계에서 벗어나는 일의 중요성에 초점을 맞추었다. 특히 버림받은 쪽의 배우자가 과거에서 벗어나기는 아주 어렵다. 그러나 당신이 전 배우자를 다만 자녀의 다른 쪽 부모로서만 인식하는 것이 필수적이다. 당신이 살아남기 위한 유일하고 건전한 방법은 과거의 역할과 과거와 관련된 감정을 버리고 나서, 공동부모로서의 새로운 역할을 시작하는 것이다.

이 장은 당신이 분명한 선택을 하고, 당신이 서 있는 길을 확인하는 데 도움을 줄 것이다. 당신은 상황을 더 낫게 만듦으로써 앞으로 나아갈 준비가 되어 있는가? 아니면 계속해서 불행한 상태에 머무를 것인가? 그것은 당신이 선택할 문제다. 당신이 선택한 길이 자녀의 정서적 미래에 중요한 영향을 미친다는 사실을 명심하라. 3장의 내용이 이 장과 어떻게 연결되어 있는지 살펴보라. 당신이 집착을 버리게 되면 어떻게 감성적으로 해방될 수 있는지를 [그림 4-1]에서 살펴보라. 당신 마음이 해방되면 당신은 전 배우자와의 관계에서 자신이 다만 공동부모로서만 위치한다는 사실을 재정립할 수 있다.

집착 버리기 → 해방되기 → 재정립하기

[그림 4-1] 공동부모로서의 역할 정립

관계를 재정립하기

하나의 역할을 버린다는 것은 새로운 역할이 그것을 대신하게 된다는 것을 의미한다. 우리는 한 사람이 '결혼한' 상태에서 '독신의' 상태로 옮겨 갈 때 생기는 역할 변화에 대하여 논의했다. 또한 이러한 새로운 관계의 특징이 다른 지인(知人)과의 관계와 얼마나 비슷한지에 대해서도 논의했다. 이제 우리는 이혼한 다음에 취해야 하는 부모역할과 전 배우자와 계속해서 맺어나가야 하는 관계에 대해서 살펴볼 필요가 있다.

1 공동부모

이혼한 후의 부모를 우리는 '공동부모' 라고 표현했다. 당신은 공동의장(共同議長)이라는 단어를 들어 본 적이 있을 것이다. 그것은 두 사람이 서로 다른 직책을 맡고 있을지라도, 어떤 업무에서는 똑같은 책임을 지고 있음을 의미하는 것이다. '공동부모' 라는 용어도 그와 같은 의미를 지니고 있다. 즉, 당신은 부모역할에 있어서 전 배우자와 동일한 책임을 지고 있지만, 특정한 면에서 주어지는 책임은 다르다. 그러나 그 책임의 중요성은 동일하다.

2 관계 재정립하기의 목적

부부가 이혼한 후에도 지속적인 관계를 가져야 하는 유일한 이유는 자녀에게 가장 이상적인 보살핌을 보장해 주기 위해서다. 그러므로 부모들 간의 새로운 관계는 자녀들의 필요에 부응해야 한다는 원칙을 근거로 하여 수립되어야 한다.

3 업무 관계/비즈니스 관계

공동부모라는 새로운 관계는 종종 비즈니스 관계나 업무 관계에 비유된다. 다음 빈칸에 비즈니스 관계나 바람직한 업무 관계의 특성을 몇 가지 열거해 보자. 비즈니스 관계가 잘 이루어지도록 하는 지침들은 무엇인가?

....

....

....

....

....

....

....

4 비즈니스 관계를 위한 지침

당신이 바람직한 업무 관계라고 생각하는 특성들이 다른 사람들의 견해와 다를 수는 있지만 비슷한 점은 많이 있을 것이다. 당신이 열거한 목록이 다음 특성들을 포함하고 있는지 살펴보라.

1. 비즈니스 관계에서 각 개인은 공동 목표에 헌신한다.

비즈니스는 계약을 이행하거나, 의무를 충족시키거나, 혹은 제품을 만들어 내기 위하여 파트너로 일하는 것이다. 그것은 또한 판매자나 구매자가 그들 각자의 일정과 필요를 충족시키기 위하여 함께 일하는 것을 의미하기도 한다. 모든 경우에 있어서 공동의 목표가 있기 때문에 비즈니스 관계가 존재하는 것이다.

자녀 공동양육의 목표는 무엇인가? 그것은 아이들을 정서적으로, 육체적으로 건강하게 키우는 것이다. 공동부모는 이러한 목표를 공유하고 이 목표를 달성하기 위하여 함께 일하는 것이다.

2. 비즈니스 관계에 있는 개인들은 승-승 관계(勝-勝 關係)를 약속한다.

비즈니스 관계 속에 있는 두 사람이 승-승적 관계를 약속할 때, 그 관계는 오래 지속될 것이다. 그러나 어느 한쪽이 승-패적(勝-敗的) 입장을 취하고, 자기만의 이익을 취하려고 하면, 그 관계는 악화되거나 깨져 버릴 것이다.

협력적 양육 관계에서 성공적으로 자녀를 양육하려면 양쪽 부모 간에 지속적이고 장기적인 관계가 필요하다. 그러므로 두 사람은 승-승적 관계를 약속함으로써 이익을 얻게 될 것이다. 이것은 양쪽 부모의 욕구를 충족시키려 하지 않으며 즉각적으로 승리하여 이득을 얻으려 하지 않는다는 뜻이다. 왜냐하면 그것은 장기적인 면에서 피해가 크기 때문이다.

3. 서로 의견이 맞지 않거나 새로운 환경이 조성될 때는 타협한다.

어떤 비즈니스 관계에서든지 환경의 변화는 일어나기 마련이다. 가령 원자재 가격이 변화되면 완제품 가격에 대한 갱신 협상이 필요하게 된다. 또 자원 활용의 여부에 따라 일정의 변화가 생겨나기도 한다. 즉, 예산과 일정에 있어서 새로운 요구사항들이 변화 요소로 작용하게 되는 것이다. 이러한 변화가 생기면 두 당사자는 수용가능한 해결책을 협상해야 한다. 즉, 타협해야 한다. 때때로 이것은 조건의 재협상을 의미하거나, 새로운 계약을 체결하는 것을 의미한다. 그리하여 당사자들의 욕구를 충족시키기 위한 조처로 신뢰 관계를 지속하면서 승-승적인 협상을 통해서 의견 차이를 해결하는 것이다.

새로운 환경과 의견의 차이는 공동부모 관계에서도 일어나기 마련이다. 미리 짜 놓은 시간 분담 일정에 차질이 올 수 있다. 때때로 자녀의 스포츠 활동 일정이나 종교 활동이 미리 짜 놓은 일정표와 중첩될 수 있다. 부모의 직장 사정 때문에 자녀들의 일정과 시간 담당 계획이 틀어질 수도 있다. 자녀들이 자라고 성숙해지면서 그들의 욕구와 관심도 변할 것이다. 그러므로 공동부모는 서로가 수용할 수 있는 해결책을 협상해야만 한다. 비즈니스 관계를 유지하는 공동부모는 서로가 승자가 되며, 또한 자녀들도 패자가 되지 않도록 신뢰 속에서 타협을 해야 한다.

4. 관계는 특정 주제와 목적에 국한되어 있다.

어떤 비즈니스 관계에서든지 사업의 특정 사항이 안건으로 상정되고 논의거리가 된다. 다른 분야는 논의의 영역 밖에 있으며 그 관계 안으로 들어오지도 않을 것이다. 예를 들면, 구매자와 판매자는 제품의 가격과 스케줄의 조정 등에 관하여 논의할 수는 있지만, 회사가 새로 고용한 직원의 자질에 대해서는 논의하지 않는다.

새로운 공동부모 관계에서도 동일한 원칙이 적용된다. 공동의 논의 영역은 자녀양육이라고 하는 측면에만 집중되는 것이다. 거기에는 서로의 데이트 방식이나 각자가 결정해야 하는 재정 처리 방식 등은 포함되지 않는다. 이러한 주제들은 새로운 작업 관계의 영역 밖에 있다.

5. 각 개인은 공동의 예절을 준수한다.

비즈니스 관계에서는 논의할 사항이 있을 경우에 미리 약속 전화를 하고, 일정을 변경할 계획이 있을 경우에 상대에게 미리 통지하며, 공동의 목표에 영향을 주는 문제에 대하여 상대방과 논의하는 방식을 취함으로써 서로가 예절을 준수한다. 정상적인 비즈니스 관계에서는 피차 가능한 시간에는 언제든지 의사소통이 이루어진다. 그런 의사소통 과정에서 나누어지는 어조는 유쾌하다. 요구하기보다는 부탁을 하고, 정보를 자기 혼자만 간직하기보다는 서로 공유한다.

비즈니스 관계에 있는 공동부모 역시 공동의 예절을 준수한다. 그들 역시 의논할 주제가 있을 때 자녀를 맞는 시간에 상대방을 붙잡고 이야기하기보다는 먼저 전화를 걸어 약속을 잡는 것을 선호한다. 공동부모는 (학교생활에서 자녀에게 무슨 일이 발생하는 경우처럼) 그들의 공동 목적에 영향을 주는 변화가 일어날 경우 상대편에게 미리 알려 주고, 자녀의 운동 연습이나 댄스 교습을 위한 새로운 일정표와 같은 방침에 대하여 다른 쪽 부모와 미리 논의해야만 한다. 그들은 학교 성적이나 학교 관계자와 만날 약속 등을 다른 쪽 부모에게 알려 주며, 그런 정보를 자기만 간직하지 않고 공유한다. 상대방과 말할 때 어조는 유쾌하게 하고, 요구하기보다 부탁을 한다.

6. 대화를 할 때는 감정적으로 하지 않고 사실에 입각해서 한다.

비즈니스 관계에 있는 두 당사자들에게는 타협해야만 하는 차이점들이 있을 수 있다. 그에 관하여 의사소통을 하는 동안에는 감정이 끼어들지 않도록 감정을 다른 쪽으로 제쳐 두어야 한다. 비꼬는 말, 푸념하고 요구하고 아첨하는 것, 도덕적 훈계와 충고 또는 불평 등은 논의를 통한 효과적인 소득을 도출해 내지 못하게 한다. 문제에 대한 해결책을 찾기 위해서는 사실에 입각한 명확하고, 감정이 배제된 의사소통을 하여 장기적인 관계를 지속하도록 한다.

공동부모는 새로 정립된 관계에서 감정보다는 사실을 가지고 대화해야 한다. 감정이 개입되면 문제해결 과정에 지장을 주고 성공적인 관계를 저해할 가능성이 있다. 공동부모는 서로에게 이제 더 이상 감정적인 지지를 해 줄 책임이 없기 때문에 그들이 나누는 대화 속에 감정이 끼어들지 못하게 해야 한다. 감정을 밀쳐 버리면 두 사람은 제 아무리 큰 문제가 생기더라도 현명한 해결책을 찾아낼 수 있다.

> 대화 속에서 감정을 제거해 버린다는 것이 감정을 부정한다는 의미는 아니다. 다만, 다른 시간과 다른 장소에서 자신의 감정을 안전하게 표현함으로써 공동부모 관계와 자녀에게 미칠 수 있는 부정적인 영향을 가능한 한 최소화하라.

이와 같은 관계 기술 중에서 이미 당신이 공동부모와 함께 활용하고 있는 것을 다음에 ○표로 체크해 보고, 당신이 아직까지 숙달하지 못한 행동이나 기술에는 ×표를 하라.

1. _____ 나는 공동부모와 함께 공동 목표를 향하여 일한다.
2. _____ 나는 내가 이기기보다는 승-승 관계를 위하여 일한다.
3. _____ 나는 공동부모와 함께 문제를 해결하고자 할 때는 협상의 기술을 사용한다.
4. _____ 나는 한 번에 하나의 주제에만 초점을 맞춘다.
5. _____ 나는 공동부모를 존중하며 예의있게 행동하여 이것을 보여준다.
6. _____ 나는 감정에 사로잡히지 않으면서 세부적인 문제나 관심거리를 논의할 수 있다.

5 요 약

이혼한 부모들에게 있어서 관계 재정립이란 과거의 부모역할상의 관계와는 다른 관계를 형성하는 것을 의미한다. 이러한 새로운 관계에 적용되는 지침을 규정하는 데에는 비즈니스 관계의 틀이 유용하다. 재정립된 관계는 두 당사자 간의 감정적 연루를 제한한다. 그 대신에 부모 둘 다 그들의 상호 목표를 깨닫고, 자녀에게 정서적 안녕을 제공해 줄 수 있도록, 아이의 복지에 대해 의견을 나누고, 문제를 해결하며, 중요한 정보를 공유할 수 있도록 하는 구조를 확립하는 것이다.

관계 재정립을 방해하는 요소들

1 가정(假定)

관계의 재정립을 방해하는 요소에는 여러 가지가 있다. 그러나 당신은 그런 장애물을 통제할 수 있다. 첫 번째 장애물은 부부를 이혼으로 몰고 가는 기본적 전제인 가정(假定)이다.

이 그림은 어떤 가정을 보여 주는가? 그것은 대부분의 사람들이 이혼이란 두 사람의 적대적인 입장을 나타낸다는 인식을 보여 준다. 많은 사람들이 이혼하게 될 때 법적인 절차를 거치기 때문에 자동적으로 이혼은 적대적인 것이라고 가정한다. 대개의 경우, 법정 사건과 연상되는 단어들을 생각해 보라: 이기고 지는 것, 법정 싸움, 법정 명령, 찬반 양론, 원고와 피고 등. 대개 사람들은 법적인 과정을 둘러싼 단어들은 종종 이혼이란 마치 좋은 사람과 나쁜 사람이 있고, 범죄자와 (범죄자에 대해 처벌을 요구하는) 피해자가 있는 형태의 범죄현상과 같은 것이라고 생각한다.

그 결과 이혼 사건의 당사자들은 서로를 적수로 생각하면서 '결혼'에 대하여 범죄를 저지른 상대방을 처벌할 기회를 찾는다. 그들이 승-패적 방식으로 행동해야겠다고 생각하면 그들은 승-패 방식으로 행동한다. 그러나 그 과정에서 상처를 받는 것은 부모만이 아니다. 중간에 놓인 자녀가 가장 큰 타격을 입는다. 부모들이 갈등을 고조시킬 때 자녀는 훨씬 더 큰 상처를 입는다.

2 멈추어 서서 스스로에게 물어보라

내 자녀가 다음 문장을 완성하도록 부탁받는다면 그들은 얼마나 솔직하게 답변할까?

나의 ________________ 는 좋은 사람이고, 나의 ________________ 는 나쁜 사람입니다.

⊙ 이렇게 간단하게 흑백 논리로 추론하게 해 본 적이 있는가? 있다면 어떻게 했는가?

....

....

....

....

⊙ 당신이 이혼에 대해서 설명할 때 그 속에는 비난이 담겨 있는가? 그렇다면 이것을 시정하기 위하여 무엇을 할 수 있는가? '비난이

배제된' 간단한 글로 이혼을 설명해 보라.

....

....

....

....

3 기대들

어른들 마음의 저변에 깔린 서로에 대한 기대도 가정(假定)과 비슷하다. 우리는 다른 사람들이 과거에 보여 준 행동을 관찰한 바에 근거하여, 그들이 미래에도 어떻게 행동할 것이라고 기대한다. 그러나 우리가 그러한 기대를 바꾸려 하지 않으면 그 기대는 우리를 곤란하게 한다. 사람들은 "과거가 반드시 미래와 같은 것은 아니다."라고 말한다. 사람들은 성장하고 변화한다. 때로는 이혼이 그러한 변화를 초래하기도 한다. 그래서 이혼한 지 몇 년이 지나서도 자녀의 한쪽 부모가 다른 쪽 부모를 의존한다거나 언어적으로 학대한다거나, 자녀의 양육에 동참하지 않는다고 생각한다면, 그것은 아마 틀린 말일 것이다. 그리고 그들은 그들 자신의 제한된 시야 때문에 자녀들에게 잘못된 메시지를 전달할 수도 있다. 최상의 것을 기대하고 당신의 공동부모가 이러한 기대에 맞추어 살아가도록 격려하는 편이 더 낫다. 그렇게 되면 당신의 선의(善意)의 수혜자는 자녀들이 될 것이다.

④ 언 어

관계 재정립의 세 번째 장애 요소는 '이혼' 이라고 하는 단어와 연관되어 있다. 예를 들면, 많은 경우에 사람들이 그들의 전 배우자를 '나의 전처/전남편' 이라고 부른다. 이러한 용어를 사용하는 것 자체가 계속해서 결혼 관계를 강조하는 것이다. 즉, 과거에 존재했던 관계에 초점을 두는 것이다. 두 사람 간에는 자녀의 부모로서만 관계가 지속되므로 '내 자녀의 다른 쪽 부모' 나 혹은 '내 아이의 아빠(엄마)' 혹은 '내 아이의 공동부모' 라는 표현이 더 나을 것이다.

왼쪽 란에는 재정립을 방해하는 단어와 구절들이 있다. 그들 용어를 관계의 재정립에 도움이 되는 구절로 바꾸어 보라.

문제가 되는 언어 표현	바람직한 언어로 바꾸어 표현하기
나의 전- (처, 남편)	
나에겐 한 가족이 있었지.	
그들은 이혼(별거) 가정 출신이야.	
내 자녀들이 나를 방문해.	
내 자녀들이 …월 …일에 나를 보러 와.	
______가 자녀들의 보호자야.	
실패한 결혼	
방문 동의서/ 양육 동의서	

또 다른 예는 새로운 가족의 배열과 관계된 단어들이다. 한 부모가 "내 자녀들은 나랑 더 이상 함께 살지 않아요. 그 애들 엄마에게 양육권이 있지요." 라고 말한다면 이제는 그가 중요한 가족구성원이 아니라고 말하는 것처럼 들린다. 그 대신에 부모가 "내 자녀들은 주중에는 다른 쪽 부모와 지내고, 주말에는 나와 함께 지냅니다." 라고 말할 때는 그 강

조점이 어떻게 변화되는지를 살펴보라. 만일 당신이 주말에 자녀들을 만나고 있다고 하자. 그런데 전 배우자에게는 여전히 가족이 있다고 생각하고, 당신에게는 가족이 없다는 생각을 하고 있다고 하자. 그래도 당신은 자녀의 공동부모와 협력적으로 살고 있다고 생각하는가? 만약 상대방이 당신이라면, 얄미워서 복수하고 싶지 않을까? 진실로 언어는 행동과 태도에 막대한 영향을 끼친다.

앞의 질문에 답을 다 했다면 당신이 사용하는 문제 언어에 동그라미를 쳐 보라. 이제는 좀 더 건강한 표현에 초점을 맞추어야 한다. 당신의 자녀도 이러한 변화를 눈여겨보게 될 것이다.

재정립 작업을 거부하기(초연해지기를 거부하기)

관계를 재정립하는 데 마지막으로 장애가 되는 것은 부모 한쪽이 감정적인 집착을 버리지 않으려고 하는 경우다. 이런 경우는 그가 자기 감정에 집착함으로써 무엇인가 이득이 있기 때문이다. 그런 배우자는 상대를 통제하면서 힘을 느낀다. 전 배우자가 피해자 역할을 하는 것은 관심을 얻기 위한 수단이거나, 과거에 받은 상처에 대해 복수를 하려는 시도일 수 있다. 아이들이 그런 행동을 하면 우리는 그것이 '그릇된 행동' 이라고 지적한다. 그리고 성인들이 그런 행동을 하면 그들의 욕구를 충족시키기 위한 부적절한 방법이라고 말한다. 그런 것들이 어떤 작용을 하는지 보자.

불쌍한 나

"오, 난 지금까지 옳게 살아왔다구! 나의 청춘을 모두 그에게 바쳤지……. 그런데 내가 얻은 건 뭐지? 빈 몸으로 쫓겨난 거야? 왜 항상 내게 이런 일들이 생기는 거지? 난 이혼을 원하지도 않았는데 그가 이혼을 원한 거야."

"그녀는 항상 나를 이용했어. 나를 사랑한다고 말만 했지, 날 사랑한 적이 없다니까. 결코 나를 사랑한 적이 없어."

"난 당신 아버지처럼 당신을 영화관에 데려갈 여유가 없어요. 당신 아버지는 돈이 많았지 않소."

"나 혼자의 힘으로는 살아갈 수가 없어. 그가 보내 주는 돈으로는 내 새끼들을 키울 수가 없어. 나는 그가 대학교를 졸업할 때까지 뼈가 부서지도록 일한 조강지처인데, 이제 와서 내가 얻은 건 뭐지? 그 놈을 비서에게 넘겨주다니…… 나는 옳게 살아왔는데 인생은 너무 불공평해."

당신은 이 문장들이 어떤 면에서 서로 비슷한지 알 수 있겠는가? 화자(話者)는 피해자의 역할을 하면서 상대방이 자신에게 부당한 관심을 기울이도록 조종하고 있다. 왜 그런가? 이러한 행동에 대해서 보상을 받고 있기 때문이다. 그들은 푸념을 하면 곧바로 동정심을 나타내 주는 친구와 가족들로부터 '관심' 이라는 보상을 받는다. 사실 그런 관심을 받는 것이 너무나 뿌듯하기 때문에 자녀의 욕구를 외면한 채, 자신이 관심을 얻는 일을 최우선으로 삼고 있는 것이다.

통 제

"내가 밤이 내킬 때 사너양육비를 보내 줄 거야."

"당신에게 내가 아이의 성적표를 보여 줄 필요가 없어요. 당신이 직접 선생님께 전화해서 알아보세요."

"휴가 때 당신이 아이들을 데려가도 좋다고 내가 말했다는 걸 알고 있지만 내 마음이 바뀌었어요."

"아이의 주치의가 누구인지 내가 당신에게 말해 줄 의무는 없어요. 법정 명령에서 그런 사항은 언급하지 않았으니까요."

"법정 명령에 따르면 당신은 저녁 7시에서 8시 사이에 아이에게 전화하도록 되어 있어요. 지금은 8시 10분이니까 당신은 아이와 이야기할 수 없어요."

이 화자(話者)들의 공통점은 무엇인가? 그들이 상대방을 통제하고 있다는 기분이 바로 보상(報償)인 것이다. 그들은 전 배우자를 자신의 뜻에 따르도록 만들면서, 자기에게는 힘이 있다고 느끼며 즐기고 있는 것이다. 상대방을 놓아준다면 그런 힘을 포기해야 하기 때문에 놓아주지 않으려고 한다. 불행하게도 이러한 힘에 대한 욕구는 갈등을 더욱 증가시키고, 자녀의 욕구보다 부모의 욕구를 앞세운다. 그들은 충돌하게 되고, 상처를 받기 마련이다.

앙갚음

"지난번에 당신이 20분 늦었으니, 나도 당신을 20분 기다리게 할 거야."

"당신은 제이슨이 홈런 친 사실을 알려 주지 않았어요. 그래서 나도 제이슨의 수학 성적이 오른 사실을 말해 주지 않을 거예요."

"아이가 나와 함께 있을 때 내가 원하는 헤어스타일로 이발을 시킬 거야. 아들 녀석을 딱정벌레 스타일로 머리를 잘라 줄 거야." (그렇게 하면 전처가 뿔이 나겠지.)

"난 결혼식에 알렉스(아들)를 초대하기로 했어. 하지만 제니퍼(딸)는 초대하지 않을 거야. 걔는 꼭 제 어미를 빼닮아서 안 된단 말이야."

이 화자들의 공통점은 무엇인가? 그들은 모두 앙갚음을 하려고 한다. 이들은 자기 쪽에서 상대방을 공격할 수 있는 권리가 자녀들의 권리보다 더 우선한다고 믿고 있다. 앙갚음을 하게 되면 단기적인 보상이 따른다. 하지만 그것은 상황을 악화시키는 복수의 악순환으로 이어진다.

하지만 부모들은 앙갚음하는 권리를 포기하고 싶지 않기 때문에 서로 놓아주지 않으려고 한다. 그들은 자기들의 욕구를 충족시키려고 감정적으로 서로 얽매여 있다. 결과적으로 상처를 입은 사람은 자녀인데, 자녀들의 욕구를 이차적인 것으로 취급하기 때문이다.

당신도 종종 이러한 입장을 취하는가? 당신의 전 배우자와 지속적으로 갈등을 겪고 있다면 이와 같은 이유로 당신이 얽매여 있는지도 모른다. 당신은 자기의 행동 양식을 명확히 하고 알아차리고 근절하기 위해서 치료사나 상담자의 도움을 받는 것이 좋다.

당신에게는 변화할 수 있는 힘이 있다는 것을 기억하라. 당신의 결정에 따라 당신과 자녀들이 혜택을 입게 될 것이다.

나의 입장이 아닌 자녀의 입장 취하기

예전 관계에서 해방되고, 관계를 재정립하기 위하여 마지막으로 중요한 방법은, 여러 상황에 처한 자신의 모습을 상상하고, 그 속에서 당신이 보여 줄 수 있는 행동을 결정하는 것이다. 다음의 상황을 읽어 보라. 당신이 어떤 행동을 할 것인지 결정하고, 자녀의 이익을 최우선적으로 고려하여 행동할 것인지, 또는 당신 자신의 이기적인 마음을 우선하여 행동할 것인지 결정하라. 당신의 입장은 당신 자신의 욕구를 만족시키기 위하여 취해진 것인가, 아니면 당신 자녀에게 가장 이익이 되는 입장(position)을 선택한 것인가? 각 사례에 해당하는 당신의 말과 행동을 기록하라.

사례 1

아이가 문으로 들어오면서 말한다. "아빠의 새 여자 친구가 서커스 티켓을 구할 수 있대요."

1단계 먼저 이기적인 관점에서 반응하는 것을 생각해 보라. 당신은 어떻게 말하고 행동할 것인가? 137쪽의 '사례 1' 옆에 당신의 반응을 적어 보라. 예를 들어, 당신은 이렇게 말할지도 모른다. "네 아빠는 늘 돈이 있는 여자 친구들을 찾아내는 데 도사로구나."

2단계 이제 자녀에게 가장 이익이 되는 관점에서 당신이 행동하는 모습을 떠올려 보라. 당신은 어떤 말을 하고 어떤 행동을 할 것인가? 137쪽의 '사례 1' 옆에 당신의 반응을 적어라. 예를 들면, 당신은 이렇게 말할 수도 있을 것이다. "서커스를 보러 갈 수 있게 되다니 잘됐구나."

사례 2

하필이면 당신과 자녀가 함께 보내는 시간에 아이의 밴드 연주회 일정이 잡혀 있다고 한다. 아이가 그 연주회에 아이의 다른 쪽 부모를 초대해도 되느냐고 질문한다.

1단계 먼저 당신이 이기적인 관점에서 반응하는 것을 생각해 보라. 당신은 어떻게 말하고 행동할 것인가? 137쪽의 '사례 2' 옆에 당신이 보일 반응을 적어라. 이 경우에 당신은 화가 나서 이렇게 말할 수도 있다. "안 돼, 그 날은 네가 엄마(아빠)하고 같이 보내는 날이 아니거든!" 혹은 피해자인 척하면서 이렇게 말할 수도 있다. "그래, 그래도 괜찮을 것 같구나. 하지만 네 엄마(아빠)가 옆에 있으면 내가 얼마나 불안한지 너도 잘 알지 않니?"

2단계 이제 자녀에게 가장 이익이 되는 관점에서 당신이 행동하는 모습을 떠올려 보라. 당신은 어떻게 말하고 행동할 것인가? 아래의 '사례 2' 옆에 당신이 보이는 반응을 적어라. 이 경우에 당신은 이렇게 말할지도 모른다. "물론이지. 올해 들어와서 너희 밴드 실력이 얼마나 많이 향상되었는지를 네 아빠(엄마)가 보게 되면 참 좋을 거야."

	자신의 이익	자녀의 이익
	당신이 자기 이익만 생각하는 입장을 취한다면 어떻게 행동하겠는가?	당신이 자녀에게 가장 이익이 되는 입장을 취한다면 어떻게 행동하겠는가?
사례 1		
사례 2		

관계의 재정립을 다지기 위한 과제

당신이 자신의 이익보다는 자녀에게 가장 이익이 되는 입장에 서서 여러 가지 결정을 내리기 위해서는 다음과 같은 방법을 사용해야 한다. 그것은 '일-생-진-행(STP-A)의 기법' 이라고 한다. 그것은 일단 멈추고(Stop), 생각하고(Think), 진정하고(Pause), 그 다음에 행동(Act)하는 것을 말한다.

일-생-진-행(STP-A) 기법

1 1단계: 일단 멈추기(Stop)

전 배우자가 이번 달에 자녀의 방문 일정을 바꾸고 싶다고 전화를 했다고 하자. 이런 상황이 돌발적으로 발생할 경우에 가장 먼저 해야 할 일은 즉각적으로 반응하지 말고 일단 멈추는 것이다. 일체의 생각을 차단해 버리고, 잠시 멈추려고 노력하라. 깊은 숨을 들이쉬고 자신을 진정시키는 일에 집중하라. 자신에게 말해 보라. "아, 이건 '일-생-진-행' 을 연습할 수 있는 기회로군."

2 2단계: 생각하기(Think)

이제 생각을 할 시간이다. 자녀를 위한 장기적인 목표를 생각하라. 그 상황을 생각하면서 눈앞에 '장기적' 이라는 단어를 떠올려 보라. 다음에는 비즈니스 관계 속에서 당신이 해야 할 일을 생각해야 한다. 당신이 한 무리의 사업가들 틈에 끼어 있다면 어떻게 행동할 것인가를 마음속에 그려 본다. 그러고는 자신에게 다음과 같이 반문하면서 당신 생각을 이중으로 점검하라. "여기서 나는 나 자신을 위한 이득을 얻으려고 하는가? 아니면 잠시 나의 이익은 접어 두고, 자녀의 이익을 최우선으로 생각할 수 있는가?"

3 3단계: 진정하기(Pause)

이제 잠시 진정하고 숨을 돌려라. 천천히 숨을 내쉬어라. 반사적으로 반응하는 것을 자제하라. 그것은 도움이 되지 않는다. 슬로우 모션(slow motion)처럼 행동하라. 당신이 마음을 진정시키는 시간은 실제보다 더 오랜 시간처럼 느껴질 것이다.

숨을 내쉬면서 가슴속의 감정을 밖으로 발산시켜 머리를 맑게 하라.

4 4단계: 행동하기(Act)

이제 당신은 행동을 할 준비가 되어 있다. 만일 확신이 서지 않거나 당신이 감정을 조절할 수 없을 것 같아 걱정스러우면, 좀 더 생각할 시간을 달라고 상대방에게 요청할 수도 있다. 자신이 없으면 시간을 더 달라고 하라. 그 문제를 논의하기 위한 시간 약속을 미리 정해 달라고 부탁하라. 당신이 대답할 때는 '나-진술법' 을 사용하고 상대방을 비난하지 않도록 조심하라. 만약 당신이 좀 더 기다려 보기로 했다면 공공장소에서 만날 계획을 세워라. 대안적인 행동과 문제해결의 기법을 생각하라. 그러고 나서 당신이 진실로 자녀에게 가장 이익이 되는 관점에서 결정을 내리게 되었을 때 행동에 옮겨라.

3장에서 우리는 과거의 결혼 관계를 놓아 버리는 일의 중요성을 살펴보았다. 이 장에서는 공동부모로서의 새로운 관계를 재정립하는 것을 검토했다. 공동부모로서의 관계를 새롭게 재정립하기 위하여 당신은 감정적인 면에서 전 배우자를 놓아주거나 그에게서 물리적으로 떨어져야 할 필요가 있다. 당신이 감정적으로 구속되어 있는 상태에서 비즈니스적인 기술을 사용하기란 매우 어려운 일이며, 때로는 거의 불가능하기도 할 것이다. 이 책을 통해서 지금까지 배운 모든 지식을 활용하고, 나머지 장들을 읽으면서 당신의 도구 상자 안에 새로운 도구들을 첨가하라.

Exercises

나의 사업가다운 행동

비즈니스 관계의 여섯 가지 특징

- 공동 목표에 헌신하기
- 승-승적인 관계를 약속하기
- 차이점에 대해 협상하기
- 단일 주제에 초점 맞추기
- 공동 예절을 준수하기
- 감정을 배제하고 사실에 입각하여 대화하기

공동부모와 상호작용을 계속하라. 비즈니스 관계의 이 여섯 가지 특징들을 주시하라. 좀 더 효과적인 상호작용을 하기 위해서 당신이 해야 할 일에 초점을 맞추라. 당신이 취할 행동을 다음에 기록하라. 그것은 공동부모와 전화로 접촉하는 것도 포함될 수 있다. 이 지점에서는 상호작용의 성과가 어떻게 나올 것인지 걱정하지 말고, 단지 새로운 기술을 배우는 것에만 집중하라. 당신만이 당신의 행동을 통제할 수 있다는 사실을 명심하라.

날짜	기술

E x e r c i s e s

혼합된 메시지가 주는 혼란스러움

당신이 과거의 집착에서 벗어나지 않으면, 자녀에게 혼합된 메시지를 보낼 수 있다. 다음의 메시지는 혼합 메시지들이다. 부모들은 사실상 날마다 혼합 메시지를 사용한다.

당신이 생각하기에 (A)나 (B) 중 가장 귀에 쟁쟁한 말에 동그라미를 표시하라. 자녀가 어느 메시지를 기억하게 될지 알아맞히기가 어려우면 직접 자녀의 입장을 취해 보라. 당신이 자녀라면 얼마나 불안하고 혼란스럽게 느낄지 상상해 보자.

(A)	(B)
"난 네 아빠를 사랑하지 않지만 네가 아빠를 사랑하는 건 괜찮단다."	"이 세상에서 그 작자가 없어져 버렸으면 좋겠어."
"우리가 이혼한 것은 네 잘못이 아니야."	"네 어머닌 너를 다룰 수가 없다니까."
"너는 이제 아빠 집으로 가야 하잖니? 나에 대한 걱정은 하지 말고, 즐겁게 보내렴."	"네가 아빠 집에 가 있는 동안 난 네가 몹시 보고 싶을 텐데, 어떻게 하지? 난 네가 돌아오기만을 목메어 기다릴 거야."
"이건 어른들의 문제야. 너에 대해서도 걱정하지 말고 엄마에 대해서도 걱정하지 마라. 내가 다 돌보아 줄 테니까."	"네 엄마가 변호사에게 다시 상의했는지 알려 주겠니?"
"네 아버지를 존경해라."	"그 놈하고 더 이상 부부가 아닌 게 너무 기쁘구나."
"난 언제나 너를 사랑할 거야."	"네가 네 에미하고 똑같이 행동하면 난 너무 화가 난단 말이야!"

행동(어조, 신체언어)은 항상 말보다 더 크게 말한다는 것을 명심하라!

Exercises

경계선(Boundaries)을 분명히 하기

비즈니스 관계에서 당신은 일반적으로 경계선을 의식하게 된다. 과거에 당신과 전 배우자가 친밀한 관계를 공유했었기에 지금에 와서 새로운 경계선 — 관계를 위한 새로운 규칙들 — 을 수립하기가 어려울 것이다. 당신이 공동부모로서의 관계를 재정립하기 위해서는 경계선이 분명해야 한다. 관계를 재정립할 때 무엇이 당신의 일이고, 무엇이 당신의 일이 아닌지를 결정하기가 어려울 것이다. 다음 활동은 당신과 아이의 공동부모 간의 경계선을 분명히 하는 데 도움이 될 것이다.

다음의 각 항목을 읽고 나서 그 안건에 대하여 공동부모와 논의해야 할지의 여부를 결정하라. 당신과 전 배우자가 공동으로 법적 조처를 취하고 있다고 가정하라. 당신과 전 배우자는 사업 파트너라는 사실을 명심하라. 당신이 그 안건을 먼저 거론해야 할지 여부를 결정하기가 어려울 수도 있다. 확신이 서지 않을 때는 그 안건이 당신 쪽에서 다룰 일이 아니라고 생각하라. 다음에서 적합하다고 생각하는 공간에 ○를 표시하라.

안건	나의 일	나의 일이 아님
1. 전 배우자(공동부모)가 새로운 일자리를 얻었다.		
2. 전 배우자(공동부모)가 데이트를 하고 있다.		
3. 전 배우자(공동부모)가 없으면 누가 자녀의 보모 노릇을 해야 할지 확신이 서지 않는다.		
4. 당신은 전 배우자(공동부모)가 자녀의 양육비를 어떻게 쓰는지 확실히 알지 못한다.		

Exercises

안 건	나의 일	나의 일이 아님
5. 당신은 전 배우자(공동부모)가 저녁에 몇 시에 귀가하는지 궁금하다.		
6. 자녀가 당신과 함께 있을 때 전 배우자(공동부모)는 항상 술을 마시러 외출했다.		
7. 전 배우자(공동부모)는 아이들에게 구명조끼를 입히지도 않은 채 보트놀이에 데리고 갔다.		
8. 전 배우자(공동부모)는 자녀의 소아과 의사를 바꾸었다.		
9. 전 배우자(공동부모)는 휴가를 가면서 자녀들을 데리고 가지 않았다.		
10. 전 배우자(공동부모)는 자기 집에서 자녀들을 데리고 있는 날에 다른 사람(애인)과 함께 밤 시간을 보낸다.		
11. 전 배우자(공동부모)는 자녀들을 위해서 여름 캠프의 일정을 짜 놓았다.		

사랑하는 엄마 아빠에게

제게 가장 좋은 것이 무엇인지에 대해서 두 분이 이야기를 나누셨다니 기분이 너무 좋아요. 저는 항상 두 분이 서로에게 소리 지르는 것이 싫었어요. 두 분은 항상 저에게 가장 좋은 것이 무엇인지에 대해서 의견이 같지 않다는 것을 알고 있어요. 그러나 저는 엄마 아빠가 서로에게 신경을 쓰기보다는 저에게 신경을 써 주고 계시다는 것을 알고 있어요. 그래서 기분이 더 좋아요. 제가 걱정할 게 하나 줄었어요. 정말 고마워요.

당신의 사랑하는 딸(아들)

○○○ 올림

Chapter 4 복습

1. 당신들의 관계를 재정립한다는 것은 무엇을 의미하는가?
2. 비지니스 관계의 여섯 가지 특징은 무엇인가?
3. 자녀를 양육하는 문제에 있어서 아이의 공동부모를 (양육권이 누구에게 있든 상관없이) 기꺼이 동등한 파트너로 대할 것인가?
4. 왜 이혼을 파괴적인 것으로만 생각하는가? 당신은 이혼에 대하여 어떤 생각을 가지고 있는가?
5. 당신은 언제 앙갚음하는 행동을 하고, 언제 통제적인 행동을 하고, 또 언제 피해자 역할을 하는지를 인식할 수 있는가?
6. 당신이 자기 이익을 취하는 것이 아니라 부모로서의 입장을 우선시하고 있다는 사실을 어떻게 알 수 있는가? 이것은 공동부모 관계에 어떤 영향을 미치는가?
7. '일-생-진-행(STP-A)' 은 무엇을 의미하는가?
8. 당신과 아이의 공동부모 간의 적절한 경계선과 두 가정 간의 경계선에 대하여 당신 자신이 원하는 바를 분명하게 표명했는가?

Chapter 5

나의 분노를 다스리기

— 싸우지도 말고 도망치지도 마라 —

Chapter 5

나의 분노를 다스리기

— 싸우지도 말고 도망치지도 마라 —

분노. 이것을 경험하지 않는 사람은 없다. 수평선 너머에서 불어오는 폭풍과 같이, 분노는 우리의 아드레날린 수치를 치솟아오르게 만드는 동시에, 내재된 파괴력으로 우리를 떨게 한다. 분노는 마치 폭풍처럼 어디선가 갑자기 나타나 우리를 삼켜 버리고 사라져 버리는 것 같다. 분노와 폭풍은 공통점이 있는데, 그것은 누구나 경험하게 된다는 것이다. 그러나 한 가지 큰 차이점이 있다. 분노는 얌전하게 길들일 수 있고, 당신의 통제 안에 들어올 수 있고, 선용(善用)될 수 있다.

분노란 무엇인가

다음에 당신이 분노에 대해서 알고 있는 모든 것을 적어 본다. 분노에 대해서 당신은 어떻게 반응하며, 다른 사람들은 어떻게 반응하는가? 무엇이 당신으로 하여금 분노를 유발하게 하는가?

....

....

'분노' 의 정체는 무엇일까? 대개 분노는 하나의 감정이라고 말할 것이다. 우리는 '분노를 느낀다' 라고 표현한다. 그러나 그 감정에 대해서 묘사해 보라고 하면 사람들은 '굳어진 표정, 찌푸린 눈썹, 악문 이, 불끈 쥔 주먹, 벌겋게 달아오른 얼굴, 튀어나올 듯한 힘줄' 등과 같이 눈에 보이는 현상으로 표현한다. 혹은 "그이는 너무 화가 난 나머지 나에게 꽃병을 던졌어요." "그 여자는 발로 차고 때리고 난리였죠." "문이 부서져라 세게 닫더라고요." "그녀는 고래고래 소리를 질렀죠." "칼을 휘두르며 나를 위협했어요."라는 식으로 그 사람이 보인 행동으로 표현하기도 한다.

대부분의 사람들이 내면의 감정이라고 믿고 있는 '분노' 는 말과 어조와 행동의 형태로 외부로 표출된다. 우리는 어렸을 때 엄마가 화가 나셨을 때 굳이 말로 표현하지 않아도 어떤 모습이었는지를 기억하고 있을 것이다. 또 전 배우자가 화가 날 때, 비록 그가 내뱉는 말을 제대로 알아듣지 못할 경우에도, 그의 어조로 미루어 보아 몹시 화가 나 있다는 것을 알게 된다. 말 한마디가 우리 가슴에 비수를 꽂을 수도 있다는 것을 우리는 알고 있다. 성인들을 대상으로 한 연구에 의하면, 사람들이 사용하는 말(단어) 자체보다 어조 속에 더욱 많은 의미가 담겨 있다고 한다.

1 분노의 신호들

당신은 분노를 눈으로 볼 수 있는가? 전 배우자가 화가 난 것을 알아볼 수 있는가? 공동부모가 분노를 표출하는 방식을 분류해 보자. 그(그녀)의 신체언어에 나타나는 신호에는 어떤 것들이 있는가? 어조에는 어떤 변화가 나타나는가? 말(단어) 선택은 어떠한가? 다음에 적어 보라.

1. 신체언어(몸짓)

2. 어조

3. 말(단어)

이것들 중 가장 큰 파급 효과를 가진 것은 어느 것인가?

다음과 같은 실험을 해 보라. 당신의 강아지에게 아주 다정한 목소리로 이렇게 말한다. "얘, 너처럼 못생긴 강아지는 없을 거야." 그 다음엔, 단호하고 화난 목소리로 말하라. "넌 아주 귀엽고 예쁘구나." 이 두 문장을 듣고 어느 경우에 강아지가 꼬리 치며 당신에게 다가와 손가락을 핥겠는가? 나는 두 번째 경우는 아니라는 데에 걸겠다. 두 번째에서 당신이 한 말의 내용은 다정했지만, 강아지는 아마도 당신을 피해서 구석으로 숨었을 것이다. 자녀들의 반응도 이와 마찬가지다. 당신이 보이는 신체언어(몸짓)와 어조가 아이들에게는 무엇보다 큰 의미로 다가가는 것이다.

그렇다면 분노는 감정일까, 행동일까? 분노는 행동으로 표출될 수도 있는 내면의 감정이다. 분노는 폭풍과 같은 물리력으로서, 중심부의 한 지점에서 시작되어 에너지를 점차 응축시켜 그 일부를 밖으로 내보내야만 하는 상황에 이르게 되면, 결국 언젠가는 어떤 방식으로든 그렇게 표출되고 만다. 분노는 안개를 밀어내고 맑은 하늘을 볼 수 있게 해 주는 산들바람처럼 건설적인 에너지가 될 수도 있고, 가는 길마다 모든 것을 파괴하는 광풍처럼 파괴적인 에너지가 될 수도 있다.

2 분노와 이혼

분노와 이혼, 이혼과 분노. 이 둘은 마치 손과 장갑, 또는 천둥과 번개처럼 늘 붙어 다니는 것 같다. 이혼을 겪은 사람들 중에서 분노의 폭발을 경험해 본 적이 없는 사람을 찾아보기는 힘들 것이다. 그러나 이혼한 지 10년 이상이 지난 많은 사람들이 여전히 분노의 폭풍 속에 빠져 있다는 사실을 알게 되면 아마 깜짝 놀랄지도 모른다.

그렇다면 그런 분노는 어떤 종류의 것일까? 그것은 사람의 눈을 멀게 하는 성질의 것이다. 또한 가슴에 상처를 주고, 사람을 불구자로 만들고 죽게 하기도 한다. 핵폐기물에서 나오는 독성처럼 사람의 내면 전체에 독을 퍼뜨리는 것이 분노다. 분노의 광풍에 사로잡히게 되면 남자든, 여자든, 어린이든 모든 것을 파괴시키고, 결국 자기 자신에게도 파멸을 가져온다.

다른 사람들은 안전한 곳으로 피해서 비바람이 가라앉기만을 기다리는데, 어떤 사람들은 왜 이러한 폭풍의 한가운데에 사로잡히게 되는 것일까? 왜 어떤 사람은 자신의 화를 삶의 원동력으로 이용하는데, 어떤 사람은 스스로의 화에 휘둘려서 희생되고 마는 것일까? 이 알 수 없는 힘은 도대체 어디에서 나오는 것일까? 그리고 어떻게 하면 모두의 이익을 위해서 엄청난 분노의 힘을 생산적으로 사용할 수 있을까?

이번 장에서는 이러한 문제에 대한 답과 당신이 분노를 통제할 수 있는 기술에 대해서 다루려고 한다. 당신은 자신의 분노를 어떻게 이용할 것인가? 분노를 건설적인 방향으로 이용하여 자신의 목표를 달성할 것인가의 여부를 스스로 결정해야 한다. 이 장에서는 자신의 분노를 길들이고 통제할 수 있는 기술을 배우게 될 것이다. 이제 분노가 당신을 지배하는 것이 아니라, 당신이 분노에 대한 통제권을 쥐게 되는 것이다. 이번 장에서 배우고 다음 두 장에서 소개되는 심화 단계의 기술을 이용하여 당신은 이처럼 치명적인 힘을 가진 분노로부터 당신의 자녀를 보호하게 될 것이고, 이것을 통해서 더 나은 삶으로 나아가게 될 것이다.

분노를 알려 주는 일차적인 신호

당신이 분노를 느끼기 시작할 때 그것을 어떻게 인지하는가? 당신이 소위 '분노'의 감정을 가지게 되었다는 것을 알려 주는 첫 번째 신호는 무엇인가? 목이나 눈썹, 턱의 긴장으로 알 수 있는가? 아드레날린이 당신으로 하여금 다른 생각을 전혀 하지 못하게 하고, 마치 큰 힘을 손에 쥔 것 같은 잘못된 정보를 제공해 주는가? 어느 순간 초조하게 발을 구르거나 탁자를 두드리고 있는 자신을 발견하게 되는가? 갑자기 눈앞이 보이지 않으면서 에너지가 폭발하여 무언가 행동을 취해야만 할 것 같은 느낌인가?

좀 더 천천히 생각해 보면서 자신의 분노가 표면으로 올라오고 있다는 것을 당신에게 알려 주는 신호가 무엇인지를 찾아보라.

1 분노의 일차적인 신호

당신은 분노를 느끼기 시작하고 있다는 것을 어떻게 알아차리는가? 첫 번째 신호는 무엇인가?

....

....

....

....

....

2 분노를 유발하는 것들

당신의 일차적인 신호들을 찾아냈다면, 반대로 돌아가서 생각해 보라. 그러한 에너지의 분출을 유발시킨 것은 무엇인가? 무엇이 아드레날린의 질주를 촉발시켰는가? 당신이 이를 갈며 주먹을 움켜쥐기 전에 어떤 일이 있었는가? 분노가 쌓이기 전에 일어났던 일이 바로 당신의 분노를 자극한 촉발제다. 그런데 이 촉발제가 반드시 분노를 일으키는 것은 아니다. 성냥에 불이 붙었다고 해서 그것이 꼭 산불로 이어지는 것은 아니지만 어쨌든 그것이 불을 일으키는 원인이 되기도 한다. 전 배우자가 당신의 분노를 폭발하게 만든다. 그 점화버튼이 무엇인지를 발견해 보라. 당신을 성질나게 하는 것들을 다음에 적어 보라.

3 분노에 불을 붙이는 것들

아이의 공동부모와의 관계에 있어서 당신에게 실망, 좌절, 상처, 슬픔, 두려움 등의 감정을 촉발시키는 것은 무엇인가?

1. ......
2. ......
3. ......
4. ......
5. ......

전 배우자에게 실망, 좌절, 상처, 슬픔, 두려움의 감정을 크게 촉발시키는 것은 무엇이라고 생각하는가?

1. ......
2. ......
3. ......
4. ......
5. ......

분노의 진행 과정

에너지가 소용돌이치며 높아지기 시작하는 태풍의 한가운데 지점, 즉 당신의 분노를 유발시키는 요소들에 대해서 당신은 어떤 사실을 알아냈는가? 그것은 자녀들의 안전에 대한 문제라든가, 전 배우자의 불륜으로 인한 마음의 상처라든가, 기분을 상하게 하거나 무시하는 듯한 말투, 당신이 이전에 내린 결정에 대한 불안감이나 후회감을 다시 떠올리게 하는 발언 등과 같이 당신의 심기를 건드리곤 하는 특정한 문제들이었음을 알게 되었을 것이다. 분노의 태풍이 형성되는 과정에서 그 다음 단계가 무엇인지를 알아보자.

만화 속의 곰에게 분노를 유발하는 요소는 무엇일까? 무엇이 곰의 화를 폭발시켰는가? 곰은 꿀을 먹고 싶어 벌집을 따려고 하는데 곰의 손이 닿지 않는 것처럼 보인다. 바로 그 사실이 곰에게 분노를 유발하게 하는 것이다. 그러나 만화에서 보다시피 그가 곧바로 화를 내지는 않았다. 곰은 먼저 좌절감을 경험하게 된다. 그의 심장박동 속도를 빠르게 하고 아드레날린을 증가시킨 것은 바로 좌절감이다. 곰은 꿀을 따 먹을 수 없기에 좌절감을 느낀다. 그리고 좌절감이 커질수록 곰의 반응은 점점 사나워져서 끝내는 나무를 난폭하게 흔들게 되고, 그 결과 그림에서 본 것처럼 꿀통이 멀리 날아가 버리고 만다.

좌절감이 분노 감정의 핵심에 깔려 있었다. 그 좌절감이 줄어들거나 문제 자체가 해결되지 않으면, 좌절감은 열기를 더해 결국은 분노 행동으로 폭발하게 된다.

당신이 버럭 화를 낼 때 그 핵심 감정이 무엇인지 밝혀낼 수 있는가? 그 사건이 당신의 민감한 부분을 건드렸는가? 당신의 전 배우자가 이혼을 요구해서 감정이 상했거나, 젊은 이성이 당신을 버리고 떠나서 수치심을 느꼈거나, 완벽한 가정에 대한 당신의 꿈이 무너져 크게 실망했거나, 혼자 힘으로는 경제적으로 지탱할 수 없을 것이라는 두려움을 가지고 있는가?

분노 감정의 핵심에 자리 잡고 있는 진짜 감정이 무엇인지를 우리가 인식하든 못하든 간에, 그 감정이 핵심 안에 존재한다는 사실만은 확실하다. 그것이 해결되지 않은 채로 남아서 힘을 모아, 격렬한 분노의 형태로 바뀌어 가는 것이다. 그렇다면 우리는 분노를 피할 수 없다는 의미인가? 그래서 곰은 좌절한 나머지 불가피하게 화를 터뜨릴 수밖에 없었단 말인가? 그렇지 않다. 이 만화의 시나리오에서 얼마든지 다른 결론이 노출될 수 있었다. 곰은 벌꿀을 포기하고 마냥 걸어가다가 그 부근에서 맛있는 산딸기를 발견할 수도 있고, 강물에서 물고기를 잡아 푸짐한 점심식사를 즐길 수도 있다. 만일 그가 곰이 아니고 인간이었다면 또 다른 방식으로 그 문제를 해결했을 것이다. 예를 들면, 보호복을 착용하고 사다리를 타고 올라가 벌집을 딸 수도 있고, 아예 땅 위에 벌통을 마련해서 직접 양봉을 할 수도 있을 것이다. 어떤 행동을 선택했든 간에 좌절감은 줄어들 것이며, 식량의 확보라는 목표도 달성할 수 있었을 것이다.

이러한 풀이가 너무 복잡하게 여겨지더라도 걱정하지는 마라. 일단은 무엇보다 '**문제 상황 혹은 분노 유발 요소**(예: 손이 닿지 않는 곳에 달려 있는 벌집)**가 분노를 자동적으로 야기하지는 않는다**' 는 사실을 유념하자. 그러나 문제 상황이 우리 존재의 핵심에 자리 잡은 감정에 불을 당긴다는 것은 사실이다. 우리는 분노 뒤에 자기를 숨긴다. 자신의 상처받은 느낌, 실망감, 좌절감을 감추려고 한다. 화를 낸다고 해서 우리가 원하는 바를 얻을 수 있는 것은 아니지만, 화를 냄으로써 자신이 좀 더 강해진 것처럼 느끼게 되는 것이다. 마음속으로 나약함을 느끼며 괴로워하는 것보다 화를 내는 편이 훨씬 기분이 나을 수도 있다. 화를 냄으로써 문제가 해결되는 것이 아님에도, 우리는 화를 내기에 바빠서 문제를 해결해야겠다는 생각을 어느덧 잊어버리게 된다. 일단 우리가 분노의 폭발을 허용하면, 분노는 스스로 커진다. 그러나 문제는 사라지지 않고 그대로 남아 있다. 다시 말해서 곰은 여전히 배가 고프다.

분노의 표출

앞에서 언급했듯이, 분노는 내면에서 느끼는 감정이지만, 끝내는 외부로 표출하게 된다. 내부에 쌓인 에너지는 갈 곳을 찾다가 결국 터져 나오는 것이다. 분노는 종종 말이나 목소리, 신체언어와 같은 언어적 형태로 표출되기도 한다. 또는 그 힘이 그대로 다른 사람에게 향할 수도 있고, 자기 자신에게 향할 수도 있다. 혹은 전혀 다른 방향으로 빗나가 엉뚱한 사람을 구렁텅이에 빠뜨리게 할 수도 있다.

빈정대기는 분노의 한 표현이다. 눈을 흘기거나, 어깨를 들썩이며 일부러 큰 한숨을 내뱉는 것은 미묘한 방식으로 분노를 표현하는 것이다. 혹은 좀 더 드러나게 난폭하게 밀치거나 꼼짝 못하게 누른다든지, 심지어 주먹을 날리기도 한다. 문을 쾅 닫거나 상황을 교묘하게 조작하는 것도 분노의 표현 방식이 될 수 있다. 분노를 표현하는 가장 일반적인 일곱 가지 방식은 다음과 같다.

각각에 대한 설명을 읽어 보고, 당신이 평소에 분노를 표현할 때 사용하는 양식은 어떤 것과 가장 가까운지 알아보자. 이것은 먼저 자신이 사용하는 표현 방식이 어떤 것인지를 밝혀내는 데에 도움이 된다. 차후에 다시 이 부분을 보면서 좀 더 자세하게 이해할 기회가 있을 것이다.

분노의 표출

사람들이 자신의 화를 표현하는 방식은 아래와 같다. 당신의 전 배우자(공동부모)보다는 당신 자신의 개인적 성향에 대해서 생각해 보라. 그리고 각 유형에 대한 설명을 읽어 보기 바란다.

1 분노의 표출 방식

참는다

화를 억누르는 사람들은 충돌을 피하고 싶어하는 사람들이다. 그들은 문제점이 안고 있는 핵심적인 요소를 바라보지 않으려고 하며, 그것을 밝혀내어 해결하기를 거부한다. 그들은 종종 침울해지거나 두통, 위장병 등 각종 신체적 증상을 겪기도 한다. 이런 유형의 부모를 가진 청소년들은 문제를 해결하는 방법이 존재한다는 사실을 배우지 못한다. 그들의 역할 모델인 부모가 문제를 과감하게 직시하고 해결하는 대신에, 다만 긴장 속에서 살아가는 모습을 보여 주었기 때문이다.

터뜨린다

분노를 터뜨리는 사람들은 난폭한 방법으로 화를 표현한다. 그들은 소리를 지르거나 물건을 던지고, 상대를 밀치거나 발로 차고, 때리고, 심지어는 목을 조르거나 뺨을 때리며 생명을 위협하기까지 한다. 그리고 실제로 살인을 저지르는 경우도 있다. 어떤 이들은 언어적 폭력을 행사하기도 한다. 그래서 평생 동안 남의 가슴에 지워지지 않을 상처를 남긴다. 분노를 터뜨리는 유형의 사람들은 예측할 수가 없고, 뜻하지 않은 때 예고 없이 벌컥 화를 내곤 한다. 이러한 폭력성은 공동양육자에게로 향할 수도 있고, 가족 내의 어린이나 십대 자녀에게로 향할 수도 있다. 이러한 사람들의 가족은 일반적으로 다음번에 또 언제 발작할까 하고 늘 불안에 떨며 초조해게 된다. 이런 부모를 둔 자녀는 행여나 자기나 가까운 누군가가 다칠까 봐 항상 두려워한다. 피해자를 구하려다가는 자기 자신도 다칠 수 있기 때문이다.

[그림 5-1] 분노의 진행도

남에게 퍼붓는다

이 유형의 사람들은 분노를 대개 자신의 덤프트럭처럼 사용한다. 이런 이들은 다른 사람이 노력한 점도 무시하고 그들의 인격과 존엄성도 무시한다. 자신에게 생긴 모든 문제에 대한 탓을 전 배우자나 시부모, 자기 부모, 제도, 교사, 학교, 혹은 사정권 안에 들어오는 사람들에게 돌린다. 그들은 남에게 죄책감을 유발시킴으로써 그 상황에 대한 자신의 책임을 회피하려고 한다. 남에게 탓을 돌리는 이런 유형의 부모 밑에서 자란 아이들은 문제가 생길 때마다 그것을 모두 자기 잘못이라고 받아들이게 된다. 그래서 자존감이 매우 낮은 편이다.

자신에게 퍼붓는다

이런 부류의 사람들은 분노를 자신에게 퍼붓는다. 이들은 바로 세 번째 유형의 부모 밑에서 자란 사람들로서, 모든 문제가 자기 탓이라고 믿으면서 살아왔을 가능성이 크다. 그들은 문제에 빠져들기만 할 뿐 문제를 해결하려고 노력하지는 않는다. 다만 문제 상황에 얽혀 고통하는 피해자의 역할을 할 뿐이다. "다 내 잘못이야, 이렇게 했어야 하는데, 저렇게 할 수도 있었는데……." "난 어쩌면 이리 미련할까, 내가 해 놓은 짓 좀 봐……."와 같은 말들을 입에 달고 산다. 그들은 문제를 줄여 나가기 위해서 어떤 조처를 취하지는 않고, 죄책감으로 고통스러워하는 일에 더 열중하는 듯하다.

엉뚱한 곳으로 돌린다

이런 유형의 부모들은 화를 교묘하고 비뚤어진 방식으로 표현한다. 제3자를 끌어들여 삼각구도를 만들면서 엉뚱한 사람을 화나게 만든다. 분노를 직접 해결하는 것이 아니라 다른 누군가가 자신을 대신하여 드러내 놓고 화를 내게끔 하는 것이다. 전 배우자에 대한 분노 역시 직접적으로 내보이는 것이 아니라, 자녀나 자기 부모 혹은 친구들이 그 사람에 대해서 화를 내도록 만드는 것이다. 이런 가정에는 늘 커다란 긴장감이 감돌고 관련된 사람들은 마치 자신들이 무언가 알 수 없는 잘못을 저지른 것처럼 느끼게 된다. 이런 가정에서는 아이들도 분노를 엉뚱한 곳에 돌린다. 그래서 한쪽 부모를 끌어당겨 그 부모가 다른 쪽 부모에게 화를 내게 만든다.

부정한다

이런 유형의 사람들은 자신의 분노를 감추는 데 능하다. 다른 사람에게 마치 분노가 존재하지 않는 것처럼 대하고, 자신에게도 그렇게 처신한다. 사실상 이들은 마음이 너무 여리기 때문에 불편한 감정을 느끼는 것을 몹시 싫어한다. 그래서 핵심감정으로 상처받기보다는 차라리 아무런 감정도 느끼지 않도록 감정의 싹을 아예 잘라 버린다. 때로는 감정을 마비시키기 위해서 약물이나 술의 힘을 빌리는 경우도 많다. 이렇게 자기를 부정하는 부모 밑에서 자란 아이들은 그럭저럭 살아가는 법을 배우기는 하지만, 인간적인 존재의 냄새를 부정하며, 마치 로봇과 같이 아무런 감정이 없는 사람처럼 되어 버린다.

해결한다

이런 사람들은 자신이 화가 났다는 사실을 인정하고 분노를 유발한 핵심적인 감정이 무엇인지를 찾아낼 수가 있다. 이들은 문제의 이면에 숨어 있는 근본적인 원인을 바라보고, 본질적으로 해결해야 할 문제가 무엇인지를 밝혀낸다. 그들은 상처나 슬픔, 실망이나 좌절과 같은 부정적인 감정을 부정하지도 않고, 그런 감정들을 스스로 인정한다. 그러고 나서 그 문제를 해결하려면 어떤 행동을 해야 할 것인가를 생각하기 시작한다. 그들은 분노의 에너지를 이용하여 문제를 건설적으로 해결하는 데 사용한다. 그리고 분노를 느끼게 되면 분노를 방출해 버리기 위한 적절한 수단을 강구한다. 이런 부모와 함께 사는 자녀들은 언제든지 자신의 분노를 유용하게 활용할 방법이 있다는 사실을 배우게 된다.

당신이 분노를 표현하는 방법과 가장 유사한 한두 가지 유형은 위의 것들 중에서 어떤 것인가?

....

....

....

2 분노 에너지: 도움이 되는가, 상처가 되는가

분노 에너지의 건설적인 활용

"사람들은 분노를 느끼는 것이 아니라 오히려 분노를 이용하는 것이다."라는 말을 종종 듣게 된다. 분노는 건설적으로 이용될 수도 있고, 파괴적으로 이용될 수도 있다. 어떻게 하면 자신의 분노를 건설적으로 이용할 수 있을 것인지 생각해 본 적이 있는가?

앞서 언급했듯이, 분노는 아드레날린 수치를 급격하게 상승시켜 우리를 활동적으로 움직이게 만든다. 이것은 좋은 현상이다. 예를 들면, 이혼 직후 침울한 상태에 빠져 있는 사람은 분노 감정을 재출발하기 위한 원동력 내지 추진력으로 삼을 수도 있다. 어떤 행동을 취한다는 것은 무엇인가를 변화시킨다는 의미인데, 우리 모두는 변화에 대해서 저항감을 느낀다. 사람들은 변화해야 할 필요성에 직면할 때면 마치 땅에 달라붙은 물건처럼 꼼짝을 하지 않는다. 이처럼 꼼짝달싹하지 않는 돌덩이를 걷어 내는 힘이 있어야 저항을 극복할 수 있다. 그런데 분노가 바로 그런 힘을 제공해 주는 것이다.

분노는 더 좋은 일자리를 구하거나, 친구를 사귀거나, 데이트 신청을 하기 위한 동기를 부여하기도 하고, 어떤 행동을 취하게끔 해 주기도 한다. 그래서 자기주장하고, 한계나 경계선을 설정하며, 자기가 원하는 바를 요구하는 것에 대한 장애물을 극복할 수 있게 한다. 사람들로 하여금 두려움을 극복하고 과감하게 결정을 내리게 하며, 목표에 이르도록 힘을 실어 주는 것이다. 분노는 장애물을 극복하고 시초의 문제를 해결할 수 있는 힘을 주기도 한다. 예를 들어, 자기의 야망을 나타내 보이기를 두려워하는 여성이 있는데, 전남편이 그녀에게 역량이 부족하다고 말했다고 하자. 그런 배우자의 발언에 발끈하여 그녀는 커다란 업적을 이루게 되기도 한다. 자신의 자녀교육 능력에 대해서 확신이 없는 남성은 자기의 아픈 곳을 찌르는 전처 때문에 화가 나서 부모 교육 세미 나에 등록을 하게 되고, 그 결과로 그녀보다 훨씬 더 전문적인 지식을 갖추게 되기도 한다.

이들 예에서 보자면 분노의 힘이 문제를 해결하는 데 건설적으로 사용되고 있다. 문제가 해결되자 그에 수반되었던 감정들(상처, 실망, 두려움)도 가라앉고, 분노는 저 멀리로 사라질 수 있다.

3 분노 에너지의 건설적인 활용 활동

당신의 분노가 바람직한 행동을 하도록 했던 경험이 있었다면, 여기에 적어 보라.

4 분노 에너지의 파괴적인 활용

분노는 건설적으로 이용될 수 있지만, 또한 파괴적으로 이용될 수도 있다. 다음의 사례 A를 보자.

사례 A

- 일광욕 중인 개의 핵심 감정: ______________________
- 일광욕 중인 개의 행동: ______________________

일광욕 중인 개가 처음에 낯선 대상에게서 위협을 받게 되었을 때는 아마 짜증이 났을 것이다. 그러고 나서 짜증의 감정이 변화되면 개는 일어서서 침입자에게 가까이 오지 말라고 경고한다. 그 결과, 침입자는 물러서기로 결정하고 달아나 버린다. 다음 사례 B를 보자.

사례 B

- 일광욕 중인 개의 핵심 감정: ______________________
- 일광욕 중인 개의 행동: ______________________
- 결과: ______________________
- 일광욕 중인 개가 느낀 분노 감정에 건설적으로 대응한 것은 A, B 중 어느 경우인가? ______________________
- 결과는 어떠했나? ______________________

일광욕 중인 개가 이번에는 자리에서 일어나 자기 주위의 경계를 확정 짓는 대신에, 무슨 행동을 했는가? 그는 짜증난 감정을 격한 분노로 증폭시킨 나머지, 대상을 무조건 공격하게 되었다. 그래서 결국 둘 다 상처를 입고 목발 신세가 되었다.

일광욕 중인 개가 분노 감정을 이용하여 자기의 영역을 선언한 것은 건설적인 방법으로 대응한 것이다. 그러나 자기의 분노 감정에 불을 붙여 대상을 곧바로 공격했을 때 결과는 양쪽 모두에게 파괴적인 것이 되었다. 만일 일광욕 중인 개에게 어린 새끼들이라도 있었더라면 어떻게 되었을지 한번 생각해 보라. 아마도 새끼들을 제대로 보호하지 못했을지도 모른다. 인간에게 있어서도 분노는 이와 같이 파괴적인 결과를 가져오곤 한다.

5 파괴의 방식

분노는 갖가지 파괴 방식을 가지고 있다. 그중 하나는 누군가를 물리적으로나 감정적으로 공격함으로써, 상대를 직접적으로 해하는 것이다. 예를 들면, 전남편에게 "당신은 돈도 제대로 벌어다 주지 못했잖아요."라고 말하는 것이다.

또 다른 방식은 복수의 악순환을 낳는다. 예를 들어, 한쪽 부모가 더 많은 양육비를 받아 내기 위해 소송을 건다. 그러면 다른 쪽 부모는 양육권 소송을 걸어서 보복을 하고, 이런 서로 간의 복수는 점점 더 치열한 양상을 띠게 된다.

분노가 파괴적으로 사용되는 세 번째 방식은, 분노를 자기 내부로 향하게 하여 우울증에 빠지고, 그렇게 함으로써 상대방이 문제의 원인임을 증명하려 하는 것이다.

앞서 나왔던 일곱 가지 분노 표출 방식을 다시 살펴보면서 각각의 방식이 ① 자신, 또는 ② 자신의 자녀, 또는 ③ 다른 누군가에게 어떻게 부정적으로 작용할 수 있는지를 적어 보라. 그리고 당신 자신의 표현 방식과 그에 따르는 결과들을 적어 보라. (공동부모의 분노 성향에 대해서만 초점을 맞추다 보면 본인의 분노만 증가될 것이고, 이는 스스로에게 파괴적인 결과를 가져다 줄 수도 있다! 일광욕 중인 개의 예를 기억하라.)

6 이혼에 따른 분노

사례 1

이 여성은 지난 24년간 결혼생활을 해 왔고, 한 번도 밖에서 돈을 벌어 본 적이 없다. 그런데 남편이 이혼을 요구했다. 그녀는 이제 먹고살 일이 걱정된다. 그녀는 전남편에 대한 분노가 치밀어 올라, 상황을 이렇게 만든 그에 대해서 비난하곤 한다.

- 이 여성의 일차적인 감정은 무엇인가?
- 자기 내면의 감정을 가라앉히기 위해서 이 여성은 무슨 행동을 할 수 있는가?
- 만일 그녀가 분노의 단계에 접어들면, 어떤 행동이나 어떤 말을 하겠는가?
- 어떤 행동이 건설적인가?
- 어떤 행동이 파괴적인가?

사례 2

이 남성은 아내의 불륜을 목격했다. 아내에게 늘 충실했던 그는 극심한 상처를 받았다. 자신의 결혼에 대해 생각하면 그는 극도의 분노를 느낀다.

- 이 남성의 일차적인 감정은 무엇인가?
- 자기 내면의 감정을 가라앉히기 위해 이 남성은 무슨 행동을 할 수 있는가?
- 만일 그가 (자신의 결혼에 대하여) 분노의 단계에 접어들면, 어떤 행동이나 어떤 말을 하겠는가?
- 어떤 행동이 건설적인가?
- 어떤 행동이 파괴적인가?

사례 3

아이들이 전남편의 집에 다녀와서 아빠의 재혼 소식을 전한다. 더군다나 상대는 자신보다 훨씬 어린 여성이다. 이혼한 지도 아직 한 달밖에 되지 않은 상태다. 자신은 절대 재혼할 생각이 없다. 이 여성은 이런 모든 상황이 너무나 화가 나서, 인생이 너무 불공평하다는 넋두리를 계속 한다.

- 이 여성의 일차적인 감정은 무엇인가?
- 자기 내면의 감정을 가라앉히기 위해서 이 여성은 무슨 행동을 할 수 있는가?
- 만일 그녀가 분노의 단계에 접어들면, 어떤 행동이나 어떤 말을 하겠는가?
- 어떤 행동이 건설적인가?
- 어떤 행동이 파괴적인가?

7 분노 감정에 갇혀 있기

4장에서 우리는 분노가 슬픔의 한 단계라고 언급했다. 만일 사례의 인물들이 그 단계에 갇혀서 꼼짝달싹하지 못한다면 어떻게 되겠는가? 그들이 처한 상황을 나아지게 하거나 본인의 행복을 증대시킬 수 있는 가능성이 없을 것이다. 그리고 지나간 문제를 정리함으로써 얻을 수 있는 이점들을 놓치게 될 것이다.

자녀들은 어떨까? 자신이 부모를 화나게 하지는 않을까 하는 두려움이나, 부모끼리 서로 미워하고 앙갚음하는 모습을 보면서 느끼는 불안감이 그들의 안녕에 미치는 영향은 어느 정도일까? 스스로에게 다음의 질문을 해 보라. "나는 분노의 단계에 갇혀 있는가? 아니면 다음 단계로 나아갈 준비가 되어 있는가?"

8 사람들이 움직이려 하지 않는 이유

전진한다는 것이 쉬운 일은 아니다. 사실 분노라는 것은 우리에게 너무나 친숙한 감정이다. 분노는 마치 습관과 같은 것으로, 우리 모두는 습관을 버리기가 어렵다는 사실을 잘 알고 있다. 무언가 다른 일을 시도하고 변화하려면 두려움이 따르게 마련이다.

때때로 사람들은 다른 일을 시도해 보고 싶지만 방법을 모르는 것이다. 분노를 다른 방식으로 다루는 모습을 보여 준 역할 모델이 존재하지 않았던 것이다. 다른 방식으로 시도를 할 수도 있지만 그 방법을 알지는 못한다. 그러나 사람들이 분노의 단계에 갇혀 움직이려 하지 않는 가장 큰 이유는 다음의 두 가지다.

- 핵심에 있는 진짜 문제를 마주해야 한다.
- 더 이상 탓할 사람이 아무도 없다.

분노 감정을 내버리기 위해서는, 그에 대한 책임감을 가져야 한다. 그리고 자기 자신에게 의지해야 한다는 것을 깨달아야 한다.

"이것은 다른 누가 아닌, 나에게 달린 일이야. 내가 비록 20년간의 결혼생활 끝에 더러운 꼴을 당했지만, 남은 인생은 내가 만들어 나가는 거야. 현재는 현재고 미래는 내가 만드는 거야. 내가 비록 홀로 남게 되더라도 굳이 외로워해야 한다는 법은 없지. 비록 지금 당장은 확실한 경제적 기반이 없을지 몰라도, 앞으로 어떻게 될지는 나 자신의 노력으로 정해지는 거야. 내 아이들은 내가 보여 주는 역할 모델을 통해서 배울 것이 많을 거야. 나는 좋은 역할 모델이 되겠어."

분노는 선택의 문제다

다음의 학습활동을 해 보라. 당신이 전 배우자와의 관계에 대해 이야기할 때 자주 사용하는 문장을 2개 적어 보라. 예를 들면 "나는 도무지 그 사람이랑 점잖은 대화를 나눌 수가 없다니까."와 같이, "도무지 ~ 할 수가 없다."라는 표현을 사용하여 적어 보라.

나는 절대로(기어코) ______________________________

나는 도저히 ______________________________

그럼 이제 위에 적은 문장들을 크게 읽어 보라. 다만 "절대로 ~할 수가 없다(I can't)."를 "하기 싫다" 또는 "~하지 않겠다(I won't)."로 바꾸어서 크게 읽어 보라. 어떤 느낌인가? 많은 사람들은 그것이 자신의 결정에 달려 있었다는 사실을 깨달으면 말문이 막혀 버린다. 어떤 이들은 이런 생각을 받아들이기를 완강하게 거부한다. 그러나 잠깐 생각을 바꾸어 보면 결과적으로는 완전하고 절대적인 자유를 얻게 된다. 만일 선택이 나의 손에 달려 있는 것이라면, 내가 원하는 결과를 선택할 자유 역시 내게 있는 것이다. 나는 더 이상 다른 누군가의 손에 의해서 움직이는 것이 아니다. 나는 더 이상 분노의 덫이나 복수의 굴레에 사로잡히는 쪽을 선택하지 않을 것이다. 나는 과거와는 다른 선택을 할 수 있으며, 그렇게 할 것이다.

이와 같은 생각의 끈을 따라가다 보면, 당신은 지금 당장은 겁에 질리게 될지도 모른다. 지금까지는 자신이 무엇을 기대하는지, 누구를 탓해야 하는지를 알고 있고, 당신에게 익숙한 방식대로 사고하고 행동해 왔지만, 이제 그 방식이 사라져 버리고 공백만 남았기 때문이다. 그래서 이 장의 나머지 부분에서는 당신에게 남겨진 그 공백을 채우는 데 사용되는 기술과 도구를 소개하려고 한다.

1 분노를 다스리기 위해서 당신이 할 수 있는 일

어째서 어떤 사람에게는 핵심 감정이 분노로 변하는데, 다른 사람들에게는 그렇지 않은 것일까? 여기에는 어떤 비밀이 있는 것일까?

당신이 교통정체가 심한 도로 한가운데서 차 안에 앉아 있다고 상상해 보라. 모든 방향의 교통이 완전히 마비되어 있다. 당신은 고개를 돌려 왼쪽에 있는 차 안을 바라본다. 그 안에는 한 남자가 앉아서 음악에 맞춰 몸을 흔들고 있다. 이번엔 앞쪽에 서 있는 차를 보니 한 여성이 휴대폰으로 열심히 통화 중이다. 오른쪽에 있는 차를 보았더니 이 운전자는 상기된 얼굴을 잔뜩 찌푸리고 앉아 있다. 그는 운전대를 줄곧 치며 큰 소리로 욕설을 내뱉고 있다.

여기서 분노 유발 요소인 교통정체는 누구에게나 똑같다. 그러나 세 사람은 각각 세 가지의 뚜렷한 감정: 즐거움(음악 듣는 남자), 활기(통화하는 여자), 분노(얼굴이 상기된 남자)를 느끼고 있다. 다음의 표는 이 세 가지 각기 다른 반응을 보여 준다. 세 사람이 각각 어떤 생각을 하고 있는지를 괄호 안에 써 넣어 보라.

	분노 유발 요소	생 각	감 정	행 동
A	교통정체		즐거움	음악에 맞춰 몸을 흔든다.
B			활기	휴대폰으로 통화를 한다.
C			분노	핸들을 치며 욕설을 한다.

이 세 사람이 각기 다른 감정을 경험하고 있는 것으로 미루어 보아, 교통정체라는 요소 자체가 분노 감정을 유발시키는 것은 아니다. '합리적 정서적 행동치료'의 창시자인 알버트 엘리스(Albert Ellis)는 사람들이 자신의 생각(신념)을 재구성함으로써 자신의 반응에 대한 책임을 지도록 도움을 주는 치료이론을 제시했다. 그는 기본적으로 교통정체 등의 분노 유발 요소가 우리에게 직접적으로 어떤 감정을 불러일으키는 것은 아니라고 말한다. 똑같은 상황에서도 모든 사람들이 각기 다른 감정을 느끼고 있기 때문이다.

2 예상할 수 있는 각자의 생각(신념)

A: 교통정체가 생기면 그때는 음악을 즐길 수 있는 기회라고 생각했을 것이다.

B: 귀중한 시간을 유용하게 활용할 수 있도록 휴대폰을 미리 충전해 두기를 잘했다고 생각했을 것이다.

C: 이런 교통정체가 절대로 일어나서는 안 되며, 담당 공무원들이 교통의 흐름을 더 잘 통제하도록 계획했어야만 한다고 생각했을 것이다(비난하기). 아니면 앞쪽에서 어떤 얼간이가 무슨 멍청한 짓을 해서 사고를 냈겠거니 하며 욕설을 퍼부었을 것이다. 이렇게 생각한 결과 그 자신은 어떻게 되었는가? 그는 점점 더 좌절되고 흥분하여, 이와는 다른 식으로 생각했었더라면 얻을 수 있었을지도 모르는 여러 가지 이득(즐거움이라든가 업무 완수)을 놓쳐 버리고 만 것이다.

3 신념과 생각

사람들은 대개 자기의 머릿속에서 빙빙 돌고 있는 이러한 생각들을 인식하지 못한다. 그래서 감정 유발 요소 자체가 자동적으로 그들에게 특정한 감정을 느끼도록 만든다고 생각하는 것이다. 그러나 사실상 어떤 사건이나 상황에 대한 당신의 신념이나 생각들 때문에 당신이 특정한 방식으로 행동하게 되는 것이다. 지금 당장 창밖에 눈이 내리고 있다고 상상해 보자. 당신은 그 상황에서 어떤 생각을 하겠는가? 저녁 퇴근길에 운전할 일이 걱정될 수도 있다. 혹은 내일 스키를 타러 갈 수 있겠구나 하는 생각에 마음이 들뜰 수도 있다. 아니면 오늘밤 집에 가서 벽난로 앞에 앉아 편안히 쉴 생각을 하며 마음이 평온해질 수도 있다.

그런데 만약 어떤 사람이 눈이 온 세상을 뒤덮어 인류를 몰살시킬 것이라고 믿고서 갑자기 소리를 지르며 발작을 하기 시작한다면, 당신은 그가 잘못된 생각을 하고 있다고 볼 것이다. 이러한 생각은 왜곡된 신념이다.

여기서도 마찬가지로, 눈이 내리는 사건 자체가 어떤 감정을 유발하지는 않는다. 네 사람이 각기 다른 감정을 경험했기 때문이다. 감정을 야기한 것은 바로 감정 유발 요소와 감정 사이에서 작용한 그 사람의 생각이나 신념이다. 이 사람이 과연 각각 무슨 생각을 했기에 그런 감정이 야기되었는지를 추측하면서 빈칸을 채워 보자.

	분노 유발 요소	생 각	감 정	행 동
A	눈이 내림		걱정스럽다	가능한 한 빨리 퇴근한다.
B			신난다	스키를 타러 간다.
C			평화롭다	벽난로를 피운다.
D			혼비백산한다	소리 지르며 발작한다.

4 예상할 수 있는 각자의 생각(신념)

A. 눈이 내려서 운전하기에 위험하게 되었다.
B. 눈이 내려서 스키를 탈 기회가 생겼다.
C. 눈도 오는데 집에 가서 벽난로를 피워 놓고 그 앞에 앉아 좋은 책이나 읽어야지.
D. 눈이 온 세상을 뒤덮으면 인류가 몰살될 거야. (이것이 바로 '왜곡된 신념' 이다. 이는 현실 상황을 왜곡한 것이다.)

5 왜곡된 신념

또 다른 상황을 한번 살펴보자. 아빠가 자기 집에서 자녀와 함께 주말을 보낸 후에 자녀를 엄마 집에 데려다 주었다. 아빠가 떠나자마자 아이는 걷잡을 수 없이 울음을 터뜨린다. 이 상황에서 엄마는 과연 어떤 생각을 하게 될까?

엄마는 아이의 아빠가 자기에 대하여 좋지 못한 이야기를 해서 아이가 자신을 싫어하게 되었다고 생각할 수도 있다. 그러면 그녀는 흥분해서 아이 아빠에게 화를 내고 부정적인 행동을 하게 될 것이다. 과연 그녀의 생각은 옳은 것인가, 아니면 왜곡된 것인가? 그것은 알 수 없다. 그러나 그 생각에 따른 결과가 어떠한지는 분명히 알 수 있다.

그 외에 또 어떤 생각을 할 수 있겠는가? 어떤 사람은 아이가 이 집 저 집을 옮겨 다니는 것이 고생스럽고 엄마든 아빠든 헤어질 때마다 힘든가 보다 하고 생각할 수도 있다. 그러면 그는 그 아이에게 애석한 감정을 느낀 나머지 그 아이를 달래 주려고 노력할 것이다.

⑥ 신념을 인식하기 활동

사례 1

어린 아들이 아빠 차에서 내려 엄마 집에 들어오자마자 울음을 터뜨린다.

엄마의 입장

감정 유발 요소	생 각	감 정	행 동
아들의 울음	'그이가 아이를 또 울렸구나!'	분노	아이 아빠에게 고함친다.
	'아이가 아빠랑 떨어지기를 싫어하는구나!'	슬픔	아이를 위로한다.

사례 2

이혼한 지 1년이 된 커플이다. 아빠와 딸이 레스토랑에서 저녁을 먹고 있는데, 전처가 어떤 남자와 함께 들어서는 것을 마주치게 되었다.

아빠의 입장

감정 유발 요소	생 각	감 정	행 동
낯선 남자와 함께 있는 전처	'행실을 어떻게 하고 다니는 거야!'	분노	아이의 엄마를 비난한다.
	'남자 친구를 사귀고 있나 보군.'	안심	아이 엄마에게 다정한 미소를 보낸다.

7 신념 변화시키기 활동

어떤 사건이나 상황, 또는 어떤 사람이 당신을 불안하게 만들고, 화나게 하고, 우울하게 만들고, 혼비백산하게 만들 수는 없다. 당신의 생각이 당신의 감정과 행동을 결정한다. 그런데 이것은 반가운 소식이다. 우리의 생각(신념)이 우리의 감정을 유발하고, 그 감정이 우리의 행동을 유발한다. 그러므로 우리 스스로가 생각을 바꾸기만 하면, 우리 자신의 행동을 바꾸는 것도 자신의 선택에 달려 있다는 것이다. 즉, 생각의 변화가 행동의 변화를 가져온다.

그러므로 화가 날 때는 특히 그 분노 감정을 유발한 신념(생각)이 무엇인지를 밝혀내는 것이 중요하다. 그 다음 단계는 당신의 생각이 왜곡되었는지의 여부를 판별해 보는 것이다. 자신의 신념이 비현실적인지, 아닌지를 알아볼 수 있는 한 가지 방법은, 그 생각 속에 '반드시 ~해야만 한다' '~했어야 한다' '절대' '항상'과 같은 단어가 들어 있지 않은가 살펴보는 것이다. 비현실적인 사고나 왜곡된 생각에 대해서 이의를 제기하고 그것을 좀 더 현실적인 생각으로 대체하는 것이 바로 분노나 스트레스를 잘 다룰 수 있는 방법이다.

다음의 왜곡된 신념들을 좀 더 현실적인 신념으로 바꾸어 보자. 몇몇의 왜곡된 신념은 현실적인 신념으로 이미 바꾸어 놓았다.

왜곡된 신념	현실적인 신념
그는 반드시 지금보다 더 많은 돈을 나에게 보내 주어야만 한다.	그는 지금 법정에서 책정해 준 액수만큼 나에게 돈을 보내 주고 있다. 물론 나로선 만족스럽지 않지만, 그렇게 생각해 보았자 나만 화가 날 뿐이다. 만약 돈이 좀 더 필요하다면 내가 스스로 돈을 벌 수 있는 방법을 찾아보자.

왜곡된 신념	현실적인 신념
그녀는 내가 우리 아들과 좀 더 많은 시간을 보낼 수 있게 해 주어야 한다.	
그는 항상 아이의 취침시간이나 생활규칙에 대해서 좀 더 신경을 써야만 한다.	
그녀는 반드시 융통성을 가져야 한다.	
그는 우리에게 더 많은 것을 해 주어야 한다.	그가 우리에게 더 많은 것을 해 주면 좋겠지만, 꼭 그래야만 한다는 법은 없다. 필요한 것을 우리 스스로 마련하는 법을 배우자.
자기가 아이들을 맡기로 한 날이라고 해서 자기 맘대로 애들을 데리고 낚시를 가서는 안 된다.	
자기가 아이를 맡고 있는데, 친구들이랑 놀러 나가서는 안 된다.	
나는 결코 그이를 떠나서 살 수 없을 것이다.	물론 어려운 일이지만, 나는 홀로 서기를 배울 수 있다.
나는 평생 기난을 면치 못할 것이다.	지금 당장은 나에게 돈이 별로 없을지 모른다. 하지만…….
그녀는 절대로 좋은 엄마가 될 수 없다.	

왜곡된 생각을 건설적인 생각으로 바꾸는 일은 매우 어렵다. 오래된 사고방식을 깨뜨리기란 어려운 법이다. 가끔은 왜곡된 생각을 그대로

가지고 사는 것이 더 편안하게 느껴질 때도 있다. 왜냐하면 우리 자신의 행동에 대한 책임을 질 필요가 없기 때문이다. 자신이 자기 분노의 근원이라는 사실을 받아들이는 대신에, '피해자' 역할의 놀이에 빠지거나 다른 사람을 탓하기에 바쁘게 되는 편이 더 쉽기 때문이다. 스스로의 생각을 바꿈으로써 분노를 다스리고 극복하려면 많은 인내와 연습이 필요하다. 그러나 무엇보다도 필요한 것은 바로 경험적 증거의 유무에 상관없이, 한번 믿어 보려는 마음가짐과 '무죄 추정의 원칙' 을 기꺼이 적용해 보겠다는 결단이다. 그러면 결국 당신이 잃게 되는 것은 당신의 걱정거리밖에 없고, 얻을 것만 많아지는 것이다.

분노 유발 요소를 고조시키기

모든 행동에는 반응이 뒤따른다. 누군가의 행동이 다른 누군가의 감정을 유발시키는 요소가 된다. 다음의 예와 같이, 아이 아빠의 행동은 아이 엄마의 분노를 유발하는 요소가 된다. 그런 다음에는 엄마의 행동이 아빠의 분노를 유발하는 요소로 작용한다. 또 엄마 아빠의 행동은 자녀의 분노를 유발하는 요소로 작용한다. 표가 보여 주듯이, 그것은 상황을 악화시켜서 막다른 지점까지 몰고 간다. 이러한 상황에서 부모들은 자신들이 어떤 생각을 하고 있는지에 대해 성찰해 보지도 않고, 자녀에게 관심을 주지도 않는다. 결과적으로 자녀는 갈등 상황으로 끌어들여지고, 자기 부모에 대한 부정적인 생각을 강화하게 된다. 상황이 점점 악화되는 모습을 보여 주는 다음의 표를 유심히 살펴보자.

	감정 유발 요소	생각(신념)	감 정	행 동
아빠	아들의 축구시합에 아빠가 불참했다는 사실을 아이를 통해서 알게 된다.	"그녀는 내가 아이 시합을 놓치기를 은근히 바라는군." "내가 아이와의 관계를 돈독히 할 수 있도록 그녀가 반드시 노력해야만 하는데 말이지."	분노 좌절 실망	아이 엄마에게 전화를 걸어 그녀를 비난한다.
엄마	아이 아빠가 전화를 걸어 비난조로 이야기한다.	"역시 상종하지 못할 인간이야!" "그이는 절대로 내 말에 귀를 기울이지 않는다니까!"	격분 황당 좌절	방어적으로 대응하다가 전화를 끊어 버린다.
아빠	전처가 자신의 전화를 중도에 끊어 버린다.	"또 시작이군." "절대로 믿음이 가지 않는 여자라니까!"	격노	아이 엄마에게 욕설하고 큰 소리로 불만을 터뜨린다.
아이	아빠가 큰 소리로 엄마에게 욕설하는 것을 듣는다.	"아빠는 내 축구시합에는 아예 관심도 없어." "엄마 아빠는 항상 저렇게 서로를 미워하고 사는 거야. 아휴, 지겨워."	상처 슬픔 분노 좌절	축구공을 바닥에 내동댕이치고 밖으로 나가 버린다.
아빠				

도전: 자, 이번에는 아이의 행동이 아빠의 분노를 유발하는 요소가 되는 장면을 그려 보라.

자신의 신념에 이의(異議)를 제기하기

이 상황은 부모들이 스스로의 내면적인 생각에 도전할 의지가 있느냐에 따라 완전히 바꾸어질 수 있다. 이를 위해서 부모는 '신념의 도약'을 시도해 보고, 어떤 단정이나 가정적인 생각을 피하며, 여러 가지 대안을 생각해 보고, 자녀에게 초점을 맞추어야 한다. 그 상황을 다시

한 번 살펴보자. 당신은 둘 중 어느 쪽이 되기를 원하는가?

	감정 유발 요소	생 각	감 정	행 동
아빠	아들의 축구시합에 아빠가 불참했다는 사실을 아이를 통해서 알게 된다.	"내가 아들 시합에 불참해서 우리 아들이 무척 실망했구나." "내가 왜 아들의 시합 이야기를 전해 듣지 못했는지 알아봐야겠다."	실망 짜증	아들의 말을 듣고나서, 다음 날 아이 엄마에게 전화를 건다.
엄마	아이 아빠가 차분한 목소리로 전화한다.	"그는 우리 아들 경기에 정말로 가고 싶었나 보구나." "왜 내가 미리 아들의 축구시합 날짜를 알려 주지 않았는지 설명해 주기를 바라는구나."	후회 창피	아이 아빠의 질문에 대해서 조용하게 대답한다.
아빠	아이 엄마가 아빠의 질문을 받고 조용하게 대답한다.	"그녀도 나를 도와줄 의사가 충분히 있구나."	만족 희망	차분하게 아이 엄마의 말을 경청한다.
아이				

도전: 자, 이제 아버지의 행동이 아이의 감정을 유발하는 요소로 작용하는 장면을 그려 보라.

1 분노 조절을 위한 기타 전략들

당신이 분노를 줄이기 위해서 개인적으로 사용하는 다른 기술에는 무엇이 있는가? 왜곡된 신념을 전환함으로써 감정을 변화시키고 부정적인 행동을 바꿀 수 있는 것처럼 당신의 생각이나 감정에 영향을 미치는 당신의 행동도 직접 바꿀 수 있다.

2 해야 할 일

다음은 분노의 회로(악순환)를 깨뜨리는 데 도움이 되는 기술들이다.

1. 심호흡을 한다.
2. 일-생-진-행 기법을 실천한다.
3. 화가 난 기분을 가라앉히고 싶을 때는 일기를 쓴다.
4. 걷기, 운동, 정원 손질, 청소, 세차, 그림 그리기 등의 활동적인 일을 함으로써 분노의 열기를 밖으로 몰아낸다.
5. 오래된 전화번호부를 찢어 버리거나, 중요하지 않은 물건을 부순다.
6. 분노를 폭발시키는 공상을 한다.
7. 당신 자녀 이외의 사람인 친구나 가족, 상담자와 같이 당신 편이 되어 줄 수 있는 사람을 찾는다.
8. 지지집단에 가입한다.
9. 오래된 사진을 태운다거나, 당신을 화나게 한 사건들을 적은 종이나 분노의 감정을 가득 적은 종이를 찢어서 풍선 안에 넣고 그 풍선을 하늘로 날려 버리는 등, 자신의 고통을 덜 수 있는 당신만의 의식(儀式)을 실행한다.
10. 예를 들어, 자동차 안과 같이 가볍게 혼자 있을 수 있는 장소를 정하고, 그곳에서 마음껏 소리를 지른다. 다양한 크기로 소리를 질러 보면서 어떤 소리가 가장 도움이 되는가를 찾아본다.
11. 속이 시원해질 때까지 운다. 이왕이면 아이가 집에 없을 때가 좋다. 실컷 울고 나면 도움이 될 만한 좋은 생각이 떠오르기도 한다.
12. 하루 이틀 정도로 짧은 시간 동안 희생자가 된 듯한 기분을 만끽한다. 다만, 자기가 정한 시간보다 더 오랜 시간 동안 그 상태에

머물지 않도록 주의한다.

13. 큰 소리로 욕을 한다(혼자 있을 때). 그러고 나서 화난 감정이 좀 더 가라앉는지 아니면 화가 더 나는지를 확인한다.
14. 당신을 화나게 한 사람의 오래된 사진 위에 낙서를 한다. 오래된 사진(아마 보통 결혼사진이 될 가능성이 크지만)의 사본을 많이 만들고, 이것으로 무엇을 할 수 있을지를 생각하며 즐거워하고 창의력을 마음껏 발휘해 보라! 그러나 자녀가 당신의 이러한 생각을 알아차리든가 당신이 표현해 놓은 것들을 발견하는 일이 없도록 주의해야 한다. 당신의 이러한 행동을 자녀의 다른 쪽 부모에게도 알리지 않도록 한다. 이것은 당신 혼자만 알아야 하는 일이다.
15. 당신이 분노를 다스리고 가라앉히는 데 도움이 되는 책들을 읽는다.
16. 당신을 화나게 한 그 사람에게 편지를 쓰고 봉투에 우표를 붙인 후, 엉뚱한 주소로 그것을 보낸다. "바보시(市) 얼간동(洞)" "이혼도(道) 잘했군(郡)" 등의 주소를 장난으로 적는다. 그 사람에 대한 적대감을 가득 담은 그 편지를 우체통에 넣으면서, 자신의 분노와도 작별인사를 한다. 분노의 감정이 되살아나려 할 때는 다시 우체통에 그런 편지를 넣는 상상을 한다.
17. 이 모든 방법이 통하지 않는다면, 큰 돌멩이를 찾아서 그 돌이 당신의 분노를 상징한다고 생각하고 지갑이나 주머니 속에 넣어 두도록 한다. 밤에는 머리맡에 두고, 회의시간에도 가지고 있는 등 어디를 가든지 항상 가지고 다닌다. 아무에게도 이 이야기를 할 필요는 없다. 그것을 들고 다니기가 정말 너무 지겨워질 때까지 몇 주 동안이고 계속 가지고 다닌다. 마침내 당신의 분노를 흘려보내야겠다는 생각이 들 때, 그 돌을 뒤뜰에 묻거나 강물에 던져 버린다.

※ **주의사항:** 당신의 이러한 행동을 절대로 자녀에게 보이지 마라. 그런 활동은 당신을 도와주기 위한 의도로 행해진다. 자녀들을 당신의 분노 속에 절대로 끌어들이지 마라. 그것은 오로지 자녀에게 혼란과 두려움만 줄 것이다.

3 하지 말아야 할 일

1. 자신의 분노를 무시하거나, 묻어 두거나, 억지로 참거나, 감추려 하지 않는다. 자신의 분노나 고통을 제대로 표출할 수 있는 방법을 찾아낸다.
2. 예를 들어, 당신의 자녀와 같이 엉뚱한 사람에게 당신의 분노를 디뜨리지 말아야 한다. 만약 당신이 그렇게 행동했다면, 자신을 먼저 용서하고, 자녀에게 용서를 구하고, 자녀의 상처를 잘 보살펴 주어야 한다.
3. 분노의 고통을 완화시키기 위해서 폭식이나 폭음을 하거나 다른 약물을 이용하지 않는다.
4. 자녀가 있는 자리에서 공동부모에게 화를 내거나 부정적인 방식으로 대화하지 않는다. 자녀가 듣지 못할 것이라거나 이해하지 못할 것이라는 어리석은 생각은 절대 하지 말아야 한다.
5. 전 배우자에게 앙갚음을 하기 위해서 자녀를 이용하지 않는다.
6. 화가 난다고 해서 자녀에게 전 배우자에 대한 부정적인 이야기를 해서는 안 된다. 무슨 이유에서든지 이것은 절대로 용납될 수 없는 일이다. 결국 그것은 부메랑이 되어 당신에게 돌아올 것이다. 다른 쪽 부모가 어떤 사람인지는 때가 되면 자녀가 스스로 깨닫고 느낄 수 있도록 해야 한다.

명심하라. 마음의 아픔과 마찬가지로 분노 감정 역시 유용할 수 있다. 분노를 자신에게 도움이 되는 추진력으로 이용할 것인지, 아니면 분노에 사로잡혀 스스로를 더 비참하게 만들지는 오로지 우리의 선택에 달려 있다. 결정은 각자의 몫이다.

분노와 자녀

1 가정에서 자신의 분노를 다스리기

당신 자녀가 곁에 있을 때 자신의 분노를 어떻게 다스려야 할 것인지 어려움을 느끼는 것은 흔한 일이다. 여기서 우리는 자신의 감정을 부인하지 말라고 강조했다. 그러나 한편으로는 우리 자신의 분노로 인해서 자녀들을 불안하게 하거나 부정적인 결과를 초래할 수 있다는 사실도 언급했다. 자신의 감정에 충실하는 것과 그것을 어떻게 표출할 것인지를 결정하는 것은 별개의 문제다. 어떻게 이것이 가능한지 알아보자.

당신이 퇴근해서 집에 돌아온 다음에 줄곧 침묵을 지키고 있는데 자녀가 당신에게 화가 났느냐고 묻는다면, 당신은 여러 가지 방식으로 대답할 수 있다. 당신의 어조와 신체언어는 당신의 분노가 어느 정도인지를 자녀에게 알려 줄 것이다. 그리고 당신이 선택한 단어도 그 메시지를 강화시킬 것이다. "그래, 기분이 좀 안 좋아. 내일은 연차휴가를 내려고 했는데 사장님이 허락을 안 해 주셔서 짜증이 나는구나." 이러한 식으로 당신은 자신이 느끼는 감정이 '짜증' 이라는 것과 짜증의 감정을 유발한 요소가 무엇인지를 밝혀 주었다. '화가 났다' 거나 '열 받았다' 라는 단어 외에도 여러 가지의 감정 단어들을 듣는 것은 자녀의 정서발달에 큰 도움이 된다. 당신이 느끼는 핵심 감정을 좌절, 근심, 짜증, 실망, 슬픔 등의 말로 구체적으로 표현해 보라. 그러면 자녀는 자신의 감정을 잘 이해하는 데 도움을 받을 것이다. 그리고 만일 자녀가 당신의 감정 상태에 대해서 불안해하면, 자녀를 안심시켜라. "아무것도 걱정할 필요는 없어. 내 기분은 금방 나아질 거야. 다만 약간의 시간이 필요할 뿐이야."

자녀에게 너무 많은 정보를 주지 않는 것도 중요하다. 자녀에게 근심을 가져다 줄 수 있는 정보들로부터 그들을 보호해야 한다. 예를 들어, "아빠(엄마)가 직장에서 해고되었구나. 앞으로 우리 식구가 어떻게 살아가야 할지 모르겠구나."와 같은 말을 들으면 자녀가 극도로 불안해할 것이다. "너 때문에 내 인생이 이 모양이야."와 같은 말은 자녀에게 부모가 겪고 있는 문제가 자신의 탓이라고 여기게 하고, 부모에게서 거부당한 느낌을 갖게 한다. "난 너희 엄마가 정말이지 싫어!" 라든가 "내가 도대체 왜 네 아빠 같은 사람이랑 결혼을 했는지 모르겠다!" 와 같은 말도 아이에게 불안감을 주고 정체성의 혼란을 일으킬 수 있다. "어쩔 땐 너무 화가 나서 네 아빠를 죽이고 싶다니까!" 라든가 "네 엄마가 나의 모든 것을 빼앗아 갔어."와 같은 말도 자녀에게 엄청난 두려움과 불안감을 느끼게 한다. "네가 그렇게 네 엄마랑 똑같이 행동할 때면 정말 화가 나 죽겠구나." 라든가 "네 엄마에게 양육비를 보내느라고 내가 파산할 지경이다." 라든가 "네 아빠는 널 낳는 걸 처음부터 반대했었지."와 같은 말도 자녀에게 엄청난 죄책감을 불러일으킨다.

이와 같이 충동적인 말은 자녀에게 절대 해서는 안 되는 것이고, 또 매우 부적절한 분노의 표현이다. 가장 중요한 규칙은 이것이다. 아이가 사랑하는 사람(다른 쪽 부모)에 대한 당신의 분노를 아이와 함께 나누어서는 안 된다. 자녀는 당신의 방어막이나 지원군이 되어서는 안 된다. 만일 그런 일이 일어난다면 자녀의 행복에 커다란 해를 미치게 될 것이다.

2 자녀가 스스로 분노를 다스릴 수 있도록 도와주기

자녀가 자신의 분노를 다스릴 수 있도록 돕는 것도 매우 중요하다. 당신이 자신의 분노를 다루는 모습은 자녀가 분노를 다스리는 태도에 가장 큰 영향을 미치게 된다. 이번 장에 나와 있는 지침을 따르다 보면, 당신은 자녀가 충분히 따를 수 있을 만큼 분노를 훌륭하게 다루는 역할 모델이 되어 있을 것이다.

두 번째로 중요한 것은 당신이 자녀에게 불안을 안겨 주지 않기 위해서 자녀를 부모의 분노로부터 보호하는 것이다. 당신 자신의 말과 신체언어에 한계를 설정함으로써, 자녀를 쓸데없는 걱정거리로부터 지켜 줄 수 있을 것이다.

세 번째로 자녀가 분노를 다스리는 기술은 자녀의 분노에 대한 당신의 대응 방식에 달려 있다. 이 시점에서 당신은 자녀가 자신의 분노를 적절하게 표현하는 방법을 발견할 수 있도록 도와줄 수 있다. 먼저, 당신은 자녀가 자신의 감정을 깨닫고 그 감정의 정체를 정확히 밝혀낼 수 있도록 도와주어야 한다. 자녀가 주먹을 꽉 쥐면, "너는 지금 무척 화가 나 있구나. 지금은 널 밖으로 내보내면 안 되겠다."라고 하든가, "넌 네가 원하는 것을 당장 가지지 못해서 무척 속이 상했구나."라고 말해 주는 것이다.

당신의 자녀가 "엄마 미워!" 혹은 "아빠 미워!"라고 할 때는, 아이가 다만 분노를 표현하려 한 것이라고 이해하라. 이럴 때 아이를 잘 지도하려면, 당신 자신이 화를 내서는 안 된다. 그 대신에 아이가 느끼고 있는 미움의 감정을 분노의 감정으로 돌리게 하라. "내가 너더러 일찍 잠을 자라고 해서 무척 화가 났구나. 그래, 화가 나겠지. 그래도 너는 지금 잠자리에 들어야 해."라고 한다든지, "네 엄마한테 무척 화가 났나 보구나. 네 기분을 엄마에게 어떻게 말할 수 있을까?"라고 대꾸해 주도록 하라.

어떤 부모들은 어린 자녀에게 적합한 물리적인 분노 방출의 표현 방법을 찾아 주기도 한다. 예를 들면, 사람 대신 동물인형을 때릴 수 있게 하는 것이다. (예: "사람은 때리면 안 돼. 그러니까 붕붕이 인형을 때리렴.") 이처럼 허용 가능한 몇 가지 표현 방법을 찾아서 자녀에게 말해 주라. 화가 날 때 허용되는 행동과 허용되지 않는 행동을 담은 그림을 그려서 붙여 두는 것도 좋다. 자녀가 화가 났을 때 그 그림을 가리키거나, 화풀이를 할 수 있는 그림을 그리고 싶은지를 물어보라.

또 자녀 쪽에서 부모가 느끼는 것과 다른 감정을 느끼고 있을 때 그것을 표현할 권한이 있다는 것을 자녀가 알게 해 주는 것도 중요하다. 당신이 화가 났다고 해서 자녀까지 화가 나야 할 필요는 없다. 그와 반대의 경우도 마찬가지다. 자녀가 자기 엄마나 아빠를 사랑한다고 해서, 당신도 전 배우자를 사랑할 필요는 없는 것이다. 예를 들면, 이렇게 말할 수 있다. "나는 네 아빠와 다시 결합할 생각이 없지만, 너는 얼마든지 아빠를 사랑해도 괜찮아."

처벌하는 것과 분노 표출이 한꺼번에 이루어져서는 절대로 안 된다. 화가 난 상태에서 자녀에게 벌을 주려고 하면, 자녀는 자신이 부모를 흥분시킬 수 있는 힘을 가지고 있다는 메시지를 받게 된다. 그러면 자녀는 이미 자신이 원하는 바를 얻은 것이다. 화가 나지 않은 상태에서 부과할 벌의 방법을 정하는 편이 더 낫다. 그래야 자녀의 잘못된 행동에 대하여 이성적인 사고와 분명한 의사소통을 할 수 있기 때문이다. 그리고 자녀의 형제나 자녀 자신이 다칠까 봐 부모는 걱정이 되었다는 사실을 자녀에게 알려 준다. 그런 다음 자녀가 한 행동에 알맞은 결정을 내리는 것이다. "당분간 이웃 아이들이랑 놀지 말고 집 안에 얌전히 있어라." 라든가 "길가에서 놀지 말고 집 안(뒷마당)에서 놀아라." 라는 식으로 말이다.

3 요 약

자녀가 본받을 수 있는 모습으로 당신 스스로 분노를 다스리고, 자녀들이 스스로의 감정을 찾아내고 표현할 수 있도록 도와주는 것은, 자녀들이 매우 중요한 삶의 기술을 터득하도록 도와준다. 그렇게 되면 자녀들은 자신의 감정을 이해하고, 그것을 바람직한 방법으로 풀어내는 방법을 알게 될 것이다. 당신은 역할 모델이자 스승이 되어, 자녀들이 부모의 이혼이라는 힘든 경험을 이겨 내고 자기 자신의 삶을 개척해 나가는 데 큰 도움을 줄 수 있을 것이다.

Exercises

당신의 감정을 이해하기

각각의 예를 주의 깊게 읽어 보고, 당신의 반응양식에 가장 가깝다고 생각하는 항목에 표시하라.

A: 감정 유발 요소　**B: 생각**　**C: 감정적 결과**　**D: 결정 또는 행동**

사례 1

경우 1

A: **전처가 전화로 이렇게 말한다, "아식까지 양육비를 안 보냈어요? 이빈 달 경제사정이 많이 빠듯하다구요."**

B: 그녀가 단순히 질문을 한 것이라고 생각하고, 굳이 그 말속에 담긴 저의를 찾으려고 하지 않는다.

C: 특별한 위협감을 느끼지 않는다.

D: 아무런 감정이 없이 곧바로 대답한다.

경우 2

A: **전처가 전화로 이렇게 말한다, "아직까지 양육비를 안 보냈어요? 이번 달에 경제사정이 많이 빠듯하다구요."**

B: 전처를 신뢰하지 않기 때문에, 그녀가 양육비를 더 받아 내려고 수작을 부린다고 생각한다. 그래서 전처가 자기를 마음대로 조종하려는 것처럼 느껴진다.

C: 화가 나고 불안해진다.

D: 전처에게 쏘아붙이고, 무언가 다른 주제를 가지고 언쟁을 벌인다.

경우 3

A: **전처가 전화로 이렇게 말한다, "아직까지 양육비를 안 보냈어요? 이번 달에 경제사정이 많이 빠듯하다구요."**

B: 이혼 당시 자신이 너무 불리한 입장에서 합의가 이루어졌다고 생각하면서, 상대방은 얼마나 유리하게 되었는지에 대해서 전혀 고마워하지도, 인

Exercises

식하지도 못한다고 생각한다.

C: 전처의 질문이 해묵은 상처를 폭발시켰기 때문에 격분한다.

D: 전처를 비난하면서 "꺼져 버려!" 라고 소리치고 난폭하게 전화를 끊어 버린다.

사례 2

경우 1

A: 자녀와 전화 통화를 하고 있는데 전 배우자가 자녀에게 전화를 그만 끊으라고 한다.

B: 전 배우자가 당신을 자녀에게서 떼어 놓으려 한다고 생각한다. 그가 있는 한 절대로 당신은 자녀와 가까워질 수 없을 것이라고 믿는다. 당신은 부모 한쪽을 잃는 것이 얼마나 괴로운 일인지를 잘 알고 있다. 당신의 전 배우자는 영원히 그렇게 당신과 당신의 자녀를 손에 쥐고 흔들려고 할 것만 같다.

C: 화가 나고 낙담한다.

D: 그에게 전화를 걸어 왜 아이의 전화를 끊게 하려고 수작을 떠느냐고 따진다. 양육권 조정을 위해서 다시 소송을 걸겠다고 협박까지 한다.

경우 2

A: 자녀와 전화 통화를 하고 있는데 전 배우자가 자녀에게 전화를 그만 끊으라고 한다.

B: 아이가 전화를 끊고 싶은데 옆에서 부모가 끊으라는 소리를 할 때까지 기다렸다고 생각한다. 아이가 저쪽 부모를 더 사랑하는 것은 아닌가 하는 생각이 든다. 아이가 당신보다는 저쪽 집에서 더 오래 생활하기에 그쪽 부모와 더 가까울 수밖에 없지 않은가 하는 생각도 한다. 자기는 결코 이길 수 없는 게임처럼 여겨진다.

C: 상처 입고, 체념하고, 화를 내고, 분개하고, 고민한다.

D: 다음번에 아이를 만날 때 아이에게 거리를 두거나 아이의 버릇을 망치려 들 수도 있다. 혹은 침울해하거나 짜증을 낼 수도 있다. 그리고 저쪽 부모

Exercises

를 깎아내리려 한다.

경우 3

A: 자녀와 전화 통화를 하고 있는데 전 배우자가 자녀에게 전화를 그만 끊으라고 한다.

B: 아이에게 전화를 끊으라고 한 것은 아이가 숙제를 아직 끝내지 않았거나 무슨 일이 있기 때문이라고 믿는다. 아이와는 내일 다시 통화하면 된다고 생각한다. 또 저쪽 부모가 아이와 당신의 관계를 방해하기보다는 더 돈독하게 하기 위해 애쓴다는 사실을 믿는다.

C: 실망하지만 이해한다.

D: 아이의 공동부모에게 차분한 목소리로 저녁에 아이에게 다시 전화하려면 언제가 좋겠는지 묻는다. 공동부모와 상의해서 시간을 정하거나 아이 쪽에서 당신에게 전화를 걸게 한다.

Exercises

실습해 보기

다음에 있는 각 감정 유발 요소들을 읽은 후, 자기 자신의 경우에 예상되는 생각, 감정, 행동의 내용을 적는다. 솔직하게 적도록 하라.

상황 1

당신 부모님이 갑자기 방문하게 되어 아이와의 다음 만남 일정을 바꿀 수 있는지를 전 배우자에게 묻는다. 아이가 할아버지 할머니와 같은 날에 올 수 있으면 좋을 것 같아서다. 그런데 전 배우자는 단지 이렇게 대꾸할 뿐이다. "안 되겠어요. 일정상 곤란해요."

- 생각:

- 감정:

- 행동:

상황 2

아이의 선생님과 학부모 만남을 위해 학교에 갔는데 전 배우자는 깜빡 잊어버리고 나오지 않는다. 이런 유형의 일은 예전에도 여러 번 일어났다.

- 생각:

- 감정:

- 행동:

Exercises

상황 3

아이가 새엄마/새아빠를 엄마/아빠라고 부른다.

- 생각:

- 감정:

- 행동:

상황 4

이혼을 하자고 한 것은 당신 쪽이었다. 그런데 아이가 당신에게 이렇게 묻는다, "왜 아빠를 더 이상 사랑하지 않으시는 거예요? 아빠는 아직도 엄마를 사랑하는데, 우리 다시 한 가족이 될 순 없나요? 제발요."

- 생각:

- 감정:

- 행동:

Exercises

현재 내가 가지고 있는 분노 유발 요소 밝혀내기

당신이 분노나 상처, 실망 등을 경험하기 직전에 당신이 하는 생각과 그 분노 유발 요소를 밝혀내 보자. 적어도 반은 채울 수 있도록 노력해 본다. 그것들은 당신의 이혼이나 자녀와의 관계와 관련이 많기 때문이다. 이 분노 유발 요소들은 당신의 '점화버튼' 들과 유사할 수도 있다.

현재 진행 중인 분노 유발 요소	현재 생각 / 믿음	현재 감정
아이의 공동부모가 아이 옷을 돌려보내지 않았다.	하여튼 책임감이라고는 절대 없지. 항상 나를 곤란하게 만들려고 해.	분노, 좌절

Exercises

새로운 반응 학습하기

앞 쪽을 다시 한 번 보면서, 거기에 당신이 방금 적은 '현재 진행 중인 분노 유발 요소' 들을 다음 표의 왼쪽 칸에 쭉 옮겨 적는다. 그런 다음 그 분노 유발 요소에 관하여 새롭게 개선된 생각을 만들어 본다. 모든 가능성을 열고 생각해야 한다고 자신에게 강요한다. 이것은 당신의 전 배우자를 위해서 하는 일이 아니라, 당신의 자녀를 위한 실습이다. 가운데 줄에 새로운 생각들을 완성한 다음에는, 각각의 줄마다 그 새로운 생각을 통해서 느끼게 될 것으로 여겨지는 감정들을 적는다. 이것은 매우 어렵기는 하지만 정말 중요한 작업이다. 다른 어느 부분보다도 여기에서 얻는 것이 많을 것이다. 다음 예를 참고하여 작성해 본다.

현재 진행 중인 분노 유발 요소	현재 생각 / 믿음	현재 감정
아이의 공동부모가 아이 옷을 돌려보내지 않았다.	지금 세탁 중인가 보구나. 너무 바빠서 돌려주는 걸 잊었나 봐.	어느 정도 이해가 간다. 살짝 짜증이 난다.

Exercises

나의 분노 조절하기

당신이 자신의 분노를 조절했던 때를 떠올려 기록해 본다. 그때의 분노 유발 요소와 당신의 생각, 감정과 행동이 무엇이었는지 밝혀 보라.

분노 유발 요소	생 각	감 정	행 동

Exercises

분노 유발 요소	생 각	감 정	행 동

사랑하는 엄마 아빠에게

와! 저는 요즘 정말 너무 좋아요. 엄마 아빠가 서로에 대해서 좋은 말씀만 하시니까 기분이 정말 좋네요. 이제는 서로에게 그렇게 화가 난 것 같지 않아요. 엄마 아빠가 때로는 슬프기도 하시고 걱정도 많으신 건 알지만, 우리 모두 다 잘될 거예요. 그리고 제가 화가 났을 때 두 분이 잘 도와주셔서 고마워요. 두 분이 서로에 대해 좋게 말씀하시면 두 분이 저를 더 사랑하시는 것처럼 들린답니다. 두 분이 생각을 바꾸기 시작하셨다는 것을 알고 나니까 이제는 안도의 한숨이 나오네요. 말로는 표현할 수 없을 만큼 너무 감사해요. 진심으로 마음을 쓰고 계시다는 것을 알게 되어 너무 기뻐요.

안심한 딸(아들)

○○○ 올림

Chapter 5 복습

1. 당신의 분노 유발 요소들은 무엇인가? 당신의 전 배우자가 그 유발 요소들을 눈치채고 미리 피해 주기를 기대하는가, 아니면 당신 자신이 스스로의 반응 양식을 바꿀 준비가 되어 있는가? 준비가 되었다면, 무엇부터 바꿀 것인가?
2. 당신은 자신의 분노를 어떻게 표현하는가? 그리고 그것은 당신의 자녀에게 어떤 영향을 끼치는가?
3. 당신이 전 배우자에 대해서 가지고 있는 부정적인 신념들은 어떤 것이 있는가? 그 생각들에는 특별한 주제가 있는가? 그 신념에 대한 강한 집착을 풀어 버릴 준비는 되어 있는가? 준비가 되었다면, 먼저 '항상' 이라는 단어를 '때로' 로 바꾸는 것에서부터 시작하라.
4. 전 배우자를 상대할 때 당신의 감정적인 반응을 실제로 '초래' 하는 것은 무엇인가?
5. 당신이 "나는 도무지 ~할 수가 없어." 라고 말할 때 사실은 "나는 절대 ~하지 않겠어." 라고 말하고 있음을 인정하는가?
6. 당신은 본인의 분노와 충동을 효과적으로 다스리는가? 그렇지 못하다면, 지침서 내용 중 어느 것을 시도해 볼 생각인가?
7. 당신과 전 배우자 사이의 분노 유발 요소의 상승 효과에 대해서 이해했는가? 당신의 행동이 자녀에게는 분노 유발 요소가 될 수 있다는 점 역시 이해했는가?

Chapter

6

갈등을 통제하기

— 뇌관을 제거할 것인가, 점화할 것인가 —

Chapter 6

갈등을 통제하기

— 뇌관을 제거할 것인가, 점화할 것인가 —

갈등은 어떻게 생기는가

논쟁은 어떻게 생겨나는가? 논쟁을 시작하게 하는 불꽃을 당기는 것은 무엇인가? 그리고 격노를 지속하도록 부채질하는 것은 무엇인가? 만일 누군가가 당신에게 논쟁을 구성해 보라고 한다면 먼저 무슨 일이 일어나게 될 것이라고 말하겠는가? 다음에는? 그리고 그 다음에는?

논쟁을 일으키는 데에는 어조, 표정, 혹은 그저 정당한 말 한마디로 충분하다고 사람들은 말한다. 어떤 여성은 "빈정대는 듯한 그의 목소리가 나를 화나게 만들었어요."라며 그 상황을 설명했다. 어떤 사람은 또 "그 여자가 '난 약자예요.' 라고 말할 때 난 미쳐 버려요."라고 말한다. 또 다른 여성은 "그가 내 얼굴에다가 삿대질을 하면 난 겁이 나서 변호사에게 달려가 보호를 요청하게 되지요."라고 말한다. 이 세 가지, 즉 어조, 몸짓, 혹은 단어들이 불을 붙이는 성냥과 같은 것들이다. 그 당시에는 그다지 중요하지 않은 것처럼 보였던 작은 불꽃이 커지면서 불을 내는 것이다.

이제 그 불을 더 크게 타오르게 하는 데는 더 많은 연료가 필요하다. 불 붙은 성냥에 약간 그슬린 공동부모는 재빨리 방어나 되받아치기로 그 불을 부채질한다. 그의 점화버튼이 잘 기능했고 그를 그 불 속에 가두는 데는 "난 약자가 아니야." 라는 말만으로도 충분하다. "그래요. 당신이 말한 대로 난 그런 사람이에요. 그렇지만 당신은 더 나빠요."라는 말도 불난 데 부채질을 하는 또 다른 대응 형태다. 이제 치고 되받아치기가 그 불에 산소를 공급하고 계속 불이 붙게 만든다. 불이 커지면 커질수록 불을 끄기는 더욱더 어려워진다. 갈등도 마찬가지다. 논쟁이 격해질수록 멈추기가 어려워지고 파괴력은 더 커진다.

초등학교 산불예방 교실에서 우리는 종종 "작은 불꽃 하나가 큰 산불이 됩니다."라는 말을 듣는다. 갈등에도 동일한 원칙이 적용된다. 그저 약간만 상처 주려던 불꽃이 뇌관에 불을 붙여 거대한 폭발을 일으키는 것이다.

그러나 연료가 없는 불꽃은 금방 꺼진다. 갈등의 경우도 마찬가지다. 공동부모가 연료를 대지 않으면 비판적인 말이나 빈정대는 어조에서 시작된 불꽃은 금방 꺼지게 되고 논쟁도 일어나지 않는다. 공동부모가 방어적 태도나 공격적 태도로 나오지 않으면 불은 타오르지 않을 것이고 작은 불꽃은 꺼져 버린다. 자, 갈등은 누구의 탓인가? 공동부모 둘 다 갈등의 원인을 제공하고 있는 셈이다. 그리고 둘 다 그 불을 끌 수도 있다.

말 한마디나 한 가지 행동이 불꽃을 제공하고, 그에 대한 반응이 연료를 제공한다. 그 결과는 어떻게 될까? 논쟁이 크게 일어날수록 불도 크게 일어나고 파괴력도 그만큼 커지고 당사자들도 모두 불에 탈 수 있다. 둘 다 갈등을 겪으면서 화가 치밀어 오르고, 그 결과 원한에 찬 말들을 하면서 상처를 입기도 하며, 종종 법정 싸움으로까지 치달아 서로에게 상처를 줄 수 있다.

가장 크게 상처를 받는 피해자는 중간에 놓인 아이다. 아이는 불을 붙이지도 않았고, 그 불을 부채질하지도 않았다. 아이는 화염에 휩싸인 건물 속에서 아무것도 모르고 잠을 자고 있는 것과 같다. 아이는 싸움의 열기를 느끼기는 하지만, 그 불의 파괴력을 통제할 힘이 없고, 불을 끌 수도 없다. 아이는 모든 출구가 막힌 불구덩이 한가운데에 갇혀 있는 것이다.

어떻게 다른 결과를 가져올 수 있는가? 산불예방 수업에서 교훈을 얻어 보자면 불을 예방할 수 있는 여러 가지 방법들이 있다.

- 언제, 어디서 어떤 화제에 국한해서 대화할 것인지를 결정한다면 미리 많은 갈등을 예방할 수 있다.
- "성냥을 갖고 놀지 마라."라는 말은 공동부모의 점화버튼을 누르게 되는 어조, 몸짓, 혹은 특정 단어들을 삼가라고 상기시켜 주는 말과 같다. 당신 자신의 점화버튼을 찾아내는 것 또한 당신이 열기를 느낄 때 미리 조심하도록 해 준다.
- 그리고 마지막으로, "불난 데 부채질하지 마라."라는 말은 처음에 불꽃이 일어날 때 말싸움을 종식시키는 모범적인 방법으로 반응하라는 뜻이다. 상대방의 말을 잘 경청하고 반영(反映)해 주면 갈등의 불이 꺼질 수 있고, 나-진술문은 타오르는 화염을 억제시킬 수 있다.

공동부모 중 어느 한쪽이 먼저 논쟁을 예방할 수 있다. 한쪽 부모만으로도 충분히 불을 끌 수 있다. 이 장에서는 당신 쪽에서 불을 예방하거나, 불을 끌 수 있는 기법들을 배우게 될 것이다. 갈등으로 빚어진 파괴는 예방될 수 있으며, 타오르는 불에서 보호받는 사람은 바로 당신의 아이가 될 것이다.

뇌관에 점화하기(불 붙이기)

1 어 조

논쟁은 작은 불씨에서 시작될 수 있다. 몇 마디의 단어, 어조, 혹은 아주 사소한 위협적인 행동만으로도 성냥에 불을 붙여 불을 계속 타오르게 할 수 있다. 빈정대는 것은 사람을 흠잡는 것이고 공격적인 어조는 공격적인 행동만큼의 의미를 지니게 된다. 푸념하는 말도 칭얼거리는 소리 때문에 상대방을 화나게 만들 수 있다. 남을 탓하거나 비난하는 소리는 무엇이든지 갈등의 성냥에 불을 붙인다. 명령하거나 요구하는 어조 역시 상대방에게서 똑같은 식으로 요구하고 명령하는 반응을 초래한다. 이것들이 당신의 공동부모를 폭발하게 만드는 소리들인가? 어떠한 어조가 상대방에게서 방어적인 태도나 분노를 유도하는가? 어조는 실제로 말만큼이나 많은 메시지를 전달할 수 있다. 당신이 한 말은 전혀 문제가 되지 않는데 당신의 목소리 때문에 싸움이 시작될 수도 있다.

2 신체언어

신체언어는 의사소통을 하는 또 다른 방식이다. 그것 역시 논쟁을 불타오르게 하는 성냥이 될 수 있다. 다른 사람을 밀거나, 자유로운 행동을 방해하는 몸짓이 때로는 위협적으로 비칠 수 있다. 누군가의 면전에 당신 손가락으로 질러대는 일, 너무 가까이 다가가서 그들의 공간에 끼어드는 일, 그리고 공격적인 태도로 누군가에게 몸을 기대는 일 등은 모두 상대방의 화를 돋울 수 있다. 심지어 뻣뻣한 자세나 변덕스러운 행동도 누군가의 분노나 공격을 유도해서 그로 하여금 되받아칠 준비를 하게 만든다. 상대방을 피하거나 그와의 대화를 기피하는 것도 뇌관에 불을 붙일 수 있다. 해로운 상황이 예상될 경우에는 그 자리를 피하거나 물러남으로써 경계를 짓는 것이 현명할 때가 있다. 그런데 사람들은 의도적으로 갈등을 일으킬 목적으로 누군가를 무시하거나 그를 피해 버리는 경우가 있다. 신체언어(몸짓)는 우리의 감정을 발산하기 위해 사용하는 미묘한 방식인데, 그것은 공격적인 말처럼 싸움을 유발하기 쉬우며, 훨씬 더 도발적이기도 하다.

③ 불을 붙이는 말들

말은 그 자체로 메시지의 제3영역을 수반한다. 그런 말들은 다음과 같다.

- 남 탓하기("이것은 모두 당신 잘못이야.")
- 비난하기("당신은 항상 날 미워했어.")
- 요구하기("내게 그런 식으로 말하지마.")
- 명령하기("당신, ××는 안 됩니다.")는 매우 파괴적이고 확실히 불을 붙이는 말이다.
- 충고하기("~해야 해." "~하지 말아야 해." 등)도 갈등을 유발한다.
- 욕설도 싸움을 일으킬 수 있다.
- 심리분석하기("당신은 항상 열등감을 느끼고 있어요.")는 교묘하게 자신의 우월감을 과시하는 것이다.

④ 너-진술문(You-statement)

앞의 괄호 안의 예를 보면 한결같이 '당신' 이라는 주어를 사용하고 있음을 알게 될 것이다. 모두 상대방에게 무엇을 해야 하고 무엇을 하지 말아야 한다고 말하고 있다. 그러나 다른 사람에게서 통제받기를 원하는 사람은 이 세상에 아무도 없기 때문에 '너-진술문'* 은 사실상 갈등의 시작을 알리는 보증수표다. 불을 지피고 싶은가? '너-진술문' 을 전달하면 불을 지피게 될 것이다.

불난 데 부채질하기

성냥을 긋고 그것이 타는 것을 지켜보라. 불꽃이 사라지는가, 아니면 활활 타오르는가? 거기에 탈 것이 얼마나 있느냐에 따라 대답은 달라질 것이다. 연료가 충분하면 불은 점점 커질 것이다. 연료가 충분하지 않다면 작은 불꽃은 금방 꺼져 버릴 것이다. 어떤 논쟁에서든지 처음 내뱉은 말이나 처음에 보인 몸짓이 어떤 반응을 유도하지 못하게 되면, 논쟁도 금세 시들고 만다. 그러나 처음에 보인 언행에 대해서 어떤 반응이 뒤따라 나타나고, 또 거기에 연료가 보태지면, 논쟁은 뜨겁게 달아오를 것이다.

1 당신의 점화버튼

당신은 다음과 같은 말에 대해서 어떤 식으로 반응하겠는가? "당신은 이제까지 우리의 아이를 돌보는 일을 제대로 해 오지 않았어요. "당신은 이성적으로 이야기할 줄도 몰라요." "당신은 항상 늦어요." "당신은 막다른 일자리에서도 오래 버티지 못해요." 당신은 우리 아이를 돌보지 않아요." 이렇게 상대가 성냥불에 불을 붙이는 것에 대하여, 당신이 보이는 첫 번째 반응에 따라서 불난 데 부채질하는지의 여부가 결정

*역자 주: '너-진술문' 은 '너-메시지(You-message)' 또는 '너-전달법' 과 동일한 뜻으로 사용된다.

될 것이다.

이 말 중에서 어떤 말이 당신을 화나게 만드는가? 당신의 점화버튼 때문에 당신은 논쟁 속으로 빠져들게 된다. 당신 신경을 가장 거스르는 말이 어떤 것인지를 알고 있다면, 당신은 그에 대한 당신의 반응을 바꿀 준비를 할 수 있다. 그래서 '불에서 발을 뗄' 수 있다. 이 장에서 당신은 그러한 일을 어떻게 할 것인지에 대하여 정확하게 배우게 될 것이다. 그러나 지금은 당신이 어떻게 해서 자동적으로 갈등에 끌려가는지를 알게 될 것이다. 사람들이 '뇌관에 점화하는' 여러 가지 방식 중에서 어느 것이 당신을 가장 화나게 하는가? 당신은 앞 장에서 당신의 방아쇠가 어떤 것인지를 알아보았다. 이제 그것들이 당신의 '점화버튼'이라고 생각하라.

빈칸에 실제 사례를 2~3개 적어 보라. 이것들은 당신의 개인적인 점화버튼이다.

....

....

....

누군가 당신의 점화버튼을 눌렀을 때 당신은 다음 세 가지 과잉반응 중 하나를 보이게 될 것이다.

1) 방어　　　　　　　2) 반격　　　　　　　3) 회피

이러한 반응들은 불난 데 부채질을 한다.

2 방어하기(변명하기)

아마도 당신이 처음에 가진 생각은 다음과 같을 것이다. "난 너무 너무 좋은 부모야." "나는 너무나 이성적으로 말할 수 있어." "난 항상 늦지는 않아." "이건 궁여지책의 일자리가 아니야." "난 당신 못지않게 우리 아이에게 신경을 쓰고 있어." 이런 방어적이고 논쟁적인 반응을 하게 되면 당신은 화염 속에 휩싸이게 된다. 당신이 이러한 연료를 불길 속에 던지게 되면, 그것은 상대방이 당신을 불 속에 넣게 하는 것과 같다. 상대방은 낚싯줄을 드리운 것이고 당신은 스스로 낚싯줄에 걸려든 것이다. 다른 누군가가 함정을 놓았고, 당신은 미끼를 먹으러 갔다가 함정에 빠진 것이다.

3 반격하기(역공하기)

화염 속으로 곧바로 걸어 들어가는 두 번째 방식은 반격하는 것이다. 반격하는 말은 다음과 같다. "나도 완벽한 부모는 아니지만, 당신은 더 나빠." "당신은 나를 비이성적이라고 생각할지 모르겠지만, 당신은 감상적이야." "내가 항상 시간을 엄수하지는 못하지만, 당신은 우리 자녀를 제대로 양육할 수 없어." "난 당신보다 우리 아이를 더 잘 보살피지. 적어도 아이가 나랑 있을 때는 웃기도 한다고. 그렇지만 당신과 함께 있을 때는 아이가 따분해할 뿐이야."

반격하는 방법은 수없이 많고, 각각의 방법은 논쟁의 불길에 부채질을 한다. 반격은 더 심한 공격을 낳고, 그래서 논쟁은 격화된다. 그래서 공동부모는 함정에 빠져 허덕이게 된다. 낚시 바늘이 드리워지고, 당신은 미끼를 문다. 이제 싸움이 본격적으로 시작되는 것이다. 주먹을 날리고, 되받아치고, 공격하고, 반격한다. 논쟁은 커지고 불길은 더 거세진다. 곧 그것은 통제 불능이 되고, 온통 파괴로 얼룩진다.

4 회피하기(무시하기)

불난 데 부채질하는 세 번째 방식은 상대방을 무시한 채 소리 없이 나가 버리거나, 상대방의 이야기도 듣지 않고 전화를 끊어 버리는 것이다. 물론 비생산적인 대화나 언어폭력이 수반된 대화는 끊어 버리는 것이 적절할 때도 있다. 그러나 자녀가 곁에 있거나, 당신 부부의 대화를 들을 수 있는 곳에서는 적대적인 상호작용을 계속하지 않는 것이 현명하다. 언제 대화를 제한하거나 중단하는 것이 좋을지를 결정하려면, 당신의 동기를 살펴보라. 전 배우자의 '점화버튼'을 누르기를 원하거나, 당면 문제를 거론하고 싶은 마음이 없어서 당신이 대화를 회피하는 것이라면, 당신의 행동은 분명히 불난 데에 부채질하는 꼴이 될 것이다. 당신이 왜 대화를 하지 않으려고 하는지를 전 배우자가 알지 못하면, 그는 당신이 의도적으로 힘을 행사하고 있다고 생각하기가 쉽다. 당신이 일정한 한계를 두기 위해 물러나는 것과 갈등을 불러일으키기 위해서 피해 버리는 것과의 차이점을 상대방이 분명하게 이해하도록 하라.

이 세 가지 반응은 매우 위험하다. 그리고 효과적인 의사소통에 부정적인 영향을 미친다. 그러나 스트레스를 받으면 그런 반응들이 튀어나오기 쉽다. 당신은 누군가가 불쑥 당신에게 싸움을 걸어오면 그에 대응하기 위해서 이러한 반응을 사용한 적이 있을 것이다. 그러나 당신이 새로운 화재예방 기법을 배우고 실천하면 불난 데 부채질하는 자연스러운 반응을 차단할 수 있다.

당신은 자문(自問)해 볼 수 있을 것이다. 이런 일이 어떻게 일어났을까? 당신들 둘 다 엄청난 불길의 크기에 놀랄 것이다. 당신은 싸움을 원하지도 않았고, 또 싸움을 걸려고도 하지 않았다. 그런데 바로 그 어리석고도 사소한 말 한 마디 때문에 싸움이 벌어졌을 것이다. 정말 잘못한 사람은 불난 데 부채질한 사람이라는 것을 당신은 확실히 알게 될 것이다. 당신은 말한다. "아니야!" 당신은 싸움을 시작하지 않았고, 다만 당신 일에 몰두해 있었는데, 그때 전 배우자가 불쑥 당신의 점화버튼을 눌렀다고.

이제 잘못한 사람은 어느 한쪽이 아니라는 것이 분명해진다. 불을 피우기 위해서는 성냥과 연료가 필요하다. 어떤 행동은 심지에 불을 붙이고, 어떤 행동은 불에 연료를 끼얹는 것이다. **당신 둘 다 똑같이 모든 논쟁에 책임이 있다.** 당신이 없으면 논쟁은 일어날 수 없다.

그런데 그것은 좋은 소식이다. 왜냐하면 그것은 **두 사람 중에서 어느 한쪽이 불을 끌 수 있다**는 것을 의미하기 때문이다. 화재 진압방법을 알고 있는 사람이 당신이라면, 당신이 불을 끌 수 있다. 이 장의 나머지 내용은 당신이 진화를 하는 방법에 대하여 소개할 것이다. 당신은 함정에 빠질 필요도 없고, 활활 타오르는 건물 안에 갇혀 있을 필요도 없다. 당신은 논쟁을 중단시키고 갈등을 통제할 수 있는 방법을 배우게 될 것이다.

화재예방

불의 파괴력을 제압하는 첫 번째 방법은 불이 나기 전에 예방하는 것이다. 이것은 당신이 결코 말실수를 하거나 오해 받을 만한 표정으로 바라보아서는 안 된다는 뜻이 아니다. 그것은 위험을 최소화시키기 위해서 가뭄으로 타들어가는 숲에 성냥불을 붙이지 말라는 뜻이다. '언제, 어디서, 무엇을' 의 3W 지침을 사용한다.

1 언제(When)

대화의 시간을 조심스럽게 선택함으로써 갈등은 예방될 수 있다. 약속을 하기 위해서 전화를 하고 둘 모두에게 편리한 시간으로, 비교적 조용한 시간을 선택하라. 될 수 있으면 길고 지친 하루 일과의 끝 시간이 아니라, 당신이 충분한 휴식을 취하고 난 후의 시간을 잡아라. 자유롭게 토론을 할 수 있도록, 자녀들이 들을 수 없는 시간을 선택하라. 두 사람 모두에게 시간적인 여유가 있을 때를 알아보라. 대화가 시작될 때나 대화가 끝날 즈음에 다른 주제를 거론하지 않도록 하라.

2 어디서(Where)

다음에는 토론이 잘 이루어질 수 있는 장소를 선택하라. 이성적인 대화를 고무시켜 주고 사무적인 행동을 유도하는 공공장소를 선택하는 것이 좋다. 만약 당신의 갈등을 통제할 수 없는 상황이라면, 반드시 자녀들이 대화를 엿들을 수 없는 장소를 택하는 것이 중요하다.

3 무엇을(What)

다음으로 당신이 결정해야 할 일은 대화와 주제를 정하는 것이다. 어떤 주제는 당신의 영역을 벗어나는 것일 수도 있고, 또 어떤 주제는 당신의 영역 안에 있을 것이다. 그것은 당신의 목표에 따라 달라진다.

목표가 당신의 생각을 털어놓는 것인 경우

만일 당신의 목표가 당신의 생각을 털어놓는 것이라면, 자녀에게 영향을 줄 수 있는 화제는 무엇이든지 이야기를 할 수 있다. 그러나 당신의 목표가 단순히 당신의 의견을 제시하는 것이고, 전 배우자에게 자기와 똑같은 견해를 공유하도록 강요하거나 설득하는 것이 아니라는 점을 확실히 알아야 한다. 당신은 공동부모가 당신과 똑같은 생각을 해 주기를 원하며, 그렇게 하는 것이 자녀에게 가장 이익이 될 것이라고 믿고 싶을 것이다. 그러나 당신은 전 배우자의 반응을 통제할 수 없다. 당신은 텔레비전 드라마가 자녀에게 좋지 않다고 생각하는 이유를 설명하고 싶겠지만, 전 배우자는 자기 집에서는 당신과 전혀 다른 행동 방식을 선택할 수 있다.

목표가 당신 자신의 영역을 설정하는 것인 경우

전 배우자가 당신의 영역을 침범한다면 당신은 경계선을 설정해야 한다. 당신은 당신의 영역을 분명히 해 두기 위하여 만남을 요청할 수 있다. 예를 들어 보자. 아이의 공동부모가 자녀들의 양육비를 보내 준다. 최근에 그가 당신이 돈을 쓰는 방식에 간섭하면서 당신과 자녀에게 충고하고 있다. 당신은 그와 만날 약속을 하고, 감정에 사로잡히지 않고 담담하게 당신의 영역을 설명해야 한다. 돈을 관리하는 일은 당신의 책임이므로 공동부모에게 선의의 충고는 더 이상 하지 말아 달라고 말할 수 있다.

목표가 문제해결인 경우

세 번째 유형의 목표는 자녀와 관련하여 해결해야 할 문제들을 포함한다. 자녀의 성적이 떨어졌거나 학교에서의 행동에 문제가 있는 경우가 있을 것이다. 아마 자녀의 학교 행사 일정으로 새로운 요구사항이 생겼고, 자동차를 이용해야 하는 일 등으로 공동양육자가 함께 결정해야 하는 일이 생길 수 있다. 부모의 입장보다 자녀의 생활을 개선하는 데 만남의 목적을 두면, 바로 그것이 공동의 토론 주제가 된다.

성공적인 토론을 위하여 다음의 3P 지침을 활용하라.

- **과거에 초점을 두지 말고, 현재(present)에 초점을 두라** 과거의 문제나 개인의 습관을 들춰내면 어김없이 방어적인 논쟁이 뒤따른다. 그것을 피하라. 토론이 무난하게 진행되기를 기대하면서, 토론이 시작될 때마다 백지 한 장을 준비하라.
- **사람에 초점을 두지 말고, 문제(problem)에 초점을 두라** '자기 집에서 허락하는 행동' 에 대해서보다는 '숙제' 등과 같은 주제에 대해서 이야기하라. 그리고 전 배우자에 대해서 당신이 싫어하는 점을 언급하기보다는 자녀가 보여 주는 좋은 면을 이야기하는 것이 좋다.

문제는 문제다. 문제점이 토론의 중심이 되게 하고, 문제해결의 중심에 자녀가 있게 하라.

- **우주 전체에 초점을 두지 말고, 한 가지 문제**(one problem)**에 초점을 두라** 세상을 바꾸려 하지 마라. 한 가지 주제를 논의하기 위하여 약속을 하고, 그 주제에 대해서만 이야기하라. 대화가 주제에서 벗어날 경우에는 "그래요, 그것도 중요해요. 그렇지만 지금 당장은 이 주제에 초점을 맞춥시다."라고 말하라. 당신이 한 가지 주제를 다루는 데 성공하고 나면, 즉시 논의를 중단하라. 이야기를 계속함으로써 논쟁에 다시 휘말리지 마라. 일단 성공을 경험하고 나서 그것을 즐겨라. 당신이 한 가지 주제를 말하고 나서 또 다른 주제로 대화를 이어 감으로써 결국은 말싸움에 휘말리게 된다면 당신은 당신 자신과 자녀를 속이고 있는 것이다.

다음과 같이 요약할 수 있다.

______________ 에 초점을 두지 말고 ______________ 에 초점을 둔다.
______________ 에 초점을 두지 말고 ______________ 에 초점을 둔다.
______________ 에 초점을 두지 말고 ______________ 에 초점을 둔다.

4 불장난을 피하기

우리는 대부분의 논쟁이 단순히 어조와 신체언어의 변화와 점화버튼을 누르는 상대방의 몇 마디의 말에서 시작된다고 했다. 당신은 마음에 품고 있는 것을 솔직하게 표현하면서, 그와 동시에, 갈등의 불길을 일으키는 불장난을 어떻게 피할 수 있는가?

'너-진술문' 을 피하라

"당신은 ~해야만 해요." "당신은 반드시 ~하지 않으면 안 돼요." "당신은 ~하는 게 필요해요." "당신의 의무는 ~입니다." 혹은 "당신은 ~ (게으르다, 어리석다, 멍청이다, 완벽주의자다, 속물이다, 망나니다, 부랑자다)."라는 표현과 같이 '너' 라는 단어로 시작하는 말을 할 경우, 화자는 미묘한 공격을 시작하고 있는 것이나 다름없다. 이러한 진술은 상대방 쪽에서 방어하거나 반격을 하도록 만들고, 결국은 싸움을 하게 만든다. '너-진술문' 은 공동부모로 하여금 의견의 일치를 보지 못하게 만드는 책략이다. 그래서 공동부모가 논쟁에 걸려들게 만들고, 정작 무슨 일이 벌어졌는지를 깨닫기도 전에 함정에 빠뜨린다.

정작 당신이 자녀에게 해가 되는 파괴적인 갈등을 피하고 싶다면, 당신이 '너-진술문' 으로 싸움을 시작하고 있다는 사실을 인식하는 일이 중요하다.

의사소통의 걸림돌을 피하라

대부분의 '너-진술문' 은 의사소통에 벽을 만든다. '너' 라는 말 다음에는 종종 상대방을 비판하거나, 탓하거나, 모욕하거나, 심문하는 말이 이어진다. 그런 말이 왜 문제가 되는지 살펴보자.

- **비판하기, 탓하기, 비난하기의 말**(예: "당신은 너무 게을러요." "당신은 우리 아이에게 신경을 쓰지 않아요." "당신은 이기적이에요.")은 상대방을 심판하고 상대방의 잘못을 들추어내기 때문에 의사소통에 걸림돌이 된다. 이런 말은 사람의 자존감과 긍정적인 자아개념을 손상시킨다. 누군가의 자존감이 공격받게 되면 자연히 그는 자신을 방어하거나 반격하게 된다. 어느 경우든지 자녀에 대한 관심은 사라져 버린다.

- **충고하기, 명령하기, 요구하기의 말**(예: "당신은 ~해야만 해요." "당신은 ~하지 않으면 안 됩니다." "당신은 ~하는 게 필요해요.")은 상대방을 독립적으로 생각하지 못하는 미성년자로 간주하는 것이다. 이것 역시 사람의 자존감을 갈기갈기 찢고 복수심이나 반항의 마음을 불러일으킨다.
- **모욕을 주는 말**은 사람의 자존감에 해를 입히고 앙갚음하려는 마음을 불러일으킨다.
- **일련의 심문하는 질문들**(예: "당신은 ~에서 무엇을 했지요? 그리고 그때 무슨 일이 벌어졌지요? 그 다음에 당신은 무슨 짓을 했지요?")은 그 사람이 무슨 행동을 잘못했는지를 알아내려고 하는 시도다. 심문을 받는 사람은 곧바로 자신을 변호하기 시작하거나 그 질문에 맞서 싸우기 시작할 것이다.
- **심리적으로 분석하기**는 사람들이 그런 짓을 한 이유를 설명하는 것이다. (예: "당신이 자기를 내세우려고 할 때마다 당신 엄마가 당신을 때리곤 했으니까 당신은 자신을 주장할 수 없는 것뿐이에요.") 이러한 말은 통찰력이 있기는 하지만, 듣는 사람에게는 상처를 주게 되고, 말하는 사람은 우월감을 느끼게 되는 것이다. ('난 당신이 알지 못하는 것을 알고 있어요.') 그래서 앞에서 언급한 '너-진술문'의 문장과 마찬가지로 이런 말을 듣는 사람은 자존심을 지키기 위해 자신을 방어하도록 만든다.

5 어 조

어조는 그 자체가 모욕을 주고, 비판하고, 강요하는 것이다. 어조는 또한 빈정대고, 공격하고, 불손함을 나타낸다. 어조가 불손하면 듣는 사람은 공격 받는다고 생각하고 방어적인 태도를 취함으로써 그 역시 불손한 방식으로 분노를 해결하게 만든다. 만일 상대방이 무시당하는 느낌을 받게 된다면 그가 동등한 대우를 받는다고 느끼기 전까지는 당신과 대화하지 않으려고 할 것이다. 그리고 그런 상황이 개선되기 전까지는 당신의 요구에 응하지 않을 것이다. 그러므로 사람을 무시하거나 위협하는 어조를 사용하게 되면, 문제를 해결하는 시간이 지연될 뿐만 아니라, 자기의 유해한 행동 방식을 바꿀 수 있는 시간이 지연된다. 그것은 공동부모 간의 관계에만 초점을 맞추게 하고, 문제는 다루지 못하게 만든다. 즉, 자녀에게 집중할 수 없게 만든다.

⑥ 신체언어(몸짓)

우리들은 몸짓으로 의사소통하는 방법에 대해서 배운 적이 없다. 그러나 우리는 말만큼이나 많이 혹은 그 이상으로 신체의 동작과 얼굴 표정을 통하여 의사소통을 하고 있다는 것이 증명되었다. 심지어 부모는 어떤 것을 이야기하고 있는데, 아이들은 그 말의 내용과 무관하게 실제로 벌어지는 상황(부모의 몸짓)에 맞추어서 반응하는 것을 종종 보게 되는데, 그것은 바로 위와 같은 이유 때문이다. 찬성하지 않는 듯한 표정, 이리저리 굴리는 눈, 공격적인 자세는 모욕적인 말과 똑같이 쉽게 싸움이 시작되게 만들 수 있다.

성냥을 가지고 불장난하는 것을 피하기 위해서는 당신 자신의 신체역학(body dynamics)을 감시하고 의사소통을 가로막는 사소한 행동을 인식하는 일이 중요하다. 잘못된 말, 어조, 신체역학이 논쟁을 시작하는 단서가 된다면, 올바른 말과 어조와 몸짓으로 논쟁을 피할 수 있다. 집의 2층에서 당신의 자녀가 잠을 자고 있는데, 당신이 성냥을 가지고 장난하는 것이 과연 가치가 있는 일인지를 자문해 보라.

성냥을 가지고 노는 것은 흥미진진하고 모험적인 것처럼 보일 수도 있다. 그러나 결과는 자녀에게 관심을 쏟지 못하게 되고, 모두가 불에 탈 위험만 키우게 될 뿐이다. 설령 당신이 절대로 불을 피우지 않겠다고 약속했다 하더라도, 당신은 상처를 주는 말과 행동을 바꾸어서 온화한 말로 대체하는 방법을 알아야 한다. 우리는 이 장의 나머지 부분에서 우리가 해야 할 일에 초점을 맞출 것이다.

7 불난 데 부채질하기

성냥에 불이 붙여졌다. 당신은 열기를 느낀다. 당신은 어떻게 반응하는가? 최악의 것을 상상하고 상대방의 말을 공격으로 받아들이는가? 아니면 고의로 그의 질문을 무시하고 그 자리를 떠 버리는가? 자신을 방어하는가? ("내가 항상 늦는 것은 아니야!") 아니면 반격하는가? ("내가 제시간에 올 때조차 당신은 알렉스를 바로 데려갈 수 있도록 준비해 준 적이 없어요!") 이러한 반응들은 모두 불난 데 부채질하는 것임을 명심하라. 그런 말은 모두 당신의 전 배우자가 처음에 내뱉은 말, 어조, 눈빛에 성냥불을 당겨 격렬한 말싸움으로 몰고 가게 한다. 혼자서는 논쟁을 할 수 없는 법이다.

당신이 뜨거운 열기를 느끼고 나서 자신을 방어하거나 반격하는 반응을 보였다면, 그것은 당신이 싸움에 합세하겠다는 의사를 표현한 셈이다. 즉, 논쟁에의 초대를 받아들인 것이다. 자녀에게 초점을 맞추겠다는 당신의 마음을 한편으로 제쳐 두고 나서, 전투복으로 갈아입고 싸움에 가담하는 데 동의를 한 것과 같다. 그것은 찢어진 틈새를 비집고 들어가는 일이 매우 중요하다고 여긴 나머지, 당신은 싸움에 몰두하게 되고, 문제해결은 자녀에게 떠넘기기로 결정한 것과 같다.

어떻게 갈등의 불을 끌 것인가

당신은 불꽃을 보고 — 아마 당신 목전에서 — 불꽃의 뜨거운 열기를 느꼈을 것이다. 당신의 몸이 말한다. "어서 공격할 준비를 해라." 이제 어떻게 할 것인가? 일-생-진-행! 즉, '일단 멈추라 — 생각하라 — 진정하라 — 행동하라' 가 정답이다. 내 자녀에게 가장 이익이 되는 것이 무엇인가? 자기가 불타게 된다는 것을 기억하라. 불을 끄기로 결심하라. 그러고 나서 어떤 행동을 취할 준비를 하라.

1 일-생-진-행(일단 멈추라 — 생각하라 — 진정하라 — 행동하라)

2 당신의 어조를 통제하라

냉정을 되찾고 마음을 가다듬어라. 목소리를 조절할 수 있도록 깊은 숨을 쉬고 턱의 긴장을 풀어라. 그런 다음에 당신이 반응하게 되면 아마도 상냥하고 의연해질 것이다. 그러나 빈정댐이나 분노가 깃들지 않게 하라. 당신은 스스로를 통제하고 있고, 전 배우자를 통제하고 싶지 않다는 것을 보여 줄 수 있다. 상대방에게 대답할 때 어조를 고르게 유지하라. 그러면 공동부모는 당신이 실제로 한 말에만 집중할 것이다. 이러한 행동만이 불꽃을 완전히 꺼지도록 한다.

3 당신의 신체 동작을 통제하라

당신의 몸짓(신체언어)은 어조나 말만큼 강력한 메시지를 전달한다. 먼저 깊은 숨을 내쉬면서 어깨의 긴장을 풀고 턱의 긴장도 가볍게 풀어

라. 이렇게 긴장이 풀어지면 기분이 나아질 것이고, 자신이 그 상황을 통제하고 있다는 느낌을 가지게 될 것이다. 그리고 자신이 상대방에게 통제받지 않는다는 것을 가시적으로 보여 주게 될 것이다. 당신은 몸과 마음을 너끈히 통제하고 있다는 것과 제3자의 줄에 튕겨지는 일도 없다는 것을 보여 주게 될 것이다. 당신은 행동하고 싶은 방식대로 결정해서 행동하며, 문제를 해결하고, 토론하며, 견해를 공유하기 위하여 침착함을 유지하고 싶을 것이다.

④ 그 자리를 떠나라

상황에 따라서 당신은 때로 신체언어나 말이나 어조를 통제하기가 매우 어렵다는 것을 알게 될 것이다. 당신이 통제력을 잃어 가고 있다고 느낄 때는 그 상황을 떠나라. 그 상황에서 벗어나서 당신 자신을 추스를 수 있는 시간과 장소가 필요할 수 있다. 일대일 대면을 하고 있는 상태라면 당신은 상대방에게 마음을 가다듬을 시간이 필요하다고 말하고 나서 차분한 목소리와 여유로운 행동으로 잠깐 그 자리를 벗어나라. 잠시 자리를 뜨는 것이다. (이것은 고의적으로 논쟁을 고조시키기 위해서 자리를 떠나는 것과는 다르다. 왜냐하면 한 마디 말도 없이 자리를 박차고 나가 버리는 것은 전 배우자의 점화버튼을 누르는 것이기 때문이다.)

만일 공동부모가 공격적이고 위협적으로 나오면 논쟁이 더 심해지기 전에 즉시 자리를 떠나야 한다. 두 사람이 함께 당신 집에 있을 경우에도 조용히 열쇠를 챙긴 뒤에 자녀를 데리고 나가 버려라. 이때 서둘러 자녀

의 팔을 끌어당기지는 마라. 그렇게 하면 당신의 신체언어 때문에 논쟁이 격화되고, 자녀의 두려움과 공포를 증가시키게 된다.

전화를 하다가 논쟁으로 발전되어 갈 때도 그 자리를 벗어나라. 가능한 한 가장 차분한 목소리로 다음과 같이 말하라. "이런 이야기는 우리에게 그다지 도움이 안 될 거예요. 일단은 전화를 끊고 내일 다시 통화해요. 전화할게요." 그러고 나서 조용히 수화기를 내려놓아라. 논쟁이 시작되면 전화기를 붙들고 있을 이유가 없다. 전화기를 계속 붙들고 있게 되면, 당신은 자녀가 필요로 하는 것이 무엇인지를 망각한 채 다만 자기의 만족을 위해서 복수하려고 그 자리에 남아 있는 셈이다. 그런 상황에서는 당신 둘 다 상처를 받게 될 것이다.

5 경청하고 반영해 주라

공동부모 쪽에서 당신에게 불붙은 성냥을 전달해 줄 때 당신이 할 일은 그 불을 끄는 것이다. 1970년대 영상물을 생각해 보면 도움이 될 것이다. 베트남의 시위대가 국가 방위대에 의해서 제지를 받았을 때 몇몇 사람들이 방위대원들의 소총에 꽃을 달아 주었다. 그 결과는 어떠했을까? 국가 방위대원들은 꽃으로 무장한 젊은이들에게 쉽사리 총을 겨눌 수 없었다. 말하자면 꽃이 방위대원에게서 총을 빼앗아 버린 것이다. 이런 일이 공동부모에게 어떻게 적용되는지 보자.

공동부모 쪽에서 당신에게 '너-진술문' 을 보낼 때 당신은 그 메시지 속에 담긴 걱정거리를 알아차리고, 그에게 그 걱정거리에 대해서 반응을 해 주라. 예를 들어 보자. "당신은 부모역할을 잘못하고 있어요."라는 말은 "당신은 내가 우리 아들과 관련된 일을 잘 결정하지 못할 것 같아 염려하고 있군요."라고 반영해 줄 수 있다. 반영적 경청(反映的 傾聽)이란 화자(話者)의 뜻에 동의하거나 그의 말속에 담긴 저의에 동의한다는 뜻이 아니다. 그리고 당신이 자신을 방어한다는 뜻도 아니다. 반영적인 진술은 화자가 말하는 바를 재진술(再陳述)해 주며, 당신이 잘 경청하고 있다는 것을 보여 주는 것이다. 몇 가지 다른 예를 보자.

"당신은 항상 늦어요."라는 말에는 "내가 항상 정해진 시간보다 늦게 와서 당신은 기분이 좋지 않은 모양이군요."라는 말로 대답해 줄 수 있다.

"당신은 그 마지막 일자리마저 그만두어 버렸군요."라는 말에는 "당신은 내가 이 일을 지속할 수 없어서 걱정이 되는 모양이군요."라는 말로 대답해 줄 수 있다.

"당신은 정말이지 못돼 먹었어요."라는 말조차도 "당신은 내가 결정하는 방식이 마음에 들지 않는 거로군요."라거나 "당신은 나와 함께 사는 아이(들)의 생활방식이 마음에 들지 않는 모양이군요."라는 말로 대답해 줄 수 있다.

반영적인 진술을 해 준다고 해서 말싸움이 금방 끝나지는 않을 것이다. 말싸움을 끝내려면 화자가 말한 것에 대해서 당신이 몇 번씩 다른 말로 반영해 주어야 할지도 모른다. 반영해 주는 행동은 화자가 말하고 싶은 이면의 관심거리를 당신이 주의 깊게 듣고 있다는 것을 보여 주기 때문에, 이러한 반영적인 진술은 갈등의 수준을 즉시 줄여 줄 것이다. 당신이 상대방의 걱정거리를 밝혀 주는 데 도움을 주게 되면 당신은 불을 끌 수 있을 것이다. 사람은 누구나 상대방이 자신의 이야기를 들어주고 이해해 주기를 원한다. 『성공하는 사람들의 일곱 가지 습관』의 저자인 스티븐 코비(Stephen B. Covey)는 다음과 같이 말했다. "사람들은 당신이 자기에게 얼마나 많은 관심을 보이는지 알게 될 때야 비로소 당신이 얼마나 많이 알고 있는지에 대해서 관심을 보인다." 상대방의 관심거리를 당신이 이해하고 있다는 것을 보여 주라. 그러면 그 사람은 당신이 그 사람의 의견에 동의하지 않더라도 당신을 존중할 것이다.

6 '나-진술문' *을 사용하라

'너-진술문' 은 누군가가 자기를 먼저 공격하기 시작하는 것과 같기 때문에, 결국 상대방은 반격을 하게 된다. 어느 쪽이든 간에 논쟁은 반드시 시작된다. '너-진술문' 을 사용하지 않고 어떻게 당신의 견해와 생각을 말하면 상대방과 당신의 마음을 공유할 수 있겠는가? '너' 가 들어간 문장으로 시작하는 대신에 '나' 가 들어간 문장으로 시작하라.

'나-진술문' 이 표현되는 방식은 다음과 같다.

________________할 때 (걱정되는 사건을 삽입한다)
나는 ________하는 기분이 들(었)어요. (감정 단어를 삽입한다)
그래서 내가 원하는 것은 _______이에요. (부탁의 말을 삽입한다)

실제 예를 들면 다음과 같다.

"난 당신이 우리 아들에게 성인영화를 보게 해서 화가 났어요. 그래서 나는 당신이 성인영화를 보러 가고 싶을 때는 아이를 내게 맡겨 주기를 원해요."

"난 당신이 담배 냄새를 풍기면서 우리 집에 돌아오면 걱정이 돼요. 그래서 나는 당신이 집 바깥에서 담배를 피웠으면 좋겠어요."

"난 알렉스가 너무 의기소침해 있는 것을 보고 걱정이 됩니다. 알렉스가 상담을 받도록 당신과 의논하고 싶습니다."

---

* 역자 주: '나-진술문' 은 '나-메시지(I-message)' 또는 '나-전달법' 과 같은 뜻으로 사용된다.

이러한 '나－진술문' 들은 세 가지 면에서 의사소통을 원활하게 해 준다.

- 그것은 상황에 대하여 당신이 느끼는 바를 솔직하게 표현해 준다. 어떤 (행동이 받아들여질 수 없는 때조차도) 행동은 수용할 수 없지만 인간이 느끼는 감정은 항상 수용가능하기 때문에, '나-진술문' 은 받아들여지기가 더 용이하다.
- '나－진술문' 으로 전달하면 자녀에게 미칠 수 있는 어떤 영향과 그 상황에 대한 당신의 생각의 연결이 용이해진다. '나-진술문' 은 자녀에게 초점을 맞추게 된다. 그러므로 자녀에게 가장 이익이 되는 방향으로 토론의 초점을 맞추기가 더 쉽다.
- 그러한 메시지들은 방어나 대응 공격을 유도하지 않는다. 그 대신에 서로의 의견 차이를 존중하고, 서로의 생각을 나눌 수 있게 해 준다. 상대방으로 하여금 반대 입장을 취하게 하는 대신에 상호 간에 합의로 이어지도록 한다.
- '나-진술문' 은 간결하고 명료하게 부탁하는 기술이다.

완전한 '나-진술문'

나의 의도를 완전하게 보여 주려면, 앞에 언급된 짧은 형태의 '나-진술문' 보다는 완전한 형태의 '나-진술문' 이 필요하다. '나-진술문' 은 다음과 같은 형식을 따른다.

______________________하면 (걱정되는 사건을 삽입한다)
나는 ______________하는 기분이 들어요. (감정 단어를 삽입한다)
왜냐하면 ________하기 때문입니다. (그것이 아이에게 미친 부정적 영향)
그래서 나는 __________하기를 원해요. (당신이 부탁하는 행동상의 변화)
__________________에 당신은 동의해 줄 수 있나요? (부탁 사항)

사례 1

"나는 밤 9시 이후에 드웨인이 혼자 집에 있는 것이 걱정이 돼요. 왜냐하면 보호자도 없는데 무슨 일이 일어날지도 모르기 때문이에요."

"나는 그 애가 밤 9시 이후에 집에 혼자 남아 있을 때는 보모를 붙여 주고 싶어요."

"당신이 내 뜻에 동의해 줄 수 있나요?"

사례 2

"앨리슨이 당신 집에서 지낼 때 숙제를 하지 않아 걱정이 돼요. 왜냐하면 앨리슨은 양쪽 집에서 일관되게 생활할 필요가 있거든요. 그렇지 않으면 학교 시험에 떨어질지도 몰라요. 그래서 나는 당신이 앨리슨의 숙제를 점검해 주었으면 좋겠어요."

"이것에 대해서 당신은 어떻게 생각하나요?"

'나-진술문' 은 문제의 초점을 자녀에게 맞춘다. 그래서 초점을 '내가' 원하는 것이 아니라 자녀에게 좋은 것으로 초점을 옮겨 놓는다.

'나-진술문' 에서 사용하는 마지막 질문은 동의나 약속을 유도하는 것이다. 그러나 상대방이 즉시 동의할 것이라고는 기대하지 마라. 전 배우자가 당신의 의사에 동의하기까지는 약간의 시간이 필요할지도 모른다. 당신 쪽에서 '나-진술문' 을 전달한 다음에 곧바로 대답을 강요하지 마라. 당신의 공동부모는 체면을 세우기 위해서 "생각해 보겠어요."라고 말할지도 모르기 때문이다. 그러면 "좋아요. 당신의 의향을 알아보기 위해서 금요일에 다시 전화할게요."라고 말하면서 지지해 주라.

경계선을 긋는 것이 필요할 경우에도 다음과 같은 '나-진술문' 을 사용할 수 있다.

"당신이 나에게 무책임하다고 말해서 나는 상처를 받고 화가 났어요. 내가 원하는 것은 나에게 건설적인 비판은 하되 우리 아이 앞에서는 절대로 비판하지 말아 달라는 거예요. 앞으로는 그렇게 해 줄 수 있겠어요?"

이중의 책임감

당신은 논쟁을 시작할 수도 있고, 또 논쟁이 전개되는 것을 막을 수도 있다. 당신의 어조와 말과 신체언어를 통제함으로써 성냥을 가지고 불장난하는 것을 피하라. 전 배우자의 점화버튼에서 멀리 떨어져 있어야 한다. 도화선(導火線)이 어떤 것인지 당신은 잘 알고 있을 것이다.

일단 논쟁이 시작되면 불난 데 부채질하지 않도록 하라. '일-생-진-행' 의 기법을 활용해서 일단 멈추되, 만일 당신이 그 찢어진 틈새로 들어갈 경우에는 자녀에게 미칠 영향에 대해서 생각해 보라. 그 다음에는 자기방어를 하거나 반격하기보다는 상대방의 말을 경청해 주고, 그의 말에 담겨진 관심사를 반영해 주라. 잘 통제된 목소리와 몸짓으로 '나-진술문' 을 전달하여 자녀에게 필요한 것에 초점을 맞추고, 갈등의 크기와 양을 제한하라. 그리하면 불타는 건물에 갇힌 자녀와 당신은 밖으로 탈출하게 될 것이다.

Exercises

'나 – 진술문' 일지

'나–진술문' 을 만드는 요령

1. 당신 자신의 감정을 알아내는 데 도움을 받기 위하여 다음 쪽에 있는 감정 단어들의 목록을 활용하라.
2. 당신이 "나는 ~ 기분이 든다." 라고 말할 때 '~처럼' '~라고' '마치 ~인 것처럼' 이라는 말을 첨가한다면 그것은 '감정' 보다는 '생각' 이나 '신념' 을 표현하고 있는 것이다. 이러한 단어는 뇌관에 불을 붙일 위험성이 높다. 왜냐하면 당신은 비판적인 의사소통을 하기 때문이다. 상대방은 당신이 내린 판단에 대해서 자신을 변호할 목적으로 반격하고 싶은 마음이 들 수 있다. 아무도 당신의 감정을 비판할 권리는 없지만, 당신의 생각과 판단에 대해서는 옳거나 그르다고 판단하는 말싸움을 걸 수 있다. 당신이 느낀 감정을 정확하게 알리고, 이야기를 할 때 그 감정을 표현하라.

이렇게 말하지 마라: **"당신은 내가 한 일을 절대로 인정해 주지 않는 것 같아요." (생각)**

이렇게 말하라: "난 내가 노력한 것을 알아주지 않으면 인정받지 못한 기분이에요." (감정)

이렇게 말하지 마라: **"당신이 새 일자리를 얻었으니까 아이의 양육비를 좀 더 올려 주어야 한다고 생각해요." (판단)**

이렇게 말하라: "난 하루 하루 힘들게 살아가는데, 당신이 경제적으로 아주 넉넉하게 지낸다는 걸 알고 나니까 기가 막히고 원망스러워요." (감정)

이렇게 말하지 마라: **"우리 딸이 얼마나 초라해 보이는지…… 당신이 신경을 쓰지 않는 것 같아요." (생각 혹은 가정)**

이렇게 말하라: "우리 딸아이가 너무 초라한 옷을 입고 있으니까 나는 당혹스럽군요. 왜냐하면……." (감정)

Exercises

전 배우자와 나눈 대화에서 당신이 사용한 '나-진술문'을 2개 기록해 보라. 요점만 간단하게 기록하라. 이 활동의 목표는 하나 내지 2개의 문장 안에 '나-진술문'의 모든 부분을 담아내는 것이다.

"나는 ________________ 할 때 ________________ 하는 기분이 들(었)어요.
왜냐하면 ____ 이(하)기 때문입니다.
그래서 내가 원하는 것은 ______________________________ 입니다."

"나는 ________________ 할 때 ________________ 하는 기분이 들(었)어요.
왜냐하면 ____ 이(하)기 때문입니다.
그리고 내가 원하는 것은 ______________________________ 입니다."

Exercises

감정 단어

당신과 당신의 자녀가 볼 수 있는 곳(가령 냉장고)에 이 목록을 붙여놓아라. 자녀가 보는 앞에서 당신이 자기의 감정을 알아내는 것을 연습하고, 자녀에게도 똑같이 해 보라고 권하라. 당신의 감정 단어를 늘려 가면서 이 목록에 감정 단어들을 추가하라.

감정 단어 목록					
유쾌한 감정			불쾌한 감정		
생기 있는	재미있는	수용된	귀찮은	두려운	불안한
애정적인	빈틈없는	적당한	동요되는	화가 난	공격적인
확실한	축복받은	용감한	악화된	학대받은	우울한
대담한	우쭐한	으쓱대는	쓰라린	배반당한	지루한
명랑한	만족한	자상한	혼란스러운	정신 없는	기분이 저조한
조용한	평범한	자신 있는	마음이 산란한	실망한	불만족한
유능한	능력 있는	고무된	우울한	심술난	소진된
공감적인	기대하는	흥분된	시기하는	당혹스러운	좌절된
정력적인	황홀한	매혹된	겁먹은	상처받은	무기력한
운 좋은	훌륭한	친절한	끔찍한	절망적인	불안정한
기쁜	결심이 확고한	대단한	격노한	아픈	무능한
좋은	열정적인	설레는	성가신	새파랗게 질린	상실한
희망적인	행복한	의기양양한	발끈한	비열한	신경과민의
겸손한	즐거운	강렬한	격노한	속상한	짜증 나는
중요한	사랑하는	낙관적인	소유적인	강요받은	투정 부리는
신나는	익살맞은	평화로운	신경질 나는	화가 치미는	거부당한
즐거운	자랑스러운	긍정적인	회한에 젖은	원망스러운	망연자실한
힘 있는	이완된	산뜻한	부들부들 떠는	멍청한	부루퉁한
안심되는	진실한	안정된	슬픈	적의에 찬	긴장된
어리석은	흡족한	애정어린	야단맞은	겁이 많은	피곤한
활발한	놀란	동정적인	함정에 빠진	재미없는	쓸모없는
성공적인	따듯한	감사하는	불편한	복수심에 불타는	부적절한
전율적인	포근한	경이로운	지친	걱정스러운	싫증 나는

Exercises

갈등을 통제하기

다음의 '해야 할 일'과 '하지 말아야 할 일'을 읽어 보라. 오른쪽 문항(불난 데 부채질 하는 행동) 중 당신이 행한 것에 ×표를 하라. 그리고 왼쪽 문항 중에서 당신이 연습할 필요가 있는 행동에 ○표를 하라.

해야 할 일 (불 끄기)	하지 말아야 할 일 (불난 데 부채질하기)
• 자기를 통제하라. • 숨을 깊이 쉬어라. • 당신의 어조를 조심하라. • 당신의 신체언어를 조심하라. • '일-생-진-행'을 활용하라. • 전 배우자의 말을 경청하라. • '자녀에게 초점'을 맞추라. • 당신이 경청한 내용을 반영해 주라. • '나-진술문'을 활용하라. • 3W를 활용하라. • 사실과 관찰한 것을 활용하라. • 현재에 초점을 맞추라. • 한 번에 하나의 문제만 말하라. • 필요한 경우, 나중에 이야기하자고 부탁하거나 만날 시간을 정하라. • 필요한 경우, 한계를 정하라. • 필요한 경우, 자리를 뜨거나 전화를 끊어라. (먼저 자리를 뜨겠다고 알리고 나서) • 사업가적인 기술을 활용하라. • 일곱 가지 협상기술을 활용하라. • 공감하라: 동의하거나 연관성을 찾아라.	• 아무런 생각 없이 일단 반응부터 한다. • 위협한다. • 비판한다. • 반격하거나 남의 탓을 한다. • 방어한다. • 빈정댄다. • '자신에게 초점'을 맞춘다. • 강요하거나 명령한다. • '너-진술문'을 사용한다. • '항상'이나 '절대'라는 말을 사용한다. • 판단하고 비평한다. • 과거에 초점을 맞춘다. • 주제를 바꾸거나 벗어난다. • '~해야만 해'와 '항상'이라는 말을 사용한다. • 분석한다. • 욕하고 저주한다. • 무시하거나 회피한다. • 이기는 일에만 초점을 맞춘다. • 대화를 지배한다.

당신이 선택할 문제다. 당신이 결정하라.

Exercises

뇌관에 점화하기

적대감 + 적대감 = 더 큰 적대감

다음 사례를 읽고 나서 일어날 수 있는 결과를 예측해 보라. 그 다음에 각 상황을 택해서 그에 반응하는 부모가 되어 보라. 갈등을 점점 줄여 감으로써 보다 나은 결과를 만들어 보라. 앞 장의 '갈등을 통제하기' 에 나와 있는 '해야 할 일' 과 '하지 말아야 할 일' 의 목록을 지침으로 활용하라.

사례 1

엄마: 당신은 왜 항상 우리 딸을 제시간에 집에 데려다 줄 수 없나요? 늘 내가 책임져야 한다고요! 당신은 나를 성가시게 하려고 일부러 늦게 데리고 오는군요! 당신은 은근히 나를 골탕 먹인다니까요! 당신은 우리가 서둘러 잠자리에 드는 걸 즐기는 모양이에요.

아빠: 그래요, 책임질 사람은 당신이오! 하! 정말 웃기는군요. 가계부도 제대로 맞추지 못하는 주제에! 날 박박 긁지 말아요! 내가 가능한 시간에 아이를 집에 데려다 줄 거니깐! 당신은 항상 이래라저래라 하기를 좋아하지 않소?

아이의 아빠가 적대감을 점점 더 증대시키는 방식을 밝혀 보라.

당신이 익힌 기술을 사용해서 아빠 역할을 다시 해 보라. 이 상황의 불을 꺼 보라.

아빠:

Exercises

사례 2

아빠: 당신은 문제를 만들려고 하잖아요? 내가 보내 준 그 많은 양육비를 가지고 당신은 아이들의 옷을 사 입혀야 한다고 판사가 법정에서 명령했다는 걸 당신도 알거요. 그런데 이게 뭐요? 아이들에게 지저분하고 볼품없고 어울리지도 않는 옷만 사 입히고 있어요. 아이들이 어떤 모습일지 신경을 쓰기나 해요? 내가 먼저 이혼을 하자고 했기 때문에 내게 앙갚음하려고 당신이 술수를 쓰는 게 도무지 이해가 되지 않는단 말이에요.

엄마: 무엇 때문에 불평을 하는 거예요? 난 옷을 사서 보냈잖아요? 판사가 어떤 옷을 입혀야 한다는 말까지는 하지 않았다고요. 내가 사 보낸 옷을 고마워해야죠. 게다가 당신은 내가 애써 사서 보낸 멋진 옷은 아이들에게 입히지도 않았어요. 그 옷이 맘에 들지 않으면 당신이 새 옷을 더 장만하세요. 어쨌든 돈을 가진 사람은 당신이니까. 그리고 이혼한 것은 당신 때문이란 걸 명심하세요. 그런데 그걸 왜 부정하죠? 당신의 시시껄렁한 애송이 비서만 없었더라면 우린 여전히 함께 살고 있을 거예요.

아이의 엄마가 적대감을 고조시키는 방식을 밝혀 보라.

___

___

___

당신이 익힌 기술을 사용해서 엄마 역할을 해 보라. 이 상황의 불을 꺼 보라.

엄마:

___

___

___

Exercises

'나-진술문'으로 불 끄기

다음 사례를 읽고 그것을 '나-진술문'으로 바꾸어 보라. 주어진 형식을 활용하라.

"나는 ________________ 할 때 ________________ 한 기분이 들어요.
왜냐하면 __________________________________ 이(하)기 때문입니다.
그리고 내가 원하는 것은 ________________________________ 입니다."

1. "도대체, 이럴 수가 있어요? 당신이 시간을 꼭 지키겠다고 약속해 놓고 또 잊어버렸어요! 당신이 한 가지 일이라도 제대로 할 거라고는 도무지 믿을 수가 없군요!"

2. "제기랄, 당신은 자기 맘대로 이래라 저래라 하는군요! 도대체 아이들에게 무슨 짓을 하고 있는 거예요? 내 남자 친구에 대한 이야기를 아이들에게 쏟아 놓아서는 안 되는 거잖아요! 당신이 질투가 나고 외롭다는 이유 때문에 우리 불쌍한 아이들에게 그런 이야기를 꺼내지 말아요! 당신이 그런 고약한 짓거리를 그만두지 않으면 변호사를 부를 거예요!"

Exercises

3. "우리 아이를 상담자에게 데려갔다고요?! 당신 미쳤소? 내 아들에겐 아무 문제가 없어요! 그렇지, 제정신이 아닌 엄마를 상대해야 하는 일 말고는 아무 문제가 없지. 당신이 상담 받아야 한다고 해서 아이도 치료 받아야 할 필요는 없어요! 어리석은 짓거리를 중단시켜야겠소. 내가 상담자의 이름을 알아야겠소! 난 그 사람이 우리 아이에게 문제가 있다고 생각하는 것이 싫단 말이오. 나 없이 당신 혼자서 이런 결정을 할 권리는 없어요!"

4. "난 내가 원하는 때는 언제든지 내 남자 친구 프레드를 데려올 수 있어요. 당신은 내게 우리 아이들이 어떤 사람하고 지내는 것이 옳다는 말을 할 수는 없어요. 아이들에게는 긍정적인 남성 역할 모델이 필요하고, 프레드는 훌륭한 모델이에요. 당신은 아마 그것을 모를 거예요. 게다가 아이들도 그이를 얼마나 좋아한다고요! 우리 아이들도 그이 때문에 내가 행복해하다는 걸 알고 있다니까요. 우린 가족처럼 살아요. 그러니까 당신이 우리를 막지는 못해요!"

E x e r c i s e s

5. "난 더 이상 좋은 옷을 보내지 않을 거예요. 당신이 아이에게 절대로 좋은 옷을 입혀 돌려보내지 않을 테니까요! 당신은 또다시 머리를 굴리고 있어요. 당신에게 그런 짓을 그만두라고 판사가 말했잖아요."

____

____

____

____

____

____

6. "내가 전화할 때마다 당신은 전화를 받지 않는군요. 난 당신이 발신자 추적기를 설치한 것을 다 알고 있어요. 당신은 전화기 옆에 서 있으면서, 마치 집에 없는 것처럼 행동하고 있다는 걸 다 알고 있단 말이에요. 내가 왜 내 아이들과 대화할 수 없는 거죠?!"

____

____

____

____

____

____

Exercises

한계를 설정하여 불 끄기

복습

언제 공동부모의 개입을 막도록 한계를 설정할 것인가

- 불편한 상황이나 안전하지 않은 상황으로부터 자신을 보호하고자 할 때
- 계속해서 바람직하지 못한 방향으로 주제를 몰고 가는 토론을 끝내고자 할 때
- 부모의 싸움이나 갈등으로부터 자녀를 보호하고자 할 때

어떻게 한계를 설정할 것인가

- 목소리나 행동 등을 바꾸어 달라고 부탁하기 위하여 '나-진술문'을 사용하라.
- 나중에 대화를 하자고 부탁하고, 대화할 일자와 시간을 제안하라.
- 명료하고 구체적인 말로 당신 쪽에서 참기 어려운 행동이 무엇인지 전 배우자에게 말하라. 그가 행동을 바꾸지 않으면, 입을 다물고 기다린 후에 그 상황에서 물러나라.
- 전화 통화 시 한계를 설정하려면 위의 지침을 활용하라. 공동부모가 그 한계에 부응하지 않으면 즉시 다음의 다섯 가지 단계를 실행하라.

  1. 당신이 전화를 끊겠다고 말하라.
  2. '다시 이야기할' 시간을 제안하라.
  3. 상대방의 동의를 기다리지 마라.
  4. 점잖게 전화를 끊어라.
  5. 당신이 전화하기로 약속한 시간에 다시 전화하라.

당신이 설정한 한계를 당신이 준수하지 않으면 무의미하다.

Exercises

한계를 설정하며 불 끄기 활동

다음의 글을 읽고 나서, 한계 설정의 행동과 그에 대한 진술문을 다시 적어 보라.

1. "내가 우리 딸을 차에서 내려 줄 때마다 당신이 내게 고함치는 것이 싫어요. 당신이 그러니까 우리 아이가 얼마나 속상해하는지 아세요? 제발 그렇게 하지 마세요. 힘들게 하지 말아요. 제발, 제발…… 내게 소리치지 말아요!"

____

____

____

2. "당신은 제프리와 이야기하려고 전화했어요. 그런데 왜 항상 나와 이야기하겠다고 말하는 거죠? 난 당신과 말하고 싶지 않다고 전에 말했지 않소? 제발 그 아이를 가운데 밀어 넣지 말아요. 싫다니까요. 그런 이야기를 나누는 것도 싫어요. 왜 당신은 내게 강요하는 거죠?"

____

____

____

3. "나는 아이를 데리고 집에 갈 거요. 다시 말해서 어쨌든 오늘은 내가 아이와 보내는 날이라는 거요! 그 애가 나와 함께 갈 수 없다니 그게 무슨 말이오? 감히 당신이 그런 말을 할 수 있소? 그 애는 지금 당장 나와 함께 갈 거요. 그러니까 당장 저리 비켜요!" (당신은 다른 쪽 부모에게서 아이를 낚아챈다. 아이는 불안하고 혼란스러워 보이고, 급기야 울기 시작한다.)

____

____

____

사랑하는 엄마 아빠에게

두 분께서 요란한 소동을 피우지 않으면서 무난하게 대화하는 법을 배우고 있다는 건 정말 굉장한 일 같아요. 두 분이 함께 계시는 걸 봐도 이제 저는 걱정하지 않겠어요. 저도 두 분에게서 배우고 있어요. 잘 하세요. 지금이라도 대화하는 방법을 배우는 것이 결코 늦은 건 아니군요. 고마워요.

당신의 사랑하는 딸(아들)

○○○ 올림

Chapter 6 복습

1. 싸움을 하기 위해서 왜 두 사람이 필요한지 불의 비유를 사용해서 설명해 보라.
2. 싸움을 중단하는 데는 왜 한 사람이면 충분한지 설명해 보라.
3. 불꽃이 연료를 얻지 못하면 무슨 일이 일어나는가?
4. 불난 데 부채질하는 방식에는 몇 가지가 있는가?
5. 불난 데 부채질하는 세 가지 방식(일차적 반응)은 무엇인가?
6. 3W는 무엇이며 어떻게 대화를 촉신하는가?
7. 3P는 무엇이며 공동부모와의 의사소통을 어떻게 도와주는가?
8. 미래에 일어날 갈등의 불을 끄기 위하여 당신은 무엇을 할 것인가?
9. '반영해 주기' 의 가치는 무엇인가?
10. '나 진술문' 을 사용하는 것이 의사소통에 어떻게 도움이 되는가?
11. 다음의 진술문이 '나-진술문' 이 아닌 이유를 설명해 보라.
    - **난 당신이 마치 ~ 하는 것 같은 느낌이 들어요.**
    - **난 당신이 ~ 한다고 생각해요.**
    - **난 당신이 ~ 하는 것 같은 기분입니다.**
12. 한계를 설정하는 것이 생산적이고 현명한 때는 언제인가? 왜 한계를 두는 것이 실제로 불을 붙일 수도 있는지를 설명하라. 대화를 하다가 당신이 자리를 떠날 필요가 있을 경우에 당신은 먼저 어떻게 해야 하는가?

Chapter

7

합의를 끌어내기

— 모두가 승자가 될까, 한 사람만 승자가 될까 —

Chapter 7

합의를 끌어내기

— 모두가 승자가 될까, 한 사람만 승자가 될까 —

> "오늘 두 분 학교에 와 주셔서 고맙습니다." 샘의 담임선생님이 샘의 부모인 짐과 사라에게 말한다. "전화상으로 말씀드렸듯이 샘에게 문제가 있어서 논의하려고 합니다. 샘은 자기에게도 해롭고 급우들의 학업에도 방해가 되는 행동을 하고 있습니다."

교사가 잠시 숨을 돌렸다가 샘의 문제를 자세히 설명하고 해결방안을 제안한다. 그러자 공동부모들이 의논하기 시작한다.

"당신이 우리를 버리지 않았다면 지금 이런 문제는 일어나지 않았을 거에요." 사라가 비통해하며 말하기 시작한다. "나무는 보고, 숲은 보지 못하는군요!" 짐이 반박한다. "당신은 걸핏하면 남을 탓하는데, 자초지종을 끝까지 들어 보려면 기다려야 할 게 아니오."

실제로 누가 이길까

타임아웃! 이 논쟁에서 누가 이길 것이라고 생각하는가? 과연 누가 이길지는 분명하지 않지만, 확실한 패배자는 자녀임이 분명하다. 문제는 아이에게 있다. 그런데 부모들이 갈등을 계속하기 때문에 해결책을 찾지 못하고 있다. 문제해결을 위한 노력은, 결국 부모들이 언쟁에서

서로가 이기려고 노력하는 방향으로 빗나가 버렸다. 그렇게 되면 초점이 자녀의 문제에서 부모들의 이기심으로 옮겨지게 된다. 1장에서 강조한 '자녀를 최우선적으로 배려하기' 가 부모들의 목표라는 점을 명심하라.

한쪽 부모가 다른 쪽 부모를 희생시킴으로써 자신이 승자가 되면 겉으로는 그가 이기는 것 같지만, 사실 그는 전쟁에서 패하는 것이다. 싸움은 '즉각적인 부모간의 불일치' 에 집중되고, 전쟁은 자녀의 장기적인 발달과정 중에 후유증을 남긴다.

두 사람의 성인(공동부모)이 관계를 지속하는 일차적 이유는 행복하고 잘 적응하는 자녀를 기르기 위한 장기적인 목표 때문이라는 사실을 명심하라. 이러한 목표를 유념하면서 자녀에게 가장 이익이 되는 방식으로 문제를 해결하기만 하면, 공동부모 모두 승자가 될 것이다. 그러한 목표를 달성하지 못하고 옆길로 빠지게 되면 두 사람이 모두 패자가 된다. 그때는 부모와 자녀를 포함한 모두가 패배하는 것이다.

이 장의 부제를 '모두가 승자가 될까, 한 사람만 승자가 될까' 라고 붙인 이유는 바로 그 때문이다. 부모가 이혼한 다음에 **한쪽 부모가 다른 쪽 부모를 희생시킴으로써 승자가 된다면, 모두가 패배하는 것이다.** 부모가 승리하는 유일한 방법은 자녀를 확실한 승자로 만드는 일이다. 양쪽 부모 중 어떤 쪽이 논쟁에서 이기느냐 지느냐와는 상관없이, 장기적인 관점에서 보면 그들은 모두가 승자가 된다.

왜 그렇게 되는지를 살펴보자. 한쪽 부모가 재정적으로 안정되어 있고, 다른 쪽 부모는 경제적으로 어렵게 되었다고 하자. 누가 이긴 것인가? 자녀는 가난 속에서 살고 있다고 하자. 재정적으로 여유로운 한쪽 부모가 승자가 되어 대부분의 돈을 관리한다. 그렇게 되면 아이는 경제적 어려움이 주는 불리한 여건 때문에 인생이라고 하는 전쟁에서 패배하게 된다. 장기적인 관점에서 보자면 부모나 자녀 모두 다 패배하는 것이다.

자녀에게 가장 좋은 해결책을 찾기 위하여 논쟁에서 이기려고 한다면, 모든 문제에서 양쪽 부모가 수용할 수 있는 해결책이 발견될 수 있다. 이제 공동부모는 **문제를 일으키는 장본인**이 아니라, 문제를 상호 해결하는 협력자가 될 수 있다. 당신이 자녀를 위한 최상의 해결책을 찾을 때 비로소 당신은 "내가 이겼다." 라고 말할 수 있는 것이다.

자녀양육의 전형적인 문제들

이혼한 부모들은 여러 가지로 공동의 문제들을 가지고 있다. 이혼한 다음에 이러한 문제들은 빈번하게 발생하고, 어떤 것들은 협의를 통한 해결을 요구하기도 한다. 이것은 법정에서의 해결을 요구한다는 의미가 아니다. 공동양육에 대한 합의에 다다르기 위해서 전략적인 문제해결 방법이 필요하다는 뜻이다. 공동의 문제에는 다음에 열거한 것들이 포함된다.

이혼한 다음 공동으로 해결해야 할 자녀양육상의 협상 과제

- 일정
- 과외활동
- 종교
- 주치의의 선택
- 취침시간
- 음식의 선정
- 공립학교 대 사립학교
- 대학의 선택

1 가치관

당신은 이 문제들이 가치관과 관련되어 있다는 것을 알 것이다. 이런 문제는 표면적인 문제보다 더 깊은 의미를 담고 있다. 예를 들어, 자녀의 취침시간 문제는 사실상 부모의 시간 관리 문제와 더 관계가 깊다. 그리고 자녀의 수면 욕구와 관련되어 있다기보다는 부모가 일상생활의 규칙을 엄격하게 지키게 하는지, 또는 비교적 느슨하게 허용하는지와 더 밀접한 관계가 있을 것이다.

2 개인차의 수용

사람들은 각자 다르다는 것을 깨닫는 것은 공동부모들에게 어려운 일일지도 모른다. 우리를 독특하게 만들고 우리의 삶을 재미있게 해 주는 것이 바로 그 차이점이다. 우리 모두는 우리 자신의 경험과 가치 체계에서 만들어진 렌즈를 통해서 삶을 바라본다. 그러므로 두 사람이 모여서 어떤 결정을 내리거나 어떤 문제를 토론할 때 서로가 다른 견해와 인식을 내놓기 마련이다. 그러나 이혼한 가정에서 생활하는 자녀들에게 위협적인 것은 두 부모의 견해가 완고하게 굳어져 있다는 점이다. 그렇게 되면 부모들은 자녀의 문제를 해결하는 데 집중하기보다는 각자의 입장을 고수하려고 싸우기 시작한다.

부모가 자기만의 개성적인 사람으로 남아 있는 것도 중요하지만, 자녀의 욕구를 충족시키기 위해서 실행가능한 해결책을 찾는 일을 최우선으로 하겠다고 약속하는 것이 중요하다. 이것은 당신이 원하는 것을 항상 얻어 낼 수는 없다는 뜻이다. 당신이 원하는 것은 허용될 때만 받을 수 있다. 그것은 심리적으로 건강한 자녀를 기르기 위해서 당신이 지불하는 대가다. 당신이 이기고 모든 것을 가지게 되면, 결국 자녀가 모든 것을 잃게 된다는 것을 받아들여야 한다. 모두가 승자(勝者)가 되는 최선의 해결책을 찾는 것을 궁극적 목표로 삼아야 하는 것이다.

합의를 끌어내기 위한 7단계

당신이 일단 해결책을 찾겠다고 다짐한 다음에는, 최선의 해결책을 찾고 실행하기 위해 7단계를 따를 수 있다. 다음의 7단계와 지침사항은 실제 생활에서 효과적으로 사용될 수 있다.

1단계-문제점을 규명한다

해결해야 할 문제가 있다는 것을 당신은 어떻게 알 수 있는가? 아마도 공동부모 중에 어느 한 사람이 자녀의 안녕에 방해를 주는 문제가 있다는 것을 감지할 것이다. 아니면 어느 쪽이든 한 사람이 자녀의 생활을 변화시킴으로써 생활에 진보가 올 수 있다는 것을 발견하게 될 것이다. 예를 들면, 자녀를 데려다 주는 방법을 바꾸면 자녀의 스트레스가 줄어들 것이고, 자녀의 일정에 변화를 주면 자녀가 조부모를 만날 수 있을 것이다. 아이의 취침시간에 대해서 공동부모가 합의를 보게 되면, 낮 동안의 자녀의 생활습관이 개선될 것이다. 또 한쪽 부모가 학교를 찾아가서 담임선생님을 만나 대화함으로써 아이가 학교에서 환영(幻影)을 본다거나 이상 행동을 보인다는 점을 알게 되는 것이다.

먼저 문제점을 파악한 쪽의 공동부모가 다른 공동부모에게 전화를 해서 만날 약속을 해야 한다. 우리가 앞 장에서 논의했던 '화재예방' 이나 '갈등예방지침' 은 바로 이 시점에서 사용한다.

- 언제: 공동부모 모두가 정신이 산란하지 않을 때, 그리고 부모가 논의하는 내용을 자녀가 듣지 않을 때 전화한다.

- 어디서: 공동부모 모두가 마치 사업가처럼 이성적으로 행동할 수 있는 장소에서 만나도록 약속한다. 자녀가 대화를 엿들을 수 없는 장소에서 만난다.
- 무엇을: 자녀에게 가장 이익이 되는 한 가지 주제에 대해서만 논의한다.

1단계를 위한 지침: 문제점을 규명한다

문제점에 이름을 붙일 때는 앞 장에서 제시한 의사소통의 지침을 기억하라. 다만, 사실에 입각해서 관찰한 내용을 가지고 그 상황을 묘사하고, '나-진술문' 을 활용하라. 몇 가지 사례가 있다.

> "제이미가 당신에게 가서 주말을 보내고 난 후 나의 집에 돌아오면 평소 때처럼 잠자리에 들지 않을 것 같아 걱정이 됩니다. 그렇게 되면 월요일 학교 등교 시간에 맞추어 일어날 수가 없어요. 우리가 함께 만나 그 아이에게 적절한 취침시간을 정해 줄 수 있을지 알고 싶어요."
>
> "사업상 다음 주말에 지방으로 출장을 가야 하겠는데, 숀하고 만나는 주말 일정을 재조정하고 싶어요."
>
> "켈리의 선생님이 켈리가 학교에서 문제가 좀 있다고 전화해서 걱정이 됩니다. 우리가 함께 학교에 가서 어떻게 도와주어야 할지 알아보고 싶은데요."

뇌관에 불 붙이기

당신이 문제를 설명하는 방식이 뇌관에 불을 붙일 수 있다는 것을 명심하라. 비판적이고 명령하는 어조, 불손하고 위협적인 몸짓, 또는 상대방을 탓하고 비난하는 말을 사용한다면 해결책을 찾을 기회가 적어진다. (예: "존이 숙제를 하지 않고 있어요. 게으른 게 꼭 당신 닮았어요.") 그리고 오히려 자녀의 문제가 더 악화될 것이다. 당신이 문제를 제기하거나 우려를 표현할 때는 앞 장에서 제시한 의사소통의 원칙을 명심하라.

사례: 로버트와 재키

로버트와 재키에게는 딸 레이첼이 있다. 로버트는 금요일 저녁 6시에 레이첼을 데리러 간다. 그러나 그는 대개 딸을 데리러 가는 시간이 늦어질 것이라고 사무실에서 재키에게 전화한다. 그들은 욕설을 주고받다가 논쟁으로 끝내기 일쑤다. 재키는 그 문제를 잘 해결해 보려고 결심하고 '나-진술문' 을 사용하여 자기가 전남편에게 원하는 바를 알려 주려고 했다. 그러나 문제는 잘 해결되지 않았다. 로버트는 여전히 금요일마다 15분에서 1시간 정도 늦는다. 이제 재키는 다시 그 문제를 제기할 예정이다. 당신이 재키라면 로버트에게 그 문제를 어떻게 설명하겠는가?

....

....

....

....

....

예 "당신이 금요일 밤마다 제시간에 레이첼을 데리러 오지 않으니까 나는 걱정이 되고 불안해요. 당신이 오지 않으니까 레이첼이 걱정할까 봐 우려되기도 하고, 내 친구들과 만날 모임에 늦을까 봐 걱정이 돼요. 내가 스트레스를 받으면 레이첼에게도 스트레스가 더해져서 걱정이 되거든요. 이 문제에 대해서 우리 모두에게 수용가능한 해결책을 당신과 함께 찾고 싶어요."

2단계-의견을 제시하고, 반영해 준다

2단계는 해결로 옮겨 가는 가장 중요한 단계일 것이다. 이 단계를 세심하게 다루지 않으면 대화의 초점이 자녀의 문제를 해결하는 데 집중되기보다는, 다시 공동부모 간의 관계에 초점이 맞춰지게 된다. 대부분의 부모들이 이 단계를 제대로 밟아 가기가 가장 어렵다. 그래서 장기적인 이득이 되는 방향에서 해결책을 찾겠다는 다짐이 필요하다. 당신의 감정을 잠시 접어 두기 위해서 자기 통제를 해야 한다. 그리고 아직은 서툴지만 새로운 대화기술을 활용하기 위해서 자기 훈련이 필요하다.

당신이 할 일은 이것이다. 다시 말해서 공동부모는 문제점을 인식하는 방식이나 그 문제점이 자기에게 영향을 미치는 방식에 대하여 번갈아 가며 각기 자기의 의견을 말한다. 한쪽에서 의견을 말하면, 다른 쪽 부모는 그가 표현한 말을 반영해 준다.

1. 재키가 자신의 생각을 말하고, 로버트가 재키의 생각을 반영해 준다.

재키의 의견: "당신이 레이첼을 데리러 오는 시간에 늦으면 내가 친구와 만나는 시간이 늦어져요. 내가 스트레스를 받게 되면 레이첼에게도 스트레스가 옮겨 가거든요."

로버트의 반영: "당신이 금요일 밤에 친구들과 정해진 시간에 맞추어 만날 계획을 세울 수가 없을 것 같아 걱정된다는 말이군요."

2. 로버트가 자신의 생각을 말하고, 재키가 로버트의 생각을 반영해 준다.

로버트의 의견: "금요일 오후에는 언제쯤 회사 일을 끝내게 될지 알기가 힘들어요. 가끔씩 회사일이 늦어지기 때문에 일정한 시간에 내가 퇴근을 해야만 한다면, 스트레스가 생기는 거예요. 나도 당신이나 레이첼의 기분을 상하게 하고 싶지는 않아요."

재키의 반영: "당신의 회사 일이 아직 끝나지도 않았는데 정해진 퇴근 시간에 그 일을 중단하고 나오게 되면 당신은 스트레스를 받는다는 거군요. 그 문제를 잘 해결하여 당신도 스트레스를 받고 싶지 않고, 나와 레이첼도 스트레스를 받지 않았으면 좋겠다는 것이지요?"

2단계를 위한 지침: 한 쪽은 의견을 제시하고, 다른 쪽은 경청한 다음에 반영해 준다

전 배우자의 의견을 반영해 주려면, 당신은 자신의 생각과 감정을 잠시 접어 두어야 한다. 그의 생각과 감정을 잘 경청해 주고, 그 다음에는 그 사람의 의견을 당신 자신의 말로 표현해 보라. 공동부모가 전달한 말의 내용을 더하지도 빼지도 않도록 노력하라. 당신의 반영적 진술이 정확할수록 문제를 해결할 기회는 더 많아진다.

당신은 상대방의 생각이나 감정에 동의할 필요가 없다는 점을 명심하라. 예를 들어, 한쪽 부모가 자녀의 건강에 채식이 더 좋다고 말한다면, 당신은 그가 말한 내용에 대하여 다음과 같이 반영해 줄 수 있다. "당신은 채식 위주의 음식이 건강식이라고 생각하고 있군요." 그렇게 말하고 나서 당신은 예전처럼 육식을 하면 되는 것이다.

이 단계를 거치는 목적은 공동부모 각자가 한 가지 주제에 대하여 자신의 생각을 충분히 설명할 수 있는 기회를 가지는 것이다. 가끔씩 당신이 혼란스럽거나 그 사람의 걱정거리나 생각을 충분히 이해하지 못할 경우에는 "무슨 말인지 좀 더 이야기해 주세요."라고 말하면 된다.

개인차를 존중하라

당신과 전 배우자가 모든 주제에 대하여 전적으로 의견 일치를 볼 것이라고 기대하지 마라. 자녀양육과 관련된 주제들은 각자의 서로 다른 내면적인 가치관을 건드리는 것이다. 당신이 그의 견해에 동의하든지 동의하지 않든지 간에 존중을 보여 주는 것이 중요하다. 자신의 의견과 인생관을 설명하게 되면 두 사람이 각자 자신들의 생각을 분명하게 표현하는 데 도움이 된다. 때때로 합의를 도출하는 것이 주요 쟁점이 아니라, 자신이 존중받고 있느냐가 쟁점의 핵심이 될 때가 있다. 그래서 상대방이 자신의 이야기를 잘 경청한다는 사실을 알게 되면, 가끔씩 그는 자신의 의견을 철회하기도 한다. 어떤 때는 공동부모가 어떤 문제에 대하여 신경을 쓰고 있다는 것을 알아주고, 부분적으로나마 그 사람의 신념에 맞추어 주는 일이 중요하다.

반영해 주기를 하다가 그 문제로 인하여 쉽게 논쟁으로 변하게 될 수도 있다는 점을 유념하라. 만일 문제를 개인적인 것으로 받아들여 반응한다면 불난 데 부채질하고, 문제를 싸움으로 변하게 하는 꼴이 될 것이다. 다음과 같은 말은 이런 일을 초래한다. "난 당신이나 레이첼에게 스트레스를 주는 게 아니오. 그저 내 일을 하려고 애쓰고 있을 뿐이지요." 이것은 방어적으로 반응하는 것이다. 불난 데 부채질하는 또 다른 방법은 그 문제점을 인신공격처럼 간주하여 역공하는 것이다.

로버트의 말은 다음과 같이 들릴 것이다. "난 그저 내 일을 하려고 애쓰고 있을 뿐이오. 레이첼에게 스트레스를 주고 있는 사람은 바로 어리석을 정도로 시간에 너무 얽매여 있는 당신이에요. 좀 여유를 가질 수 없어요?" 두 부모가 각각 자신의 생각을 표현하게 하고, 그때 상대방은 그의 생각을 반영해 주면, 그들은 자녀의 문제에 좀 더 초점을 맞출 수 있고 피차간에 기분 좋은 해결책을 찾기 쉬울 것이다.

3단계-해결책을 브레인스토밍한다

3단계에서는 대안적인 해결책이 제안된다. 이 시점에서는 가능한 한 여러 가지 해결책들에 대한 아이디어를 브레인스토밍하되, 도출된 해결책을 판단하거나 평가하지 말아야 한다. 그 대신에 가능한 한 많은 아이디어를 제안하라. 심지어 당신의 마음에 들지 않거나 이상하게 보이는 아이디어까지도 제안하라. 한 가지 아이디어가 나오면 그와 반대되는 아이디어를 고안하도록 애쓰라. 그리하여 모든 종류의 창조적인 해결책에 마음을 열어 놓게 되면 당신이 처음에 생각해 낸 단순한 해결책보다 훨씬 더 효과적인 훌륭한 아이디어를 개발할 수 있게 된다.

'금요일 저녁' 의 문제에 대한 해결책 브레인스토밍하기
(재키와 로버트의 문제)

- 로버트가 금요일 저녁에 딸을 데리러 간다.
- 로버트가 토요일에 딸을 데리러 간다.
- 로버트가 재키가 귀가하는 시간에 딸을 데리러 간다.
- 로버트가 도착할 때까지 재키는 딸을 혼자 집에 남겨 둔다.
- 재키가 보모를 구한다.
- 재키가 금요일 밤에는 외출하지 않고 집에 남아 있는다.

이것들 중에 썩 좋은 해결책은 별로 없는 것 같다. 그러나 하나하나의 아이디어가 좋은 해결책이 나올 수 있는 싹을 제공하고 있지 않은가? 미리 판단하지 말고 여러 가지 아이디어에 대해 마음을 열어 놓는 것이 절대적으로 필요하다. 브레인스토밍 단계에서는 어느 누구도 어떤 아이디어가 터무니없다거나 받아들일 수 없다는 식으로 거부해서는 안 된다. 어리석은 아이디어마저도 일단은 수용된다는 인식이 들기만 하면 수많은 잠재적 아이디어들이 나타날 것이다. 그리고 여러 가지 아이디어들이 더 자유롭게 흘러나올 것이고, 그 속에서 훌륭한 아이디어가 발견될 수 있을 것이다.

4단계-최선의 해결책을 선택한다

이제 도출된 여러 해결책들을 평가해 보고 그중에서 최선의 것을 선택할 시간이다. 여기서 고려할 중요한 질문은 다음과 같다. "자녀를 위한 최선의 해결책은 무엇인가?" 당신은 지금까지 제안된 몇 가지의 아이디어를 결합해서 훨씬 더 나은 한두 가지의 해결책으로 만들 수 있음을 알게 될 것이다.

또한 당신은 최선의 해결책을 결정하기 위하여 더 많은 정보가 필요하다는 것도 알게 될 것이다. 다른 사람들에게 정보를 구하거나 추천을 받을 필요가 있다. 관련된 사람들과 더불어 점검해 보고, 제안된 아이디어가 자녀에게 미칠 영향에 대해서 다른 사람들의 의견을 들어 볼 필요가 있다. 각각의 단계는 각각 다른 날짜에 수행하는 것이 좋다. 1단계에서 7단계를 한 번의 만남 기간에 모두 실행할 필요는 없다. 그 단계에서 수행할 일에 대한 약속을 이행하고 나서, 다음 단계로 나아가기 위한 만남 날짜를 정하라.

재키와 로버트는 몇 가지 가능한 해결책들을 도출한 뒤에 그중에서 바람직하게 보이는 해결책을 중심으로 의논하기 시작했다. 실제로 그들은 2개의 아이디어를 조합해서 좀 더 나은 하나의 해결책을 만들었다.

재키: 그럼, 우리는 이제부터 금요일 저녁 6시부터는 보모를 채용하고 당신이 집에 아이를 데리러 올 때까지 기다리기로 결정했어요. 저녁 6시부터 7시 사이가 되겠죠?

로버트: 좋아요. 내가 저녁 6시 15분에 도착하더라도 1시간 동안의 비용을 보모에게 지불하겠소. 내가 레이첼을 데리러 오지 않을까 봐 걱정하지 않도록 저녁 7시 이전에는 아빠가 반드시 데리러 올 거라고 레이첼에게 이야기해 주세요. 그리고 내가 레이첼을 데리고 가는 길에 보모도 집에 데려다 주겠어요.

재키: 우리 모두에게 좋은 해결책인 것 같군요.

5단계-누가, 언제, 무엇을 할 것인지 검토한다

우리가 살펴본 마지막 사례에서 재키와 로버트는 최선의 해결책을 선택했고 검토했다. 그것은 자기 자신의 말로 합의된 사항을 요약하고, 누가 그 일을 책임질 것인지를 말하는 것을 의미한다. 그리고 그 조치가 이행되어야 하는 시간을 명시하는 것이다. 이 단계는 후에 생길 수 있는 많은 문제점을 예방해 줄 수 있다.

사람들은 종종 그들이 듣고 싶은 것만 듣는다. 그리고 그들이 들었다고 생각하는 것을 행한다. 공동부모 역시 두 사람이 동일한 정보를 똑같은 의미로 들을 수는 없다. 그러므로 결정된 사항과 그 사항을 누가 이행할 것인지를 말로써 재확인하는 것이 매우 중요하다.

이 단계는 성공적인 사업 관계와 동일한 원칙을 따른다. 즉, 성공적인 회의에서 리더들은 회의가 끝날 즈음에 결정될 내용을 다시 요약해 주고, 그에 따르는 책임을 모든 구성원에게 상기시켜 준다. 다음의 질문을 지침으로 활용하라.

- 결정 사항을 이행하기 위하여 어떤 행동이 필요한가?
- 누가 책임을 지는가?
- 책임을 이행하기 위하여 그 사람은 무엇을 할 것인가?
- 이 행동은 언제 이행되어야 하는가?

이 단계를 넘어가기 전에, 공동부모는 이와 같은 지침을 재확인함으로써 오해가 생길 수 있는 소지를 예방할 수 있다. 그래서 책임 소재가 명확하지 않을 때 발생할 수도 있는 낭패 상황을 예방하게 될 것이다. 또한 당신은 "난 당신이 그 일을 할 거라고 생각했어요."라는 식의 모든 과정의 성공에 지장을 주는 말을 할 가능성을 미연에 방지할 수 있게 된다.

6단계-해결책을 실행에 옮긴다

이 단계는 고기가 물을 만나는 시점으로, 합의된 사항을 실천에 옮기는 단계다. 이것은 일사불란하게 움직여야 하는 단계이므로 아무런 장애물도 없어야 한다. 만일 장애물이 있다면 어떤 경우인가?

두 가지 이유

1. 한쪽 부모가 해결책을 강구하는 노력에 가담하지 않는다.
2. 한쪽 부모가 자녀의 장기적인 이익을 우선시하기로 한 약속을 망각하고, 다시 옛날 방식으로 돌아가 전 배우자와의 싸움에서 이기려고 하는 근시안적인 욕망에 사로잡힌다.

다짐하기

자녀를 건강하게 기르겠다는 장기적인 목표에 대한 다짐은 중요하다. 만일 아이의 공동부모가 당신 쪽에서 합의사항을 이행하려고 하는 의지가 있다는 것을 신뢰하지 못하면, 당신과 그와의 관계와 자녀의 안녕을 전부 망쳐 버리게 된다. 불신감은 당신의 부모역할의 장기적 효과에 극히 치명적이다.

자녀의 초기 인생에서 신뢰감이 형성되지 않으면 자녀의 미래 관계에 파괴적인 영향을 미친다. 관계는 신뢰 속에 번성하고, 불신 속에 시든다. 당신의 자녀나 전 배우자가 당신을 불신하게 되면, 불신의 독소가 자녀의 세포 속에 스며들어 아이는 사람을 불신하게 된다. 당신은 역할 모델이다. 즉, 당신이 모범을 보여 주어야 한다. 당신이 해결책에 합의를 할 때는 반드시 그것을 실행해야 한다. 당신이 약속을 이행하는 것은 당신 자녀의 기초적인 삶을 지탱해 주는 힘이 된다.

실행 기간을 설정하기

제안된 해결책에 당신이 동의하기는 힘들더라도 기왕이면 문제를 잘 해결하는 방향으로 나가는 것을 지지하고 싶다면, 이 아이디어를 시도해 보라. 어떤 해결책의 적용을 정해진 기간 동안만 하기로 제한하라. 상황에 따라 며칠, 또는 몇 달이 걸릴 수도 있다. 그 해결책이 효과를 보도록 충분한 기간을 정하라. 변화에 충분히 적응할 수 있도록 시간을 할당해야 한다. 그 해결책이 얼마나 효과적인지에 대한 정확한 피드백을 얻기 위해서 그에 합당한 기간을 안배하라.

해결책을 시도해 보는 데 소정의 기간을 설정함으로써, 당신은 모든 운을 한 가지 방식에 걸지 않아도 된다. 당신은 영원히 그 결과에 의거해서 살아가야 한다는 것이 두려운 나머지 어떤 해결책에 동의하는 것을 망설일 수 있다. 어떤 해결책을 실시한 다음에 그 효과를 평가해 보기 위해서 특정 기간을 설정해 둔다면, 그 해결책이 당신이나 자녀에게 별로 도움이 되지 않을 경우에 얼마든지 다시 돌아가서 재협상하기가 용이하다. 당신은 처음부터 완전한 해결책을 선택할 필요는 없다. 임의로 정한 기간 동안만 당신이 시도해 보고 싶은 해결책을 적용해 보면 된다. 자신에게 물어보라. "3주 동안 이렇게 하면서 살 수 있을까?" 만일 그럴 수 있다는 대답이 나오면 그것은 훌륭한 해결책으로, 한 번쯤은 시도해 볼 만한 해결책이라고 볼 수 있다. 그리고 그 해결책은 장기적으로 효과를 나타낼지도 모른다.

7단계-재평가한다

문제점이 발견되고, 해결책에 대해서 브레인스토밍하고, 합의가 이루어졌다. 그리고 해결책을 실행에 옮겼다. 이제 무엇을 할 것인가?

이제 당신은 그 결정사항에 대하여 재평가할 시간을 정해야 한다. 그 해결책을 평가할 때 다음과 같은 질문을 해 보라. 어떤 것이 효과가 있었는가? 어떤 것이 효과가 없었는가? 무엇이 바뀌어야 하는가? 그것은 한 번으로 끝나는 상황이었는가, 아니면 정기적으로 계속할 필요가 있는 상황인가? 그 해결책에서 혜택을 받은 사람은 누구인가? 그리고 무엇보다도 그 해결책은 자녀에게 최상의 이익을 주는 것인가?

재평가하기 위한 시간

당신과 아이의 공동부모가 해결책을 재평가하는 계획을 세울 때 화재예방(갈등예방) 전략을 활용하라.

- 그 해결책에 대한 재평가를 하는 시간을 정하라.
- 부모 중 한 사람이 회의를 소집할 수 있다.
- 그 해결책을 재평가하기 위하여 의사소통의 지침(어조, 신체언어, 말)을 활용하고, 부차적인 문제를 야기하지 마라.

합의를 끌어내기와 동일한 단계를 따르라.

1. 어느 한쪽 부모가 평가를 시작할 수 있다.
2. 양쪽 부모가 그 해결책의 효과성에 대해서 의견을 말한다. 공동부모의 생각에 반영해 주라.
3. 새로운 해결책을 브레인스토밍해야 할지, 아니면 동일한 해결책을 유지해야 할지 결정하라.
4. 최상의 해결책을 선택하라. (때로는 동일한 행위를 그대로 유지하는 것이 최상의 해결책일 수도 있다.)
5. 누가, 언제, 무엇을 할 것인지 확인하라.
6. 새로운 해결책을 실행에 옮기든지, 동일한 해결책을 계속 사용하든지 하라.
7. 재평가하라.

요 약

이 책을 통해서 당신은 좋은 의사소통에 대한 이해를 높여 왔고, 그 지식을 실천하는 기술을 배웠다. 우리는 당신이 이혼한 다음에 부모역할을 하면서 발생하는 가장 어려운 위기를 해결하려고 할 때는 당신이 배운 모든 것을 이제부터 실천해 볼 것을 부탁한다. 이 7단계에 덧붙여, 이 책을 읽으면서 당신이 익힌 의사소통 지침과 기술들을 활용하게 되면, 당신은 승자가 되는 길에 들어서게 될 것이다. 당신 혼자서 '모든 것을 쟁취하는' 승자가 되지는 않겠지만, 당신은 자녀와 함께 멋진 승자가 될 것이다.

E x e r c i s e s

합의를 끌어내기

7단계를 한 단계씩 풀어 가는 과정을 개발하여 지침서로 사용하라. 빈 공간에 합의를 끌어내기 위한 단계들을 요약하라.

1단계-문제점을 규명한다.

2단계-의견을 제시하고 반영해 준다.

3단계-해결책을 브레인스토밍한다.

4단계-최선의 해결책을 선택한다.

5단계-누가, 언제, 무엇을 할 것인지 검토한다.

6단계-해결책을 실행에 옮긴다.

7단계-재평가한다.

Exercises

반영적인 경청 연습

다음 예문을 읽고 화자(話者)가 말하는 것을 요약하라. 그들이 말하는 내용을 더하지도 말고 빼지도 마라. 당신이 상대방의 말을 반영해 준다는 것이 상대방의 말에 동의하는 것도 아니고 동의하지 않는다는 것도 아니라는 점을 기억하라. 그 문제를 기어코 해결하려고 노력하는 일 자체가 함정이다. 그런 함정에 빠지지 말고 단지 공감해 주기만 하라.

반영적 경청을 위한 요령:

- 화자가 자신의 감정을 설명할 때 감정 단어를 사용했는지를 점검하라. 만약 화자가 감정 단어를 사용하지 않았다면 그의 감정에 알맞은 단어를 찾아보라.
- 화자가 말한 내용을 요약하라.
- 당신이 반영해 줄 때 화자가 분명히 표명한 요구사항을 포함시켜라.
- 메시지의 내용에 대해서 반응하지 말고, 오직 반영만 해 주라.

사례 1

자녀의 말에 반영해 주기

당신의 자녀가 말한다. "저는 아빠가 엄마와 엄마의 새 남자 친구에 대해서 꼬치꼬치 물어보는 것이 싫어요. 아빠는 두 분이 함께 있는 시간을 모두 알고 싶어 하세요. 그리고 엄마가 저에게 돈을 얼마나 쓰는지도 알고 싶어하고요. 저는 무슨 말을 해야 할지 모르겠어요. 이런 것들을 아빠에게 이야기하면 마치 제가 스파이가 된 것 같아 정말 기분이 안 좋아요. 그러나 제가 대답을 안 하면 아빠는 화를 내면서 제가 아빠의 기분을 망치게 한 것처럼 대하세요. 게다가 제가 아빠보다 엄마를 더 좋아한다고 말하기도 하고요. 저는 두 분이 이혼한 것이 정말 싫어요!"

반영

Exercises

사례 2

전 배우자의 말에 반영해 주기

공동부모가 말한다. "당신은 절대 약속을 지키는 법이 없어요. 당신은 항상 계획을 바꾼다니까요. 우리 아이에게 얼마나 좋지 못한 본을 보이는지 신경도 쓰지 않죠? 당신이 한 행동 때문에 우리 아이가 어떤 기분을 느낄지 전혀 상관하지 않는단 말이에요? 당신이 전화하는 것을 잊어버리거나 갑자기 계획을 변경해 버리면 아이는 운다고요. 당신이 아이를 속상하게 하면 내가 아이를 달래 주어야 한다고요. 당신은 당신 아버지를 꼭 빼닮았어요! 이게 당신이 원하는 건가요? 당신 아들은 당신하고 함께 있고 싶고 의지하고 싶어해요. 우리가 결혼하고 나서도 난 당신이 어른답게 행동하도록 할 수가 없었어요. 그런데도 지금 어처구니없게 난 당신이 의지할 만한 사람이 되기를 기대하는군요."

반영(부정적인 내용에 반응하지 말고, 자신을 방어하지도 말고, 오직 상대방의 감정을 반영해 주어야 한다.)

Exercises

반영 일지

주중에 자녀와 말하면서 적어도 한 번은 반영해 주는 시간을 가져라. 직장 동료나 친구와 연습해도 좋다. 그 다음에 아이의 공동부모와 함께 연습을 해 보라. 가능한 한 많이 연습하라. 새로운 기술을 발전시키려면 의식적인 노력이 필요하다. 전화를 할 때 이러한 연습 활동을 해 볼 수 있다. 당신이 부정적인 이야기를 많이 들을 경우에 자기를 방어하지도 않고, 반격을 하지도 않고, 감정만을 반영해 주기는 어려울 것이다. 그러므로 연습하고, 연습하고, 또 연습하라.

자신에게 물어보라.

- 내 생각을 첨가하지는 않았는가?
- 중요한 부분을 빠뜨리지는 않았는가?
- 상대방의 감정을 제대로 반영해서 전달했는가?
- 나의 반영적인 말이 뇌관에 불을 붙였는가?
- 나의 반영적인 말이 불을 끄는 기능을 한 것처럼 보였는가?

날 짜	사 람	반영(안건)	반 응

Exercises

부모의 걱정거리 수정해 보기

이 책의 46, 47쪽에 기록한 자녀양육에 관한 걱정거리를 다시 한 번 살펴보라. 문제가 해결된 것에는 줄을 그어라. 남아 있는 걱정거리는 여기에 옮겨 적어라. '나-진술문'의 형식을 사용해서 그것들을 기록하라.

나는 ____________(할) 때 ____________기분이었다(이다). 그래서 내가 원하는 것은 ______________ 이다.

1. ______________________________

2. ______________________________

3. ______________________________

4. ______________________________

5. ______________________________

6. ______________________________

7. ______________________________

사랑하는 엄마 아빠에게

저는 두 분께서 더 좋아지고 있다는 걸 알 수 있어요! 때때로 문제를 해결하기가 어렵다는 것을 저도 알아요. 그러나 부모님께서 저를 위해서 신경을 쓰고 계시다는 것을 알게 되니까 더 편안해졌어요. 정말 감사해요. 이제부터 저는 어린애로 남아 있고, 어른들의 문제는 모두 엄마 아빠가 풀도록 넘겨 줄 거예요. 고맙습니다.

부모님의 귀여운 아이

○○○ 올림

Chapter 7 복습

1. '모두가 승자' 라는 표현이 무엇을 의미하는지 설명하라.
2. 당신과 전 배우자 간의 가치관에 어떤 차이가 있는지 알아낼 수 있는가? 그렇다면 이러한 차이점과 관련하여 어떤 합의나 수용을 얻어 낼 수 있는가?
3. 협상을 위한 7단계를 말해 보라.
4. 협상을 시작하기 전에 당신은 무엇을 해야 하는가?
5. 반영해 주기는 '상대방이 한 말을 해석하는 것' 인가, '상대방의 말을 듣고 반응하는 것' 인가, 아니면 그 어느 것도 아닌가?
6. 상대방의 말을 듣고 반영해 줄 때, 다른 내용을 첨가하지 않으며, 상대방이 말한 것 중에서 중요한 것을 빠뜨리지 않는 것이 왜 중요한가? 당신은 당신의 생각과 감정을 언제 상대방과 같이 이야기할 수 있는가?
7. '브레인스토밍' 은 왜 중요한가?
8. 협상 모델의 5단계에서 세부사항을 재확인하는 일은 왜 중요한가?
9. 해결책에 대하여 한계를 설정하는 일은 왜 중요한가?
10. 7단계에서 해결책을 재평가하는 목적은 무엇인가?
11. 당신은 어떤 단계를 건너뛰고, 어떤 단계를 고심하는가? 그리고 그 기술을 개선하기 위하여 당신은 무슨 일을 할 수 있는가?

Chapter

8

자녀 공동양육은 영원하다

— 협력할 것인가, 갈등할 것인가 —

Chapter 8

자녀 공동양육은 영원하다

— 협력할 것인가, 갈등할 것인가 —

부모역할은 영원히 계속된다

각자의 길을 가는 두 사람에게서 결혼 관계의 속박은 끊어버릴 수 있지만, 부모와 자식 간의 유대는 절대로 끊어버릴 수 없다. 부모가 된다는 것은 평생 동안 부모역할에 대한 책임을 진다는 것이다. 심지어 부모가 자녀의 삶에 관여하지 않게 될 때마저 부모역할은 그대로 남게 된다. 아무도, 어느 누구도 낳아 준 부모의 역할을 대신해 줄 수는 없다. 자녀는 여전히 자신의 부모가 누구인지, 부모가 어떻게 생겼는지, 부모가 무엇을 좋아하는지, 그리고 성격이나 품성은 어떤지를 알고 싶어한다. 자녀는 다른 부모들(의붓부모나 양부모)을 사랑할 수 있고, 그 부모들도 당신 자녀를 사랑하며 잘 길러 줄 수 있다. 그러나 오직 낳아 준 부모만이 채워 줄 수 있는 특별한 자리가 있는 것이다.

이혼한 후에도 부모의 영향력은 매우 크다. 각각의 부모는 부모 나름대로 독특한 면에서 자녀에게 중요한 사람들이다. 각각의 부모는 자녀와 개별적인 관계를 가지면서 자녀에게 나름대로 중요한 위치에 있는 것이다. 한쪽 부모가 없거나, 그 중요한 역할을 제대로 해 주지 못하면, 거기에는 공백이 있게 된다. 한쪽 부모가 비판을 받게 되면 자녀의 스트레스는 증가한다. 자녀는 부모와 충분히 분리되어 있지 않기 때문에, 부모에 대한 공격을 자신에 대한 공격으로 받아들이며, 한쪽 부모가 안 계시다는 것은 자신의 한 조각을 잃어버린 것처럼 느낀다.

이혼은 결혼한 두 성인 간의 유대관계를 고통스럽게 단절하는 것이다. 부모와 자식 간의 관계를 끊기 위해서 이혼하는 것이 아니다. 어른들의 이혼이 자녀들과의 관계 단절을 의미하지는 않는다. 양쪽 부모와 자식 간의 계속된 관계의 중요성은 그 어느 것보다도 더 큰 것이어서, 단지 한쪽 부모와 자식 간에 관계가 지속되는 것보다 훨씬 더 중요하다.

그러므로 부모가 이혼한 다음에도 자녀와 두 부모와의 관계를 긍정적으로 유지하는 것이 매우 중요하다. 이러한 중요성 때문에 각각의 부모가 동등한 가치를 지닌다는 뜻을 강조하여 '공동부모'라는 용어를 사용하는 것이다. 두 부모가 이혼한 후에도 자녀에게 끊임없는 관심을 가지는 것이 최선의 길이며, 그것이 곧 자녀가 잘 자랄 수 있는 환경을 제공해 주는 유일한 선택이다.

그런 관계가 얼마나 효과적으로 이루어지느냐가 자녀를 이혼의 상처로부터 회복시켜 주는 주요 열쇠가 된다. 공동부모 간의 관계가 좋으면 좋을수록 자녀를 위한 환경도 더 좋아진다. 공동부모 간의 관계가 나쁘면 나쁠수록 자녀의 정서적 건강 예후(豫後)는 더 나빠진다.

그런 관계를 효과적으로 지속하는 일은 당신에게 달려 있다. 당신이 그 관계의 성공과 실패에 직접적인 영향을 미친다. 당신의 말과 어조와 신체언어에 따라 성패가 달려 있다. 당신은 공동부모의 점화버튼을 누르겠는가, 누르지 않겠는가? 과거의 관계에서 야기된 상처를 놓아 버릴 수 있는가? 당신의 관계를 재정립해서 문제들을 해결하고, 자녀의 욕구에만 초점을 맞출 수 있는가? 아니면 독소를 내뿜는 복수의 악순환에 사로잡힐 것인가? 당신 혼자의 힘으로도 충분히 좋은 공동부모의 관계를 형성할 기회를 망가뜨릴 수 있다. 공동부모 관계가 잘 유지될 수 있도록 당신이 노력하겠다고 다짐할 때, 곧 그 관계를 효과적으로 지속시키는 최상의 기회가 되는 것이다.

Chapter 1. 자녀를 돌보아 주기로 약속하기

이 장에서 우리는 당신이 공동부모와 갈등을 일으켜 얻게 될지도 모르는 이익들을 포기함으로써 서로 간의 갈등을 줄여 자녀에게 도움을 주겠다는 약속을 하라고 부탁했다. **자녀가 부모 이혼의 상처를 극복해 가는 데 있어서 도움을 줄 수 있는 유일하고도 가장 중요한 요소는 부모 간 갈등의 강약에 달려 있다는 사실을 명심하라.**

그러나 성공적인 공동부모 관계를 약속하는 것만으로는 충분하지 않다. 성공적인 공동부모 관계를 유지하기 위해서는 많은 노력이 필요하다.

- 자녀 앞에서 부정적으로 반응하지 않도록 노력하는 것이 필요하다.
- 당신에게 적합한 반응을 보이기 전에, 먼저 자녀에게 가장 이익이 되는 것이 무엇인가를 생각해 보는 능력이 필요하다.
- 문제해결을 위한 브레인스토밍을 할 때는 여러 가지 대안들을 생각해 볼 수 있을 만큼 심리적인 냉철함이 필요하다.
- 당신의 점화버튼이 눌러졌을 때 어떻게 반응할 것인가를 결정하기 위해서 자기 통제가 필요하다.
- 과거의 고통에서 벗어나 미지의 세계로 나아가려면 굳건한 마음과 힘이 필요하다.

새로운 기술을 사용하기

당신 자녀의 정서적인 건강을 위해서 가능한 한 최고의 환경을 제공해 주려는 당신의 목표를 달성하려면 당신은 여기에 제시된 기술을 활용할 수 있다. 당신은 당신의 무기고에서 최상의 무기(기술)들을 꺼내어 무장할 필요가 있다. 여기에서는 이 책에 제시된 기술들을 간단하게 재확인시켜 주고 있다.

Chapter 2. 자녀가 양쪽 부모를 모두 사랑할 수 있게 해 주기

이 장에서 우리는 두 부모 사이에 놓여 있는 자녀의 스트레스에 대해서 언급했다. 자녀가 어느 한쪽 부모의 편을 들어야 하는 상황에 놓이게 되면 자녀는 다른 쪽 부모를 거절해야만 한다는 예감을 가지게 된다. 당신이 전 배우자를 인정하지 않는 듯한 말과 비난, 욕설, 신체언어를 보이고, 자신이 피해자인 양 행동하는 것은 사실상 자녀로 하여금 중립을 지키지 못하게 한다. 자녀는 종종 '강요된 효도의식' 에 갇히게 되는 것이다.

자녀가 격렬한 전투의 소용돌이에 서서 점점 스트레스를 받게 되어 진퇴양난의 함정에 빠졌다고 느끼는 상황에서는 자신을 위한 최선의 결정을 할 수 없게 된다. 자녀는 가능한 한 이런 입장에서 자신을 보호하기 위해서, 모든 행동의 결과를 하나씩 하나씩 저울질해 보고 조심하며 경계해야 한다고 생각한다. 그 결과 자녀는 어린이의 권리인 '자연스러운 자발성' 을 잃어버리는 것이다.

또한 자녀는 자기 부모에 대한 비난은 무엇이든지 자신에 대한 비난으로 받아들이기 때문에, 아이는 자존감의 상실을 경험한다. 그 결과 자녀의 행복은 망가진다.

이와 같이 당신의 자녀에게 상처를 주는 부정적인 영향을 예방하기 위해서, **자녀를 효도의식의 강요에서 해방시키겠다고 결단하라.** 자녀의 삶에 양쪽 부모가 모두 중요하다는 사실을 당신이 인정할 때 이 일을 더 잘 해낼 수 있다. 부모가 긍정적인 방식으로 자녀를 돌보아 주는 데 이득이 되는 자질과 특징들을 먼저 생각하라. 그리고 이러한 새로운 신념에 근거하여 적절한 행동을 취하라. 당신이 취할 첫 번째 단계는 바로 이것이다.

첫째, 공동부모의 말이나 행동에 대하여 당신이 부정적인 반응을 보이지 않도록 '일-생-진-행(STP-A)' 기법을 활용하라. 당신은 자녀가 보고 듣지 않는 장소에서 언제 어떤 방식으로 대응할 것인지를 결정해야 한다. 이것은 당신 자녀 앞에서 공동부모를 말과 어조와 신체언어로 비판하지 않는다는 것을 말한다.

둘째, 자녀가 다른 쪽 부모를 사랑해도 좋다고 허용하는 자세를 취하라. 그것은 자녀가 자기 자신을 사랑할 수 있게 해 주는 것이며, 당신이 자녀에게 줄 수 있는 선물이다. 다른 쪽 부모에게서 자녀가 물려받은 긍정적인 자질이나 특징에 대하여 아이와 함께 이야기하거나, 그들이 공유하고 있는 관심사에 대하여 이야기하라.

셋째, 당신과 공동부모 간 갈등의 중심에 자녀를 밀어 넣지 않겠다고 결심하라. 자녀를 통해서 공동부모에게 쪽지나 말 심부름을 시키지 마라. 항상 공동부모와 직접 대화하라. 학교 행사나 운동 경기에 어느 부모를 참석하게 해야 하는지를 두고 자녀가 고민하게 되는 횟수를 최소한으로 줄여라.

마지막으로, 당신의 감정적 욕구 때문에 자녀에게 짐을 지우지 마라. 당신이 피해자인 양 행동하고 자녀로 하여금 죄의식을 느끼게 해서 아이가 당신 편을 들게 한다면, 나중에 자녀는 당신이 자신을 그렇게 조종한 것에 대해서 분개하게 될 것이다. 당신의 감정적 욕구를 채우는 것도 중요하지만, 자녀를 통해서 그 욕구를 채우려는 것은 일생 동안 자녀에게 유해한 짐을 지워 주는 것이다.

Chapter 3. 나의 장기적인 역할을 바꾸기

이 장에서는 자녀의 다른 쪽 부모와 당신이 전 배우자로서의 관계가 아니라 공동부모로서의 관계를 가져야 함을 강조했다. 이 과업을 제대로 수행하려면 당신은 먼저 전 배우자에 대한 집착을 버려야 한다. 이것은 물질적으로든 감정적으로든 옛 관계에서 벗어난다는 것을 의미한다. 감정적으로 의존하게 되면 복수의 악순환이 나타난다. 과거에서 벗어난다는 것은 과거의 관계를 뒤로 넘겨 버리고, 그 관계의 상실을 애도한 뒤에, 새로운 삶을 시작한다는 것을 의미한다. 그것은 당신의 미래, 즉 당신의 경제적 안정, 육체적 건강, 심리적 건강을 전적으로 책임지는 사람은 당신이라고 생각하는 것이다.

Chapter 4. 나의 개인적인 길을 선택하기

이 장에서는 당신이 자신의 삶을 더 향상시키기를 원하는지, 아니면 더 쓰라리게 만들기를 원하는지를 생각해 볼 것을 강조했다. **당신의 삶을 더 좋게 만들고 싶다면, 전 배우자와 새로운 관계를 유지하는 것은 오로지 당신 자녀에게 좋은 부모가 되어 주는 일에 국한한다. 그렇게 하면 당신의 새로운 관계가 재정립될 것이다.** (그 관계는 가능한 한 당신의 자녀를 가장 좋은 환경 속에서 기르겠다는 일차적인 목표를 위해서 존재할 것이다. 그리고 두 가정에서 자라는 자녀에게 최상의 환경을 만들어 주기 위해 당신의 능력이 허락하는 한 모든 노력을 다한다는 뜻이다.)

관계 재정립이란 2개의 장소에서 제공되는 새로운 가족 구조를 당신이 용납한다는 것을 의미한다. 즉, 자녀의 다른 쪽 부모를 자녀의 삶에 있어서 당신과 똑같이 중요한 세력으로 받아들여야 한다는 뜻이다. 그것은 자녀의 욕구를 충족시켜 주기 위해서 공동부모와 새로운 비즈니스 관계를 확립할 것을 당신에게 요구하는 것이다. 이러한 재정립은 당신이 감정적으로 해방되고, 전 배우자에 대한 집착을 버릴 때 이루어진다. 그것은 전 배우자의 부모역할 능력에 대한 부정적인 가정(假定)과 기대를 접어 둔다는 것을 의미한다. 그리고 새로운 가족구조를 받아들이는 쪽으로 당신의 언어 패턴이 변한다는 것을 의미한다. 또한 그것은 당신 자신의 이기적인 관점보다는 자녀에게 가장 이익이 되는 관점에서 모든 행위를 평가해 본다는 뜻이다. 또 자녀에게 해가 될 수 있는 행동을 취하기 전에, 일단 멈추고, 생각하고, 진정하고, 행동하는 '일-생-진-행(STP-A)' 기법을 활용하는 것을 의미한다.

공동부모와 성공적인 비즈니스 관계를 수립하기 위하여 다음의 지침을 따르고 있는지 점검해 보고, 어떤 부분에 대해서 개선이 필요한지 확인해 보라.

1. 공동 목표에 헌신하기
2. 승-승적 관계를 약속하기
3. 의견이 맞지 않거나 새로운 상황이 발생할 때, 견해 차이에 대해서 협상하기
4. 한두 가지의 주제와 목표에 초점을 맞추기
5. 공동 예절을 준수하기
6. 감정적으로 대응하지 않으며, 객관적 사실에 입각하여 대화하기

Chapter 5. 나의 분노를 다스리기

이 장에서는 분노를 건설적인 힘이나 파괴적인 힘을 지니고 있는 것으로 바라보도록 촉구했다. 분노가 건설적인 힘으로 사용될 경우, 분노

는 당신이 하기 어려운 행동을 수행할 수 있게 해 주는 힘을 준다. 그것은 자극제가 되어 당신이 장애를 극복하고 목표를 성취할 수 있도록 도와준다. 또한 그것은 한계를 설정하고, 자신을 주장하며, 처음에 분노를 일으켰던 문제들을 해결하는 조치를 취하게 하는 힘을 실어 줄 수도 있다.

분노는 또한 파괴적일 수 있다. 분노는 고통을 일으키는 행동을 하면서 복수의 악순환이 이어지도록 이용될 수 있다. 분노는 당신을 자극하고 상대방에게 보복하게 하여 실제로 위협을 주거나, 위협감을 느끼게 하며, 해결되어야 할 문제를 더 복잡하게 만드는 결과를 초래한다. 분노는 상처나 고통으로부터 자신을 보호하기 위해, 자신과 아이는 물론 다른 사람에게 상처를 주는 데 이용될 수도 있다. 분노가 내면으로 향하면 우울이나 무기력감을 초래하고, 처음의 고통을 야기한 문제를 해결하기 위한 조치를 취하지 못하게 할 수도 있다. 분노 감정에 사로잡혀 있다는 것은, 다른 말로 표현하면 당신에게 고통을 가져다준 문제에 책임을 지려고 하지 않는 태도라고 할 수 있다. 이 분노가 파괴적으로 이용될 때 가장 큰 상처를 받는 것은 바로 당신의 자녀다.

분노를 건설적으로 활용하기 위한 기술

분노를 건설적으로 활용하기 위한 첫 번째 단계는 **분노를 어떻게 다룰 것인가가 당신의 선택에 달려 있다는 점을 깨닫는 것이다.** 분노를 느끼게 되면 당신은 당신에게 무엇인가가 잘못되었다는 것을 인식할 수 있다. 그것은 문제해결을 위하여 당신이 무슨 조치를 취할 필요가 있다는 것을 암시해 주는 첫 번째 신호가 된다. 그것은 당신 자신의 영역이 침해를 받았고 당신이 다시 그 영역의 한계를 명확히 할 것을 주장할 필요가 있다는 사실을 암시해 주는 것이기도 하다. 당신의 분노를 다스리는 것은 그런 결과에 대한 책임을 수용한다는 의미다.

그런 다음에, 당신은 당신을 화나게 한 자극제가 무엇인지를 밝혀내야 한다. 다음 단계는 당신의 화를 촉발시킨 신념이나 생각이 무엇인지를 확인하는 것이다. 이러한 신념이나 생각들이 당신의 분노 감정을 더욱 격화시키는 요소다. (명심하라. 교통정체 때문에 기분이 나빠지는 것이 아니라, 교통정체 현상에 대한 당신의 생각 때문에 기분이 나빠지는 것이다.) 분노에 반응하기 전에 자기의 모습을 바라볼 수 있다면, 당신은 자신의 생각(신념)을 살펴보고, 그 생각을 다른 생각으로 변화시키거나 재구조화할 수 있는지 검토할 수 있다.

당신의 신념을 바꾸게 되면 결과적으로 당신의 행동에 영향을 주는 분노 감정이나 상처받은 감정의 농도를 변화시킬 수 있다. "그이는 형편없는 인간이에요. 두고 보세요. 내가 다시 고소해서 돈을 더 받아 내고 훨씬 더 많은 고통을 겪게 할 거예요."라고 말한다면, 이상하게도 당신은 분노로 떨게 될 것이다. 반면 "그 사람의 행동을 내가 어떻게 할 수가 없어요. 그러나 내 자신이 어떻게 행동해야 할지는 결정할 수 있습니다."라는 말은 당신을 진정시키고 당신이 현명한 결정을 하도록 도와줄 것이다.

Chapter 6. 갈등을 통제하기

이 장에서 우리는 갈등이 어떻게 일어나는지, 그리고 갈등이 어떻게 작은 불꽃에서 시작해서 계속 타오르게 되는지에 대하여 살펴보았다. 먼저 우리는 화재예방 전략을 알아보았다. 3W 기법은 갈등을 예방하기 위한 중요한 기법이다. 다음을 결정하라.

- 언제 이야기할 것인가?
- 무엇에 대해서 이야기할 것인가?
- 어디서 이야기할 것인가?

당신이 전 배우자와 대화하는 구조를 미리 세심하게 설정한다면 갈등을 피해 나가기가 더 용이할 것이다.

다음의 지침은 성냥을 가지고 노는 것을 피하는 요령이다. 성냥은 불꽃을 일으킨다. 그것은 특정한 어조, 불손한 신체언어와 전 배우자의 화를 돋우는 단어(말)들이다. 당신이 상대방이 느끼는 감정이나 행동에 대해서 책임을 질 수는 없지만, 때때로 갈등을 초래할 만한 소지를 불식시키는 방향으로 행동할 수는 있다.

마지막의 지침은 불난 데 부채질하는 일을 피하는 것이다. 이것은 공동부모 쪽에서 불을 붙여 놓은 성냥에 당신 쪽에서 어떤 반응을 보내는 행위를 말한다. 연료가 없으면 작은 불꽃은 꺼져 버릴 것이다. 그러나 연료를 더하면 그 작은 불꽃은 산불만큼 커질 수 있다. 다음의 지침을 따르라: **방어적으로 나가지 마라. 반격하지도 말고 회피하지도 마라.** 그 대신에 '일-생-진-행' 기법을 활용해서 불꽃에 반응하는 방법을 스스로 충분히 생각하는 시간을 가져라.

당신이 반응할 때 어떤 목소리로 말하고, 어떤 단어를 사용하고, 어떤 신체언어를 나타낼지 결정하라. 이러한 방법으로 상황을 통제하라. 상황이 당신을 통제하는 것이 아니다. 전 배우자가 공격적이거나 위협적일 때는 그 자리를 피하라. 공동부모가 말하는 것을 듣고 나서, 그에 대하여 반영해 주라. 상대방의 말이나 행동 이면에 담겨 있는 감정을 찾아내어 반영해 줌으로써 다른 쪽 부모가 걱정하고 있는 내용을 당신이 이해하고 있음을 보여 주라. 당신이 그의 의견에 동의하지는 않지만 그의 말을 잘 경청해 주는 기술을 사용할 수 있다. 또한 3P의 기법을 기억하라.

- 과거가 아니라 현재(present)에 초점을 맞추라.
- 사람이 아니라 문제(problem)에 초점을 맞추라.
- 우주 전체가 아니라 하나의 문제(one problem)에 초점을 맞추라.

어떤 문제점을 거론하거나 그 문제에 대한 당신의 생각을 표현하기 위해서 **'나-진술문'** 을 사용해 보라. 자녀에 대한 당신의 우려를 표명하고 그 상황에서 자녀가 어떤 영향을 받을 수 있는지를 설명하라. 그러고 나서 당신이 생각하는 바람직한 대안을 제안하라. 그러나 어떤 상황은 당신의 통제 영역을 벗어나 있고, 어쩔 수 없이 그 상황을 안은 채로 살아가야 할 수도 있다는 것을 기억하라. 당신은 전 배우자의 집에서 일어나는 일이 마음에 들지 않을 수도 있지만, 그런 일이 자녀에게 직접적으로 해로운 것(예: 약물 복용)이 아니라면, 당신의 영역이 아닌 곳에 침범해 들어가지 마라. 그것은 소위 '불간섭의 주제' 라고 불린다. 당신은 당신이 신경 쓰이는 점을 이야기해 줄 수는 있지만, 당신의 욕구를 충족시켜 주는 방식으로 전 배우자에게 해결책을 제시하고 그렇게 해 달라고 강요할 수는 없다. 그럼에도 불구하고 당신의 걱정거리와 의견을 확실하게 표현함으로써 개인적으로는 기분이 나아질 수도 있다. 그 다음에는 그것을 놓아준다.

나-진술문

나는 ______________ ~할 때 ________________한 기분이 들(었)어요.
왜냐하면 ____________________________________이(하)기 때문이에요.
그래서 내가 원하는 것은 _________________________입니다.
여기에 동의해 줄 수 있겠습니까?

Chapter 7. 합의를 끌어내기

이 장에서 배운 것을 실천하려면 먼저 당신은 **한쪽 부모가 일방적으로 이기려고만 하면, 다른 쪽 부모뿐만 아니라 당신의 자녀도 패배자가 된다는 사실**을 받아들여야 한다. 한쪽 부모만 이기게 되면 그 사람은 자녀의 이익을 최선으로 생각하기보다는 자신의 이익을 우선시하고 있는 것이다.

해결해야 할 문제가 있을 때 승자가 되는 유일한 방법은 자녀를 위한 최선의 해결책을 찾아냄으로써 모두가 승자가 되는 것이다. 합의를 끌어내기 위한 다음의 단계별 전략을 살펴보았다.

합의를 끌어내기 위한 7단계

1단계-문제점을 규명한다.

- 약속을 정하기 위해서 전화를 한다.
- '나-진술문' 을 사용한다.

2단계-한 쪽은 의견을 제시하고, 다른 쪽은 경청한 다음에 의견을 반영해 준다.

- 당신이 먼저 의견을 말하고, 상대방은 당신의 의견을 반영해 준다.

3단계-해결책을 브레인스토밍한다.

- 평가하지 말고 브레인스토밍한다.

4단계-한 가지 해결책을 선택한다.

- 아이에게 가장 좋은 해결책을 찾는다.

5단계-누가, 언제, 무엇을 할 것인지 검토한다.

- 누가, 무엇을, 언제까지 할 것인가?

6단계-해결책을 실행에 옮긴다.

- 제한된 기간 동안 최선의 아이디어를 시도해 본다.

7단계-재평가한다.

- 성공 여부를 논의하기 위하여 다시 만난다.

Chapter 8. 자녀 공동양육은 영원하다

이 마지막 장에서는 당신의 개인적 상황과 관련된 실제 문제들을 해결하는 것에 초점을 맞출 것이다. 지금이야말로 당신이 새로 배운 기술을 시험해 볼 때다. 이 독특한 양육지침의 목표는 당신의 전 배우자와 의사소통하는 방식을 바꾸는 것이다. 그러므로 효과적인 기술을 배웠으면 자주 활용할 필요가 있다. 처음에 혼자 힘으로 여러 번 시도해 보았는데 잘 되지 않더라도 놀라지 마라. 괜찮다. 계속해서 그 기술을 열심히 적용하라. 시간이 지나고 연습을 계속 하다 보면 더 쉬워질 것이다. 그러나 이것이 당신의 상황에 맞지 않는다면 부모교육 전문가나 심리치료사의 도움을 구하라. 법정에서 판사가 임명한 부모 상담가(조정자)라면, 양쪽의 부모에게 서로 협력하라고 당부하고 이 책에서 제시된 기술들을 배우라고 요구할 것이다. **당신의 진보가 자녀에게는 매우 중요하다는 점을 명심하라.**

공동부모의 주별 모임

비즈니스의 효율성이 정기적인 회의를 하느냐 하지 않느냐에 달려있듯이, 효율적인 가정사도 마찬가지다. 자동차 합승 문제, 심부름, 훈육 문제와 가족이 공유하는 목표를 논의하기 위하여 부모가 매주 만나는 것이 유익하다는 것을 많은 가족들이 알고 있다. 이것은 특히 양쪽 부모가 모두 직업이 있는 바쁜 가정에서는 더욱 그러하다. 당신이 시간에 쫓기고 가정사로 스트레스가 많을수록, 정기적으로 계획된 가족 모임을 가지는 것은 그만큼 더 중요하다. 이와 비슷하게 2개의 핵가족이나 '두 가정으로 구성된 가족' 은 자녀양육상의 문제에 관한 논의를 함으로써 이익을 얻는다. 이러한 만남의 시간이 매우 짧아도 괜찮다. 그러나 두 집안이 평온하게 유지되고 자녀의 스트레스를 최소화하는 것을 돕기 위해서 만남은 정기적으로 이루어져야 한다. 만약 당신과 자녀의 공동부모가 심하게 갈등을 겪는 사이가 아니라면, 매주 전화통화를 하기로 계획하라. 당신의 자녀를 공동양육하는 문제를 논의하기 위해서 전 배우자와 함께 주별로 일정한 날짜와 시간을 정하라. 이러한 계획은 매우 구체적이어야 한다. 논의의 주제에 다음의 것들을 포함시켜라.

- 일정변경
  예: "이안은 이번 주에는 스카우트 활동이 없다는 것을 기억하세요."
- 일정변경 요청
  예: "이안을 데려다 주는 시간을 저녁 7시 반이 아니라, 저녁 6시로 해도 괜찮겠어요?"
- 특별활동 공지(상기시키기)
  예: "제니스는 금요일 저녁에 공연이 있어요."
- 훈육적인 관리
  예: "프랭키가 학교에서 친구를 돌로 때려 말썽이 났어요. 당신과 함께 프랭키에게 어떤 훈육을 해야 할지 생각해 보고 양쪽 집에서 그대로 적용해야 할 것 같아요. 당신은 아이에게 어떤 조치가 필요하다고 생각하세요?"
- 발달 과정을 함께 도와주기
  예: "캐서린은 이제 혼자서 옷을 입을 줄 알아요. 아주 뿌듯해하고 있어요." "토마스는 두발자전거 타는 법을 배우기 시작했어요. 이번 주말에 그 애가 자전거를 타는 걸 도와주실래요?"

처음에 공동부모 간의 논의시간은 매우 짧아야 하고, 단순한 문제에 초점을 맞추고, 자녀를 기르면서 경험한 긍정적인 내용을 공유하는 것이어야 한다. 다음과 같은 요령을 고려하기 바란다. 전화통화 시간을 매주 약 30분 내외로 정해 놓는다. 예를 들면, 다음과 같다.

일요일 저녁 9시 ~ 9시 30분으로 한다. 전화통화는 1분 정도로 짧아도 좋고, 30분을 다 사용해도 좋다.

전화하는 시간은 양쪽 부모가 편리한 시간으로 잡되, 자녀들이 없는 시간이나 자녀들이 대화 내용을 엿들을 수 없는 시간을 선택하라. 일정한 기간 동안 이런 일정을 고수하고, 그것이 효과가 있는지 알아보라. 예를 들면, 다음과 같다.

다음 4주 동안 일요일마다 정한 시간에 서로 대화하기로 하고, 그 뒤에 함께 재평가해 볼 것을 제안한다.

정해진 일정에 따른 전화통화가 역효과를 초래할 경우에는 전화통화를 중단하기로 서로 합의한다. 그러나 대화가 중간에 끊긴다면 새로운 날짜와 시간을 골라서 가능한 한 빨리 논의를 이어간다.

어느 쪽 부모가 전화를 먼저 할 것인지를 정하고, 또 한쪽 부모나 양쪽 부모가 모두 예정된 날짜의 모임에 참석할 수 없거나 그 날짜를 잊어버렸을 경우에는, 긴급대책을 누가 세울 것인지 정하는 것이 매우 중요하다. 예를 들면, 다음과 같다.

아이와 함께 사는 부모 쪽에서 정해진 날짜에 전화를 한다. 물론 전화로 대화를 하는 동안에는 아이들이 그 자리에 없다는 것을 전제로 한다.

전화를 받기로 한 부모가 그 시간에 전화를 받지 못할 경우에는, 전화를 거는 부모는 자기가 전화했다는 사실을 알려 주는 메시지를 남긴다. 전화를 받는 부모는 그날 저녁 가능한 한 적절한 시간에 전화 답신을 해 주어야 한다. 전화를 받는 부모 쪽에서 답신 전화를 해 주지 않으면, 그들이 모두 다음 날 그 시각에 전화를 해야 할 책임이 있다.

> 전화를 먼저 걸기로 한 부모가 전화를 할 수 없었거나 전화할 것을 잊어버린 경우에는, 그들은 모두 다음 날 서로에게 연락을 해야 할 책임이 있다.
>
> 전화를 먼저 걸기로 한 부모에게 자녀양육과 관련된 문젯거리가 없더라도, 공동부모와 연락을 취해서 다른 쪽 부모가 혹시 논의하고 싶은 내용이 있는지를 확인해야 한다.

이런 정규적인 공동부모 간의 '모임(meeting)'은 짧고 기분 좋게 이루어져야 한다. 그러나 보다 복잡하고 민감한 문제를 해결해야 할 때가 있다. 다음의 문제해결을 위한 시간의 다섯 단계를 따라가다 보면, 과거에 당신과 공동부모가 논의하기 매우 힘들었던 심각하고 복잡한 문제에 대해서도 성공적으로 의논할 수 있는 가능성이 높다.

문제해결을 위한 시간

1 문제점 목록을 만들고 평가하기

앞서 배운 내용을 다시 생각해 보자. 우리는 당신과 공동부모 사이에 자녀양육과 관련하여 어떠한 문제가 있는지 살펴보라고 요구하면서 46, 47쪽과 262쪽에서 이것에 대한 목록을 만들어 보라고 요청했었다. 이런 문제는 자녀를 학교에 태워다 주는 시간에 대한 것과 같은 사소한 문제일 수도 있고, 누가 자녀의 팔찌 값을 지불할 것인가와 같이 큰 문제일 수도 있다. 시간을 내서 각 걱정거리의 목록을 작성하라. 간단하게 그 상황을 설명하라. 1에서 5까지의 척도를 이용해서 가장 중요한 걱정거리에 5, 가장 하찮고 사소한 걱정거리에 1의 등급을 매겨라. 오른쪽에 1에서 5까지의 번호를 매겨라. 이렇게 하면 당신이 공동부모와 어떤 주제로 이야기를 해야 할지 파악하는 데 도움이 될 것이다.

해결해야 할 문제들

번 호	문 제	등 급(1～5)
1		
2		
3		
4		
5		

[2] 협상 연습지 준비하기

당신이 걱정거리 목록을 작성했고 그중에서 가장 중요한 문제가 무엇인지 알아냈으므로, 이제는 당신이 배운 기술을 적용해 볼 차례다. 당신의 장기적인 목표는 공동부모와 협상하며 합의하도록 준비하는 것이다. 협상을 처음 시도할 때는 간단한 문제나 사소한 걱정거리로 시작하는 것이 더 쉽다. 1등급으로 분류한 문제를 골라서 시작하라.

먼저 297쪽에 있는 협상 연습지 복사본을 여러 장 만들어 놓는다. 공동양육에 대한 논의를 준비하기 위하여 작업지에 있는 1단계를 수행하라. 당신은 1단계가 세 가지 중요한 부분으로 이루어져 있다는 것을 알게 될 것이다. 당신은 공동부모와 만나 회의하기 전에 이 부분을 수행해야 한다.

1단계: 문제를 규명한다

1. 무엇이 문제인가?
먼저 어떤 문제에 초점을 맞출 것인지 결정하라. 간단하게 그 상황을 설명하라. 지금 협상 작업지에 그 문제에 대한 상황을 기술하라.

2. 그 문제는 나를 위한 것인가, 자녀를 위한 것인가?
당신의 문제점을 검토해 보고 자문해 보라.
   1) 그 문제는 자녀에게 어떤 영향을 미치는가?
   2) 그 문제를 해결하는 것이 나 자신을 위해서인가? 아니면 자녀의 최선의 이익을 위해서인가?

그 문제가 자녀의 이익보다는 나 자신의 이익과 더 관계가 있는 것으로 결론 내려진다면 다른 문제를 선택하라.

3. '나-진술문' 을 만들어라.
당신이 안건으로 내놓은 문제로 되돌아가서, '나-진술문' 의 형태로 당신이 말하고 싶은 바를 적어 보라.

3 만남(meeting)을 구조화하기

연습지를 준비했으므로 지금부터 공동부모와의 성공적인 만남을 위한 단계를 준비하는 것이 중요하다. 먼저 당신과 공동부모 사이에서 발생하는 전형적인 상호작용의 특성과 협상한 노력의 결과를 생각해 보라. 아래의 내용은 심한 갈등을 암시해 주는 행동이다. 이러한 갈등 상황에서는 만남을 매우 세심하게 구조화하는 것이 중요하다. 당신과 공동부모 간의 상호작용 부분에서 주로 이러한 행동이 빈번하게 나타나는지 확인하라.

- 자녀 앞에서 말싸움을 한다.
- 자녀가 들을 수 있는 곳에서 전화로 말싸움을 한다.
- 무자비하게 강요한다.
- 언어적 폭력을 행사한다.(욕설)
- 다른 쪽 부모를 물리적으로 공격한다.(신체적 폭행)
- 자녀를 물리적으로 공격한다.(신체적 폭행)
- 고소하겠다고 위협한다.
- 집을 나가겠다고 위협한다.
- 자녀에게 해를 입히겠다고 위협한다.
- 돈을 주지 않겠다거나 방문하지 못하게 하겠다고 위협한다.
- 자녀가 다른 쪽 부모를 사랑하지 못하게 하겠다고 위협한다.

주의

만약 당신이 아래와 같은 상황에 처해 있다면, 갈등관리 및 중재에 대한 훈련을 받은, 중립적인 제3자인 부모 조정자의 도움을 구할 것을 강력히 권고한다.

- 폭력이나 학대의 전력이 있는 경우
- 현재 알코올 중독, 약물 중독인 사람
- 보호관찰 명령이나 형사상 고소 상태인 경우

전 배우자와의 관계를 평가한 후에 다음의 사항들을 고려하라.

• 위험한 2인조: 물리적 위험(신체적 폭행)의 가능성이 있는 관계
- 근무 시간 중(낮)에 전화 통화를 하기로 계획하라.
- 안전하고 생산적인 만남을 촉진시켜 줄 제3자를 동반한 모임을 가져라.

• 적대적 제휴자: 간헐적으로 갈등을 일으키고 언어폭력을 행사하는 관계
- 근무 시간 중(낮)에 전화 통화를 계획하라.
- 식당과 같은 공공장소에서 낮에 가벼운 만남을 가져라.
- 안전하고 생산적인 만남을 촉진시켜 줄 제3자를 동반한 만남을 가져라.

• 신중한 동료: 사소한 갈등은 대개 조절이 가능한 관계
- 근무 시간 중(낮)에 전화 통화를 하기로 계획하라.
- 식당과 같은 공공장소에서 낮에 가벼운 만남을 가져라.
- 다양한 문제를 논의하기 위해서 만남의 시간을 연장하라.

만약 만남이 순조롭게 진행될 경우에는 다음의 사항을 자문해 본 다

음에 두 번째(추가적인) 관심거리를 논의하라.

- 관심사를 논의하자고 제기한 부모가 논의된 문제에 대해서, 그리고 논의를 통해서 마련된 세부적인 해결책에 대하여 만족하고 있는가?
- 새로운 문제를 제기하기에 적절한 시간인가? 당신의 전 배우자는 또 다른 문제에 대한 협상에 임할 준비가 되어 있지 않을 수도 있고, 두 번째 문제를 논의할 시간이 없을 수도 있다. 이러한 이유 때문에 자녀양육과 관련하여 새로운 문제를 논의하기 전에 항상 질문하라.
- 두 번째 걱정거리를 논의하기 전에 휴식시간을 가졌는가? 잠깐 화제를 바꾸거나 일어나서 음료수를 가지러 가라. 그리하여 전 배우자가 문젯거리가 끝없이 이어져서 압도된다는 느낌을 받지 않도록 배려하라.

만남을 어떤 식으로 구성하든지 간에 항상 다음의 두 가지 사항을 마음속에 깊이 새겨 두라.

1. 자녀가 있는 장소나 자녀가 깨어 있는 시간에는 절대로 공동부모와 중요한 문제를 전화나 면대면으로 논의하지 마라.
2. 만남의 시간이 생산적이지 못할 때는 언제든지 중단할 준비를 하라. 예를 들면,
   - 당신이 그만 말하라고 하는데도 공동부모가 계속 큰 소리로 말하는 경우
   - 당신이 그만 이야기하자고 하는데도 공동부모가 계속해서 당신을 설득하려고 할 경우
   - 공동부모가 성질을 참지 못하고 공격적인 태도로 나오는 경우

이러한 상황에서는 침착하게 만남을 끝내라. 만남을 끝내기 위해서 "이런 이야기는 생산적이지 않은 것 같아요. 우리가 만나는 일자를 다른 날로 잡고 싶어요. 내일 전화할게요."라고 말하라. 그와 같은 말을 하지 않고 불쑥 나가 버리면, 불난 데 부채질하는 격이 될 것이다.

④ 만남 준비하기

일단 당신이 전 배우자와 만나기로 결정했으면 그와 함께 만날 준비를 하라. 당신이 먼저 서로에게 편리한 미팅시간과 장소를 제안(또는 전화통화)하라. 공동부모는 당신과 만나는 목적을 알고 싶어 할지도 모른다. 그러나 안건을 미리 확실하게 알려 주게 되면, 당신이 준비되지 않은 상태에서 곧바로 전화 통화를 하게 될 수 있는데 그때 당신은 그 문제를 효과적으로 논의할 준비가 되어 있지 않을 가능성이 있다. 따라서 처음 전화통화를 할 때 문제점을 밝힐지 말지에 대해서는 당신이 잘 판단하라. 만일 문제점을 미리 알려 주기로 했다면, 이렇게 말하도록 하라. "내 걱정거리를 간단하게 이야기해 줄게요. 만나서 논의할 때까지 당신이 기다려 줄 것이라고 믿어요." 당신의 생각을 관철시켜라. 이 시점에서 말을 주고받아야 한다는 부담감에서 벗어나도록 하라.

⑤ 당신의 행동을 평가하기

만남이 이루어진 다음에 당신의 행동을 평가하는 것은 중요하다. 이렇게 자문하면서 시작하라: 잘된 것은 무엇이고, 잘 되지 않은 것은 무엇이었는가? 당신의 어조를 생각해 보라. 빈정대는 어조였는가, 위협적인 어조였는가, 혹은 고르고 침착한 어조였는가? 나는 전 배우자보다 문제 자체에 초점을 맞추었는가? 나는 문제해결을 유도하는 신체언어를 보였는가, 공격적이거나 방어적인 태도를 유도하는 몸짓을 보냈는가? 나는 대안적인 해결책을 제시하고 공동부모의 견해를 존중하면서 문제해결을 위한 7단계를 사용했는가? 나는 공동부모가 브레인스토밍한 아이디어에 대해서 좋다거나 나쁘다고 판단을 내렸는가? 나는 좋은 비즈니스 기술을 사용했는가, 아니면 내 감정에 따라 이야기했는가?

당신의 행동에 대하여 솔직하게 평가하게 되면, 당신은 앞으로 공동부모와의 논의를 더 잘 준비하게 될 것이다.

공동부모와의 만남이 당신의 기대만큼 잘 이루어지지 않았다 하더라도 실망하지 마라. 그것은 시간이 지나면서, 그리고 실천을 해 가면서 더 쉬워진다는 것을 기억하라. 그리고 다음의 사항을 실천해 보도록 하라.

- 말은 적게 하고 많이 경청하라.
- 더 침착하라: 깊이 숨을 내쉬어라.
- 공감적 반응을 늘려라: "당신이 왜 그것 때문에 정말로 속이 상했는지 알겠어요."
- 재빨리 '자기' 를 비워라.
- 낙관적으로 행동하라. "나중에 이것을 시도해 보기로 해요."
- 만남의 시간과 장소를 변경하라.
- 6장에 개괄된 기술을 복습하고 활용하여 갈등을 통제하라.
- 문제를 해결하기 위하여 다음 협상을 시작하기 전에 공동부모와 함께 6장과 7장을 읽어라.
- 중립적인 제3자를 동반하라.

미래의 상호작용 성과를 향상시킬 수 있는 방식들

당신 쪽에서 공동부모와 함께 미래의 상호작용의 성과를 향상시킬 수 있는 몇 가지 방식들을 열거해 보라.

미래에의 헌신

건강한 공동부모 관계에 있어서 가장 중요한 두 가지 요소는, 자녀에게 초점을 맞추겠다는 당신의 다짐과, 부정적인 감정을 놓아 버리는 능력이다. 심리적으로 초연하게 살기 위하여 당신이 할 수 있는 모든 것을 하게 되면 당신과 자녀가 이익을 얻게 된다. 전 배우자와의 예전 관계로부터 자신을 해방시키는 데 도움이 되는 의식(儀式)을 우리가 제시해 주었던 것을 기억할 것이다. 우리는 그것을 해방 의식 또는 놓아 버리기 의식(letting-go ritual)이라고 했다. 3장의 내용을 기억할 것이다. 다음의 의식도 비슷한 방식으로 당신이 과거를 놓아 버리는 데 도움을 주기 위해서 만들어졌다.

1 풍선 의식

이 의식은 부모 중 한 사람이나, 두 사람이 함께할 수 있다. 작은 종이에 당신이 결혼한 날짜를 적고, 그 종이를 풍선 안에 넣고 자녀들을 증인으로 삼아서 그 풍선을 공중으로 날려 보내라. 당신의 자녀를 위해서 그 결혼에 대해서 무언가를 좋은 말을 해 주고 나서 풍선을 놓아 버리는 것이 좋다. 풍선이 보이지 않게 되면, 자녀들에게 그 결혼은 끝이 났다는 사실을 이야기하라. 새로운 시작을 표시하기 위해서 특별한 곳을 방문하고, 긍정적인 말을 하면서 그 의식을 끝내라. 공동부모가 참석하지 않고 당신이 이런 일을 할 경우, 매우 어린 자녀들은 당신이 풍선을 날려 버릴 때 당신이 다른 쪽 부모를 '없애 버리고 있구나' 하고 생각할지도 모른다. 그러므로 두 부모가 함께 있는 곳에서 이런 의식을 행하는 것이 좋다. 만약 그것이 가능하지 않으면 자녀에게는 여전히 두 사람의 부모가 있다는 점을 분명히 알려 줄 필요가 있다. 당신이 비록 흘러내리는 눈물을 주체할 수 없더라도, 그 의식만은 긍정적인 방식으로 진행하도록 하라.

[2] 3개의 촛불 의식

이 의식에는 반드시 두 사람의 부모가 참여해야 하고, 자녀들이 증인이 되어야 한다. 당신의 결혼을 나타내는 촛불을 켜라. 개별적인 개인으로서의 삶을 나타내기 위하여 결혼 촛불 의식에서 각각의 부모가 자기의 양초에 불을 붙인다. 이제 부모는 각자의 초를 따로 분리된 촛대에 꽂고, 함께 결혼 촛불을 입으로 불어서 끈다. 자녀는 결혼 촛불을 끄는 데는 참여하지 않도록 한다. 이 일은 부모들만 해야 한다. 이 시점에서 공동부모가 어떤 말을 주고받아도 된다.

[3] 반지 의식

이 의식은 부모와 자녀들을 위하여 설계된 것이다. 부모들이 결혼반지를 되돌려 주고 자녀의 공동양육을 다짐하는 징표를 받는 일에 자녀들이 증인이 되는 것이다. 예를 들어, 당신은 자녀들의 사진이 있는 서면 합의서나 증명서를 준비할 수 있다.

촛불 의식과 반지 의식은 306쪽에 나와 있는 서약서를 사용하는 활동과 합쳐서 할 수 있다. 자녀에 대한 약속과 공동부모와의 관계에 대한 재정립을 확실하게 다짐하기 위하여 '자녀 공동양육은 영원하다' 서약서를 사용할 수 있다. 이혼 기간이 얼마였든 이 의식은 당신과 당신 가족에게 매우 유용할 것이다. 그것은 당신이 자녀의 욕구에 근거하여 결정을 내리고, 그러한 욕구들을 충족시켜 주기 위하여 하나의 팀으로서 함께 활동할 것을 요구한다. 그것은 또한 자녀를 돌보는 일에 있어서 개인으로서, 또 파트너로서 이러한 목표를 달성하겠다는 결심을 하도록 요구한다. 이상적으로 말하자면 양쪽 부모가 모두 자발적으로 참여해야 한다. 그러나 전 배우자가 참여하지 않으려고 하면, 혼자서라도 해야 한다.

이러한 의식은 다양한 방식으로 이루어질 수 있다. 영원히 자녀들의 부모로 남아 있다는 점을 말하면서 자녀를 안심시켜 주고 아이에게 초점을 맞추어 진행하라. 다음의 사항을 고려하자.

- '자녀 공동양육은 영원하다' 서약서를 당신 자녀들 모두에게 선물한다.
- 그것을 자녀에게 읽어 준다.
- 그들이 증인이 되어 서명을 해 달라고 부탁한다. (결혼증명서처럼)
- 자녀가 한 명 이상이면 그것을 복사한다. 당신 자녀는 그것을 액자로 만들고 싶어할지도 모른다.
- 그것을 액자에 넣기 전에 44~45쪽에 있는 이혼과 관련된 규칙을 서약서의 뒷면에 붙인다.
- 비록 부모는 이혼했지만, 자녀에게는 여전히 부모로 남아 있을 것이라는 점을 상기시켜 주는 물건으로서 그 증명서를 보관해도 좋다고 자녀에게 말해 준다.
- 당신 두 사람이 모두 새로운 행동 방법을 배웠고, 상황을 더 좋게 만들기로 약속을 했다는 점을 말해 줌으로써 자녀를 안심시켜 준다.

미래의 비전

1 행사에 함께 참석하기를 권장하기

잠시 시간을 내서 미래를 바라보라. 마음속에 다음의 장면을 그려 보라. 자녀가 무대 위에서 공연을 하고 있고, 당신과 전 배우자가 객석에 앉아 있다. 당신 자녀가 두리번거리면서 당신들을 찾아 눈을 마주치려고 하는 모습을 지켜보라. 자녀가 얼마나 열심히 당신들을 찾아내려 하는지 자세히 살펴보라. 이제 객석에서 공동부모와 가까이 앉아 자녀의 공연을 주시하고 있는 당신의 모습을 그려 보라. 이제 자녀가 당신의 위치를 알고 있고 그 자리를 바라볼 수 있게 되었으므로 편안한 마음으로 자기의 연기에 몰두하는 모습을 바라보라. 이제 한 걸음 더 나아가 자녀의 다른 쪽 부모와 같은 줄, 아마 몇 좌석 떨어진 곳에 앉아 있는 당신의 모습을 그려 보라.

2 자녀의 확대가족을 끌어안기

성공적인 공동양육 관계를 눈에 그려 볼 때 자녀의 가족을 형성하는 확대가족 관계를 생각해 보라. 자녀가 친가, 외가의 조부모와 또 가까운 친척들과 계속 연락을 유지할 수 있도록 하라. 그들은 변함없이 자녀의 가족이다. 각각의 조부모는 당신 자녀에게 특별한 것을 준다. 당신 자녀의 안녕을 위해서 조부모가 기여할 수 있는 방법은 많이 있다. 가족의식과 오랫동안 소중하게 지켜 온 전통들이 바로 그것이다. 다시 자녀의 공연으로 돌아가서 당신의 전 배우자와 확대가족이 이 특별한 날을 함께 축하해 주고 있다고 상상해 보라. 전 배우자의 부모들을 당신 자녀의 공연에 초대하는 자신의 모습을 그려 보라. 얼마나 많은 사람들이 당신의 자녀를 사랑하고 있는가? 자녀의 확대가족과 계속 연락을 함으로써 당신 자녀의 삶이 풍성해질 수 있다는 사실을 기억하라.

3 상황의 변화에 대비하기

당신이나 공동부모가 직장에서 승진을 하게 된다고 가정해 보라. 이것이 얼마나 위협적일 수 있는가? 한쪽 부모나 양쪽 부모의 승진은 공동양육 관계의 안정성에 부정적인 영향을 미칠 수 있다. 직장의 승진 기회는 한쪽 부모의 이동을 불가피하게 만들 수 있기 때문이다. 자녀들은 한쪽 부모와 원거리에 떨어져 사는 관계가 될 것이다. 그 결과 새로운 시간 안배와 관련된 합의를 새로이 도출해야 할 것이다. 자녀양육 계획을 다시 합의해야 할지도 모른다.

미래를 다시 한 번 바라보라. 당신이 재혼하는 것을 상상해 본다. 당신의 재혼은 설레는 마음으로 기대될 수도 있겠지만, 과거의 결혼에 대한 상실을 다시 슬퍼하는 계기가 된다. 재혼은 또한 아이의 공동부모와 대화하는 방식을 새롭게 설정할 것을 요구한다. 이제 전 배우자가 재혼하기로 했다고 알리는 모습을 상상해 보라. 이 소식을 듣게 될 때 당신이 감정적으로 어떤 영향을 받을까 상상해 보라.

재혼은 자녀에게 큰 영향을 미친다. 아이는 새로운 가족 구조 속에서 자신을 어디에 맞추어야 할지를 결정해야 할 것이다. 자녀가 예전의 가족 안에서는 맏아이였는데, 두 번째 가족에서는 중간에 위치할 수도 있다. 당신 쪽에서 재혼하든 재혼하지 않든 간에, 누구에게나 적응할 시간이 필요할 것이다. '강요된 효도의식' 이 다시 부상할 수도 있다. 자녀들은 생물학적 부모에 대한 사랑과 계부모를 좋아하는 감정 사이에서 갈팡질팡할 수 있다. 그 결과 그들은 생물학적 부모를 보호하기 위하여 계부모에 대한 감정을 억제할 수도 있다. 자녀들은 '공정' 해야 한다는 생각 때문에 신경이 예민해진다. 부모 한쪽이 재혼하고 다른 쪽 부모는 재혼하지 않고 그대로 있는데, 특히 이 독신 부모가 피해자라고 생각될 경우에 자녀가 독신으로 남아 있는 부모를 더 배려하게 될 가능성이 높아진다. 그런데 이것은 자녀에게 가장 좋은 것이 아니라는 점을 명심하라.

④ 발달상의 변화를 따라가기

발달단계에 따라 자녀의 욕구와 관심이 변화하게 되면 당신의 관계에도 요구사항이 달라지게 될 것이다. 공동부모들은 이러한 변화를 고려하여 자녀의 일정을 수정해야 할지도 모른다. 가장 좋은 요령은 자녀가 양쪽 부모와 친밀하고 만족스러운 관계를 유지함으로써 이익을 얻을 수 있게 해 주는 것이다. 그것은 때로는 당신이 공동부모와 지리적으로 가까운 곳에 살도록 노력해야 한다는 것을 의미한다. 성공적인 공동부모 관계를 유지하는 일은 이처럼 많은 융통성과 감수성을 시험하게 한다.

자녀가 자라고 성숙해짐에 따라 당신과 공동부모는 발달단계마다 다양한 문제에 직면하게 될 것이다. 이 각각의 과도기에서 지속적인 의사소통과 효과적인 협상 기술이 필요하다. 자녀를 언제 캠프에 보내고, 언제 귀걸이를 달아 주며, 언제 데이트를 하도록 허락해 줄 것인가? 당신의 십대 자녀가 몇 살에 보호자 없이 자기 혼자서 콘서트에 가게 하고, 데이트를 하고, 화장하는 것을 허락해 줄 것인가? 당신은 십대에 일어날 수 있는 복잡한 문제들을 깨닫지 못할는지도 모른다. 예를 들어, 당신은 몸에 문신을 새기는 것과 같은 문제들을 둘러싸고 다른 쪽 부모와 서로 다른 가치관을 어떻게 협상할 것인가? 자녀의 대학 교육은 어떻게 준비할 것인가? 자녀가 독립적으로 행동하고자 나설 때 어떤 형태의 기준을 확립해야 할 것인가? 이런 것들은 자녀가 성장하는 과정에서 당신과 당신의 전 배우자가 직면하게 되는 문제 사항들이다. 다시 한 발자국 앞으로 나아가 전도가 유망하고 기회로 가득 찬 미래를 그려 보

라. 자녀의 전 생애에 걸쳐서 당신이 배운 지식과 기술을 변함없이 활용하여 강력한 공동부모 관계를 유지하면서 이런 도전에 대응해 나가는 자신의 모습을 바라보라.

5 강력한 '공동부모 관계' 라는 선물을 주라

사람은 누구나 선물을 주는(또는 받는) 것을 좋아한다. 당신이 강력한 공동부모 관계라는 선물을 자녀에게 줄 때, 당신은 진실로 부모로서 줄 수 있는 최고의 선물을 자녀에게 주고 있는 것이다. 당신은 자녀의 스트레스와 자기의심을 없애 주고 있는 것이며, 자녀의 정체성을 강화시켜 주고 있는 것이다. 또 자녀가 자신과 두 부모를 전적으로 사랑할 수 있도록 도와주고 있는 것이며, 자신과 세상을 믿게 해 주는 것이다. 부디 이 중요한 목표에 헌신하라. 당신 말고는 아무도 이 선물을 자녀에게 줄 수 없다. 이렇게 해 주기로 결정할 사람은 당신밖에 없다. 자녀의 미래가 당신의 결정에 달려 있다.

Exercises

협상 연습지

1단계 – 문제점을 규명한다.

1. 무엇이 문제인가?

____

____

____

____

2. 그 문제는 우리 자녀에게 어떤 영향을 미치는가?

____

____

____

____

자녀 중심 _________ 자기 중심 _________

3. '나-진술문' 을 만들어라.

나는 ______________ ~할 때 _____________ 하는 기분이 들(있)어요.
왜냐하면 ____________________________ 이(하)기 때문이에요.
그래서 내가 원하는 것은 __________________________ 입니다.

2단계 – 의견을 제시하고, 반영해 준다. (그러고 나서 자기 의견을 나누고, 또 반영해 주라.)

3단계 – 해결책을 브레인스토밍한다. (도출된 해결책에 대하여 평가하지 마라.)

1) ____

2) ____

3) ____

4) ____

5) ____

Exercises

4단계-최선의 해결책을 선택한다. (당신 자녀를 위하여 최상의 해결책을 찾아라.)

5단계-누가, 언제, 무엇을 할 것인지 검토한다. (누가, 무엇을, 언제까지 할 것인가?)

6단계-해결책을 실행에 옮긴다. (실행 기간을 설정하라.)

7단계-재평가한다.

Exercises

두 가정 간의 의사 전달 메모

다음의 '메모'는 당신 자녀의 생활에서 일어난 중요한 사건들을 아이의 공동부모에게 알려 주고, 시간 분담 계획상의 변경을 요청하며, 합의사항을 명확히 하는 데에 활용될 수 있다. 심한 갈등을 겪고 있는 부모들은 이러한 방법으로 직접적인 접촉을 최소화하면서, 자녀에 대한 정보를 공유할 수 있다. 이 메모를 자녀의 공동부모에게 우편이나 팩스로 보내라.

의사 전달 메모

친애하는 공동부모에게

우리 자녀(들)를 위하여 서로 협력하려는 의도에서, 다음의 사항을 정중하게 상기시켜 드립니다.

우리 아이 ________________ (은)는 ________일 ________시에 ________________활동이 있습니다.

아래 체크 사항을 유념해 주세요.

☐ 추가 정보 첨부　　☐ 그 장소에서 당신을 만나기를 바랍니다.

날짜 ________________________

서명 ________________________

Exercises

위치의 통지 메모

친애하는 공동부모에게

이 메모는 당신을 존중하는 의미에서 혹시 비상상태가 발생했을 때, 내가 있는 곳을 당신에게 알려 주기 위한 것입니다. 나는 다음 __________ 동안 시외로 출장을 나가 있으니, 다음의 번호로 전화를 하면 연락이 닿을 것입니다.

Tel: ______________________________

또는

친애하는 공동부모에게

이 메모는 당신에게 아이의 위치를 알려 주기 위한 것입니다. 우리는 다음 __________일 동안 집에 없을 것입니다. 다음의 번호로 전화를 주시면 아이에게 연락이 닿을 것입니다.

Tel: ______________________________

날짜 ______________________________

서명 ______________________________

Exercises

변경 사항 요청 메모

친애하는 공동부모에게

우리 자녀의 양육 시간 분담 일정을 다음과 같이 변경하고자 하여 정중하게 요청하는 바입니다. 변경하고 싶은 사항은 다음과 같습니다:

______________________	______________________
(원래 날짜)	(원래 시간)
↓	↓
______________________	______________________
(변경 요청 날짜)	(변경 요청 시간)

나는 다음과 같은 이유로 인하여 이렇게 변경해 주실 것을 요청합니다.

____

____

부디 이 요청을 검토하시고 ______________ 까지 알려 주시기 바랍니다. 그래야 우리가 필요한 조치를 취할 수 있습니다. 아무런 연락이 없으면 이 요청이 거부된 것으로 알고, 원래의 일정에 맞추겠습니다. 협조해 주셔서 감사합니다.

☐ 필요하다면, 나도 그와 버금가는 변경을 요청하겠습니다.

☐ 더 논의가 필요하면 전화해 주세요.

날짜 ______________________

서명 ______________________

Exercises

공유된 결정 메모

친애하는 공동부모에게

나는 우리 아이를 위해서 ______________을 고려하고 있습니다. 이것은 ______월 ______일에 있을 것입니다. 비용은 _____________원입니다.

☐ 이 제안에 대해서 당신의 피드백을 듣고 싶습니다.
☐ 당신의 재정적인 도움을 요청합니다.
☐ 우리가 정상적으로 합의한 원칙에 따라 이 일에 대한 비용은 내가 지불할 것입니다.

당신에게서 _______월 _______일까지 연락이 없으면, 이 생각에 반대하지 않는 것으로 생각하고 그대로 일을 추진하겠습니다. 그러나 이 문제를 직접 논의하는 것이 가장 좋겠습니다. 이 계획을 지지해 주시기 바랍니다. 가능한 한 빨리 알려 주시기 바랍니다.

날짜 ______________________

서명 ______________________

Exercises

의료 상황 통지 메모

친애하는 공동부모에게

____________가 _________________________(으)로 아팠습
(자녀 이름) (병명)
니다. 이 점은 당신도 알아야 할 것 같습니다. 현재 아이는 ________ 약을 ____________________________ 일정에 따라 복용하고 있습니다.

- ☐ __________의사의 진료를 받았습니다.
- ☐ __________진찰을 받게 될 것입니다.
- ☐ 의사는 다음과 같이 약을 처방해 주었습니다.
  - ☐ 필요할 때만
  - ☐ 매일
- ☐ 항생제이기 때문에 한 병을 다 복용해야 합니다.
- ☐ 처방전에 따라 약국에서 조제될 것입니다.
  - ☐ 필요할 때만
  - ☐ 매일

다른 지시사항은 다음과 같습니다.

____

____

늘 협력해 주어서 고마워요.

날짜 ____________________

서명 ____________________

Exercises

추가 시간을 위한 제안

-거절의 일차적 권리-

친애하는 공동부모에게

우리 아이(들)가 ______월 ______일에 나와 함께 지내도록 일정이 잡혀 있는데, ____________________ 때문에 나는 그 일정을 지킬 수가 없습니다.

우리 아이(들)가 다른 사람보다는 당신과 함께 지낼 수 있는 시간을 가져야 하기 때문에, 당신에게 먼저 이 상황을 알려 드리는 것입니다.
_____월 _____일까지 당신에게서 연락이 없으면, 내가 아이들을 돌볼 사람을 구하겠습니다. 예전에도 그랬듯이 이번에도 우리 아이들의 소재를 당신에게 알려 드리겠습니다.

날짜 __________________________

서명 __________________________

Exercises

자녀 지도상의 메모

친애하는 공동부모에게

우리 아이 __________가 다음과 같은 지도상의 문제를 가지고 있는데 그 점을 당신이 알고 있어야 하겠습니다.
우리 아이가 학교에서 다음과 같은 애로 사항을 겪고 있다는 통지를 받았습니다. ____________________

- ☐ 학교 성적이 떨어졌습니다.
- ☐ 숙제를 제출하지 않고 학교 과제를 이행하지 않았습니다.
- ☐ 또래들과 관련된 문제가 발생했습니다.
- ☐ 학교에서 행동(품행)상의 문제가 발생했습니다.
- ☐ __________과목에 과외지도 교사가 필요합니다.
- ☐ 가정에서의 문제는 아래와 같습니다.

____

우리가 하나의 팀이 되어 우리 아이를 도와주기 위해서, 나는 다음과 같이 제안합니다.

이 문제를 심도 있게 논의하기 위하여 우리가 만난다. __________
우리 모두가 다음의 일을 한다. ____________________

____

나는 학교생활 문제를 다루기 위해서 다음과 같이 훈육하거나 동기화시킬 계획입니다.

____

나는 가정 문제를 다루기 위해서 다음과 같이 훈육하거나 동기화시킬 계획입니나.

____

나는 당신의 부모역할 방식을 존중하고 있으므로, 나의 노력에 동참하고자 하는 당신의 생각과 뜻을 알려 주십시오. 우리 둘이 동일한 자녀 지도 방법을 사용한다면, 우리 아이가 자기 삶의 목표를 성취할 수 있도록 더 잘 도와줄 수 있다고 봅니다. 이 일에 대하여 좀 더 논의하기 위해서 전화해 주십시오. 당신의 배려에 감사드립니다.

날짜 ____________________ 서명 ____________________

자녀 공동양육은 영원하다

자녀 공동양육이 영원히 계속될 것을 인정하면서,
우리는 우리의 자녀를 위해서 협력하기로 동의합니다.

우리는 우리의 자녀가 부모 두 사람을 모두 사랑할 수 있게 해 주겠습니다.

아빠 ____________________ 엄마 ____________________

날짜 ____________________ 증인 ____________________

사랑하는 엄마 아빠에게

두 분이 저의 부모님이라는 사실이 얼마나 자랑스러운지 모르겠어요. 시간을 내서 이 책을 읽은 것이 저에게 너무나 의미가 컸어요. 두 분은 정말로 많이 변했어요. 저를 위해서 계속 여러 가지 일을 개선해 주시리라고 믿어요. 엄마 아빠가 저를 정말로 사랑하시는 것을 믿어요. 고마워요.

늘 감사드리며,
당신의 사랑하는 아이
○○○ 올림

Chapter 8 복습

1. 자녀양육 문제를 논의하기 위하여 공동부모와 함께 자리를 하기 전에, 협상 작업지의 어느 부분을 먼저 수행해야 하는가?
2. 자녀양육과 관련된 만남을 구조화하는 것이 왜 중요한가?
3. 만약에 문제가 생길 경우에 당신과 공동부모가 그 문제를 함께 해결할 자세로 임하기 위해, 미래에 발생할 수 있는 문제 영역들을 미리 예상해 본 적이 있는가?
4. 당신은 '사적' 인 문제와 '부모역할' 의 문제를 구별할 수 있는가?
5. 자녀의 욕구와 관심이 변하면서 생길 수 있는 잠재적 방해물에 대하여 당신은 감정적으로 어떻게 대비해 왔는가? 그와 동일하게 공동부모의 생활에서 일어난 중요한 변화에 대해서 당신은 정서적으로 어떻게 대비해 왔는가?
6. 당신과 공동부모는 전화로든 직접적으로든 매주 비즈니스 미팅(meeting)을 가지는가? 그렇다면 자녀양육의 문제를 이런 형태로 해결하는 당신의 협동 능력을 어떻게 평가할 것인가?
7. 미래를 바라볼 때 당신과 공동부모는 아이가 성인이 될 때까지 평생 지속되는 활동을 함께 할 수 있겠는가?

쓰레기는 이곳에 버리세요

여기의 쓰레기통에 당신의 해묵은 모든 문제를 던져 넣어라. 아래의 공간에 당신의 개인적인 문제점이나 애로 사항을 적어 넣어라. 그런 문제점은 당신 자녀에게 직접적으로 영향을 끼치지 않지만 당신의 전 배우자에 대한 좋지 못한 감정과 연관된 것들이다. 그런 사항은 전 배우자와 결코 논의하지 마라. 그런 고민은 상담자에게 가지고 가는 것이 좋다.

참고문헌

Arbuthnot, J. & Gordan, D. A. (1993). *What About the Children: A Guide for Divorced and Divorcing Parents*. Ohio: Center for Divorce Education.

Ahrons, C. (1994). *The Good Divorce: Keeping Your Family Together When Your Marriage Comes Apart* (TGD, 2nd ed). Harper Collins.

Berger, S. (1983). *Divorce Without Victims*. Bosaton: Houghton Mifflin Company.

Blau, M. (1993). *Families Apart: Ten Keys to Successful Co-Parenting*. New York: Putman.

Buehler, C., Betz, P., Ryan, C., Legg, B., & Trotter, B. (1992). Description and Evaluation of the Orientation for Divorcing Parents: Implications for PostDivorce Prevention Programs. *Family Relations, 41,* 154-162.

Camera, K. & Resnick, G. (1988). Interparental Conflict and Cooperation: Factors Mediating Children's Post Divorce Adjustment. In E. M. Hetherington & J. D. Arasteh (Eds.), *Impact of Divorce, Single Parenting and Stepparenting on Children,* 169-195. New Jersey: Erlbaum.

Clapp, G. (1992). *Divorce & New Beginnings*. New York: John Wiley & Sons, Inc.

Covey, S. R. (1989). *The Seven Habits of Highly Effective People*. New

York: Simon & Schuster.

Elgin, S. H. (1995). *You Can't Say That to Me!* New York: John Wiley & Sons, Inc.

Evans, P. (1992). *The Verbally Abusive Relationship*. Bob Adams, Inc.

Gardner, R. (1992). *The Parental Alienation Syndrome*. New Jersey: Creative Therapeutics.

Garrity, C. & Baris, M. (1994). *Caught in the Middle*. New York: Lexington Books.

Hetherington, E. M., Cox, M., & Cox, R. (1985). Long-term Effects of Divorce and Remarriage on the Adjustment of Children. *Journal of the American Academy of Child Psychiatry, 24,* 518-30.

Jarratt, C. (1982). *Helping Children Cope with Separation and Loss*. The Harvard Common Press.

Johnson, D. & Johnson, P. (1982). *Joining Together*. new Jersey: Englewood Press.

Johnston, J. & Campbell, L. (1988). *Impasses of Divorce*. New York: Free Press.

Kalter, N. (1990). *Growing Up with Divorce*. New York: The Free Press.

Marston, S. (1994). *The Divorced Parent: Success Strategies for Raising Your Children After Separation*. New York: William Narrow and Company.

Maccoby, E. & Mnookin, R. (1992). *Dividing the Child*. Cambridge: Harvard University Press.

McKay, M. & Rogers, P. (1989). *When Anger Hurts: Quieting the Storm Within*. New Harper Publishing Company.

Pittman, F. (1987). *Turning Points: Treating Families in Transition and Crisis*. W. W. Norton & Company.

Ricci, I. (1982). *Mom's House, Dad's House: Making Shared Custody Work*. New York: Simon & Schuster.

Walen, S., DiGiuseppe, R., & Wessler, R. (1980). *A Practitioner's Guide to Rational-Emotive Therapy*. New York: Oxford University Press.

Wallerstein, J. & Blakeslee, S. (1989). *Second Chances: Men, Women, and Children a Decade after Divorce*. New York: Ticknor and Fields.

| 저자 소개 |

Susan Blyth Boyan과 Ann Marie Termini는 협력적인 부모역할 연구소(Cooperative Parenting Institute: C.P.I)의 공동 설립자다. 저자들은 이혼과 가족 분야의 저명한 전문가로서, 교사와 가족법 및 정신건강 전문가들을 위한 훈련과 상담을 제공하고 있다.

| 역자 소개 |

홍경자 전남대학교 명예교수(철학박사)
홍경자심리상담센터 소장(e-mail: apkoreahong@hotmail.com)
Active Parenting 한국본부장
한국상담학회 및 한국상담심리학회 이사
한국심리학회 공인 상담심리전문가
한국상담학회 공인 수련감독전문상담사

대표 저서
상담의 과정(학지사, 2001)
청소년의 인성교육(학지사, 2004)
자기주장과 멋진 대화(학지사, 2006)

차영희 광주여자대학교 유아교육과 교수(교육학박사)
Active Parenting Trainer
한국심리학회 공인 상담심리전문가
한국상담학회 공인 수련감독전문상담사
한국놀이치료학회 이사

대표 저서
유 · 아동을 위한 상담의 기초(창지사, 2006)

최태산 동신대학교 상담심리학과 교수(교육학박사)
Active Parenting Trainer
참성장심리상담센터 원장
한국심리학회 공인 상담심리전문가
한국상담학회 공인 수련감독전문상담사

대표 저서
만남과 성장(학지사, 2001)

채유경 호서대학교 교양학부 교수(교육학박사)
Active Parenting Leader
호서심리교육센터 소장
한국상담학회 아동청소년전문가
한국 예술심리치료학회 슈퍼바이저

대표 저서
진로설계 워크북(양서원, 2006)

Cooperative Parenting and Divorce
|협력적인 부모역할: 부모용 지침서|

이혼 · 별거 가정의 부모역할

-자녀를 갈등으로부터 보호하기-

2009년 3월 31일 1판 1쇄 발행
2025년 2월 20일 1판 6쇄 발행

지은이 • Susan Blyth Boyan · Ann Marie Termini
옮긴이 • 홍경자 · 차영희 · 최태산 · 채유경
펴낸이 • 김 진 환
펴낸곳 • (주) 학지사
04031 서울특별시 마포구 양화로 15길 20 마인드월드빌딩 5층
대표전화 • 02) 330-5114 팩스 • 02) 324-2345
등록번호 • 제313-2006-000265호
홈페이지 • http://www.hakjisa.co.kr
인스타그램 • https://www.instagram.com/hakjisabook

ISBN 978-89-6330-045-0 93180

정가 15,000원

역자와의 협약으로 인지는 생략합니다.
파본은 구입처에서 교환하여 드립니다.